David Toomey
Das faszinierende Spiel der Tiere

DAVID TOOMEY

DAS FASZINIERENDE SPIEL DER TIERE

Warum Elefanten gerne rutschen,
Affen Bauchklatscher lieben
und was das alles auch
für unser Leben bedeutet

Aus dem Englischen von
Nikolaus de Palézieux

GOLDMANN

Die US-amerikanische Originalausgabe erschien 2024 unter dem Titel
Kingdom of Play bei Scribner, New York.

Der Verlag behält sich die Verwertung der urheberrechtlich
geschützten Inhalte dieses Werkes für Zwecke des
Text- und Data-Minings nach § 44 b UrhG ausdrücklich vor.
Jegliche unbefugte Nutzung ist hiermit ausgeschlossen.

Penguin Random House Verlagsgruppe FSC® N001967

1. Auflage
Deutsche Erstausgabe August 2024
Copyright © 2024 der Originalausgabe: David Toomey
Copyright © 2024 der deutschsprachigen Ausgabe:
Wilhelm Goldmann Verlag, München,
in der Penguin Random House Verlagsgruppe GmbH,
Neumarkter Str. 28, 81673 München
Redaktion: Eckard Schuster
Umschlag: Uno Werbeagentur, München
Umschlagmotiv: © FinePic®, München
Satz: Uhl + Massopust, Aalen
Druck und Bindung: GGP Media GmbH, Pößneck
Printed in Germany
JS · CF
ISBN 978-3-442-31774-5

www.goldmann-verlag.de

Inhalt

Einführung   8

Kapitel 1   Ballspielende Kraken: Was ist Spiel?   17

Kapitel 2   Das Kalahari-Erdmännchen-Projekt: Spiel-Hypothesen   35

Kapitel 3   Taumelnde Ferkel und Purzelbaum schlagende Affen: Training für das Unerwartete   63

Kapitel 4   »Lass uns ein paar Ratten kitzeln«: Die Neurowissenschaft des Spiels   91

Kapitel 5   Höfische Hunde: Konkurrieren, um zu kooperieren, und kooperieren, um zu konkurrieren   125

Kapitel 6   Walddrossel-Lieder, Heringsmöwen-Tropfenfangen und Laubenvogel-Kunst: Das Spiel als Wurzel der Kultur   147

Kapitel 7	Meme und Träume: Träumen als Spielen ohne Körper	177
Kapitel 8	Die Evolution des Spiels	197
Kapitel 9	Innovative Gorillas: Die überraschende Rolle des Spiels bei der natürlichen Selektion	233
Kapitel 10	Tier spielen	257
	Epilog	290
	Dank	296
	Anmerkungen	297
	Bibliografie	308

Einführung

Im Winter 2020/21 fühlten sich viele von uns ängstlich, verloren und allein. Wir sprachen mit Bildschirmen, gleichzeitig waren wir es leid, mit Bildschirmen zu sprechen. Es war schwierig, sich eine Zukunft vorzustellen, die nicht nur aus einer langen Abfolge von Tagen besteht. Doch eines Morgens im Januar veröffentlichte der Smithsonian National Zoo in Washington, D. C., Videos von seinen Panda-Kameras. Über Nacht waren bald fünfzehn Zentimeter Schnee gefallen, und die beiden erwachsenen Großen Pandas des Zoos, Mei Xiang und Tian Tian, spielten in diesem Schnee – sie wälzten sich, schlugen Purzelbäume und rutschten langsam einen langen, kurvigen Abhang hinunter. Das Video wurde weit verbreitet. Freunde schickten es an Freunde, Enkel an Großeltern, Hundeliebhaber an Katzenliebhaber. Viele, die sich das Video ansahen, vergaßen die Strapazen dieses schrecklichen Jahres und verspürten für einen Moment eine Welle des Glücks. Das Spiel der Pandas war eine Beruhigung, eine Erinnerung nicht nur an die bloße Normalität (und in jenem Jahr war viel von einer Rückkehr zur Normalität die Rede), sondern ein willkommener Beweis dafür, dass die Welt trotz all ihres Leids immer noch ein Ort für Ausgelassenheit, ja sogar für Freude ist.

EINFÜHRUNG

Die Art und Weise, wie sie spielten – vor allem ein Panda, der kopfüber auf dem Rücken rutschte –, war ein williges Sichüberlassen an die Schwerkraft und den Impuls des Augenblicks, ein Vertrauen darauf, dass am Ende alles gut werden würde. In dieser Hinsicht war es sogar ein Akt des Glaubens, als wir ihn am meisten brauchten.

Tiere im Spiel lösen Staunen, Freude und sogar Ehrfurcht aus. Doch bis vor Kurzem haben Wissenschaftler dem Spiel der Tiere kaum Beachtung geschenkt. Das ist ein merkwürdiges Versäumnis. Das Spiel beim Menschen, insbesondere bei Menschenkindern, ist seit mehr als einem Jahrhundert ein Teilgebiet der Psychologie. Andere menschliche Verhaltensweisen – etwa Paarung, Aufzucht und Fürsorge für die Jungen – wurden durch Untersuchungen zu diesen oder ähnlichen Verhaltensweisen bei anderen Lebewesen beleuchtet. Wir könnten also erwarten, dass die Regale in den Bibliotheken unter der Last von Büchern, Promotionen und Zeitschriftenartikeln, die Tierspiele beschreiben und Theorien dazu aufstellen, ächzen würden. Aber das tun sie nicht. Im Vergleich zu anderen Verhaltensweisen von Tieren ist die Zahl der Studien zum Tierspiel dürftig. Es gibt keine Zeitschrift für Tierspiel, kein Handbuch oder keine Enzyklopädie zum Tierspiel, kein Institut für Tierspiel und keine Hochschule oder Universität mit einer akademischen Abteilung, die sich dessen Erforschung widmet. Und in mehr als 120 Jahren haben sich nur fünf Bücher ausschließlich mit diesem Thema befasst.

Warum ist dieses Thema so vernachlässigt worden?

Wahrscheinlich aus mehreren Gründen. Zum einen ist Spiel schwer zu definieren. Fachleute aus verschiedenen Bereichen,

EINFÜHRUNG

von der Kinderpsychologie bis zur Kulturanthropologie, haben Definitionen angeboten, die von »Spiel liegt aller Kreativität und Innovation zugrunde« über »Spiel ist grausamer Sport, es besteht aus Hänseleien und Wettbewerb« bis hin zu »Spiel ist die Quelle von Ritualen und Mythen, nach denen wir unser Leben gestalten« reichen.[1] Spielen ist manchmal schwer von anderen Verhaltensweisen zu unterscheiden, zum Beispiel vom Auskundschaften oder von der Paarung. Selbst wenn das Spiel gut definiert und identifiziert ist, kann es schwierig sein, es zu beobachten, da die meisten Tiere, die spielen, dies nur einige Minuten pro Tag tun. Ein weiterer Grund, warum Wissenschaftler das Spiel vernachlässigen, liegt weniger darin, welches Verhalten bei Tieren als Spiel gilt, sondern vielmehr darin, welches Verhalten bei Wissenschaftlern als *Arbeit* gilt. Bis vor Kurzem hielten viele der Ausschüsse und Bewilligungsbehörden, die wissenschaftliche Forschung genehmigen und finanzieren, das Spiel von Tieren einer ernsthaften Untersuchung für unwürdig. Niemand wusste das besser als der verstorbene Jaak Panksepp, ein Pionier in der Erforschung von Tieremotionen. Im Jahr 1990 sagte er in einem Interview, das Spiel sei »ein Thema, das viele immer noch als relativ frivol und unwichtig ansehen«.[2] Der Verhaltensforscher Gordon Burghardt stellt mit sichtlichem Bedauern fest, dass, wenn er anderen Wissenschaftlern von seiner Arbeit über das Spiel der Tiere erzählt, diese oft nur mit »amüsiertem Interesse und einer Geschichte über ein Haustier« reagierten.[3] Selbst diejenigen, die dieses Verhalten erforscht haben, meinen, dass sich die Bemühungen, es zu verstehen, als vergeblich erweisen könnten. Der Philosoph Drew Hyland bezweifelt in seinem 1984 erschienenen Werk *The Question of Play*, dass das Spiel streng definiert, geschweige

EINFÜHRUNG

denn analysiert werden könne. Robert Fagen bezeichnete in seinem meisterhaften Werk *Animal Play Behavior*, nachdem er über fast fünfhundert Seiten hinweg den Forschungsstand und die Überlegungen zu diesem Thema untersucht hatte, das Spiel als »eine reine Ästhetik, die sich der Wissenschaft, offen gesagt, entzieht«.[4]

Diese Einstellung hat praktische Konsequenzen gehabt. Wissenschaftler, die davon ausgehen, dass Stiftungen und akademische Gremien die Forschung zum Spiel der Tiere nicht finanzieren werden, richten ihre Forschungspläne dementsprechend nicht danach aus. Diese Stiftungen und akademischen Ausschüsse erhalten keine Anträge für die Erforschung des Spiels bei Tieren und gehen daher davon aus, dass es für Wissenschaftler von geringem Interesse und daher nicht förderungswürdig sei, und bieten entsprechend weniger Förderung in diesem Bereich an. Wissenschaftler, die Doktoranden betreuen, die eine finanzielle Förderung erwarten, raten ihnen, sich ein anderes Dissertationsthema zu suchen. Mit der Zeit erhalten diese Doktoranden Stellen an Hochschulen und Universitäten und geben denselben Rat aus denselben Gründen an ihre eigenen Studenten weiter. Und so geht es immer weiter mit der nächsten Generation von Wissenschaftlern, und auch mit der darauffolgenden. 1980 fasste der bekannte Naturforscher, Entomologe und Autor E. O. Wilson die Herausforderungen bei der Erforschung des Spiels der Tiere zusammen: »Kein anderes Verhaltenskonzept hat sich als undefinierter, schwerer fassbar, umstrittener und sogar unmodischer erwiesen.«[5]

Aber die Dinge ändern sich. In den letzten Jahren hat die Erforschung des Tierspiels durch zwei aufkommende For-

EINFÜHRUNG

schungsbereiche neue Impulse erhalten. Ein Bereich ist die Tierkultur. Kultur und Spiel sind eng miteinander verbunden, und jedes Verständnis der Tierkultur wird wahrscheinlich durch das Verständnis des Tierspiels erleichtert. Ein weiterer Bereich sind die Neurowissenschaften. Neue Techniken und Technologien zur Bildgebung des Gehirns (insbesondere Positronen-Emissions-Tomographie und Magnetresonanztomographie) führen zu einer immer detaillierteren Abbildung der neuronalen Netze. Zu gegebener Zeit könnten sie zeigen, wie das Spiel die Chemie und die Nervenbahnen des Gehirns verändert und wie umgekehrt diese Chemie und diese Nervenbahnen wiederum das Spielen ermöglichen.

Ein Bündel von Rätseln

Junge ausgewachsene Raben tauchen ab und wenden sich um, indem sie einen Flügel einziehen, ihn wieder ausbreiten und sich so umdrehen. Sie überschlagen sich mitten im Flug und jagen sich gegenseitig, indem sie »Sturzflüge« vollführen, sich gegenseitig in die Quere kommen und ausweichen. Ein Großer Tümmler wurde Zeuge, wie seinen Gefährten im Rahmen einer öffentlichen Aquariumvorstellung die aufrechte Bewegung mithilfe der Schwanzflosse beigebracht wurde, und nachdem er in die Wildnis entlassen wurde, setzte er dieses Verhalten unaufgefordert fort. Zum Erstaunen der Forscher übernahmen auch seine wilden Artgenossen diese Technik der aufrechten Fortbewegung. Man hat gesehen, wie Elefanten schlammige Hänge hinunterrutschten, manche auf dem Bauch, manche auf dem Hintern. Man könnte sagen, dass

EIN BÜNDEL VON RÄTSELN

die Raben und Delfine alltägliche Aktivitäten ausschmücken, Reflexe und Fähigkeiten entwickeln oder Balzverhalten zeigen. Aber Rutschen im Schlamm scheint für keinerlei Elefantenbedürfnis relevant zu sein.

All diese Verhaltensweisen gehören zum Spiel und stellen ein Problem dar für die Ethologen, die Wissenschaftler, die das Verhalten von Tieren untersuchen. Da diese Verhaltensweisen Zeit und Energie kosten und gefährlich sein können, gehen die meisten Ethologen davon aus, dass das Spielen einem Tier zum Überleben oder zur Fortpflanzung verhelfen und einen oder mehrere Anpassungsvorteile haben muss, gerade weil es so viele offensichtliche Nachteile hat. Sie sind sich jedoch nicht einig, was diese Vorteile sein könnten.

Die Frage, warum Tiere spielen, lädt zu noch viel mehr ein. Das Thema scheint weniger ein zusammenhängendes Forschungsgebiet als vielmehr ein loses Bündel von Geheimnissen zu sein. Es gibt Fragen der Taxonomie. Welche Tiere spielen? Welche nicht? Es bestehen Definitions- und Identifizierungsprobleme. Was genau ist Spielen? Wie können wir sicher sein, dass es sich bei einem bestimmten Verhalten um Spiel und nicht etwa um Erkundung handelt? Es gibt Fragen zur Rolle des Spiels bei der Entwicklung eines Tieres. Spielen diejenigen, die das tun, in bestimmten Phasen ihres Lebens? Es gibt Fragen zur Vererbung und zur Umwelt. Inwieweit ist Spielen instinktiv? Inwieweit ist es erlernt? Es stellt sich die Frage nach der Beziehung des Spiels zum Gehirn und Nervensystem eines Tieres. Welcher neuronale Mechanismus oder Prozess ermöglicht das Spielen beziehungsweise bringt es zustande? Sind bestimmte Teile des Gehirns dafür notwendig? Sind dafür bestimmte *Arten* von Gehirnen notwendig? Ferner gibt es Fragen

EINFÜHRUNG

der Evolution und der natürlichen Selektion. Wann tauchte in der langen Geschichte des Lebens auf der Erde das Spiel zum ersten Mal auf? Wie hat es sich im Einzelnen entwickelt? Und was ist mit der Zukunft? Ist es möglich, dass wir im Tierspiel die Anfänge der Tierkultur sehen?

Das Spiel der Tiere ist also nicht nur ein weiteres wissenschaftliches Rätsel – es ist ein ganzes Bündel von Rätseln und unterscheidet sich von den meisten anderen Rätseln. Die Phänomene, die den Kern vieler wissenschaftlicher Rätsel bilden – Quantenverschränkung und Dunkle Materie, um nur zwei zu nennen –, sind von unserem Alltag ziemlich weit entfernt. Um sie zu erforschen, braucht man Spezialwissen und vielleicht große und teure Instrumente. Das Spiel der Tiere findet jedoch überall um uns herum statt, wir sehen es jeden Tag. Um es zu studieren, brauchen wir weder einen Hochschulabschluss noch einen Teilchenbeschleuniger. Wir müssen nur ein Tier beobachten und ihm unsere Aufmerksamkeit schenken.

Und es gibt einen Grund dafür, dass es diese Aufmerksamkeit wert ist.

Merkmale des Spiels sind Merkmale der natürlichen Auslese

Seit ihrer Präsentation vor 160 Jahren wurde Darwins Theorie der Evolution durch natürliche Auslese immer wieder verfeinert und weiterentwickelt. Im 20. Jahrhundert erklärte die Mendelsche Genetik den Mechanismus der Darwinschen Theorie; diese Theorie wurde durch Erkenntnisse aus der Mikrobiologie, der Entwicklungsbiologie und in jüngster Zeit aus

MERKMALE DER NATÜRLICHEN AUSLESE

der Epigenetik ergänzt. Trotz alledem ist die Theorie in ihrem Kern unverändert geblieben. Die natürliche Auslese ist ein Filter oder eine Reihe von Filtern, die nachteilige Variationen herausfiltern und vorteilhafte durchlassen, sodass ein Organismus mit jeder Generation besser angepasst oder »fitter« wird.

Die natürliche Selektion weist eine Reihe spezifischer und genau definierter Merkmale auf. Sie ist zum Beispiel zweckfrei. Sie hat keine Absicht und kein Ziel,* und wie Darwin feststellte, enthält sie »kein notwendiges und universelles Gesetz des Fortschritts oder der Entwicklung«.[6] Sie ist vorläufig. Die Entwicklung eines jeden Organismus ist eine Reaktion auf die Bedingungen, die an einem bestimmten Ort und zu einem bestimmten Zeitpunkt herrschen. Sie ist ergebnisoffen. Die Evolution eines jeden Organismus hat weder einen Anfangs- noch einen Endpunkt – eine Tatsache, die im letzten Absatz von *Über die Entstehung der Arten* hervorgehoben wird. Sie ist ein sich langsam aufbauendes Crescendo, dessen letzter Ton in der Luft hängt und der sich nie ganz auflöst: Die Formen des Lebens, so die Schlussfolgerung, werden auch jetzt »entwickelt«. In all diesen Punkten ist die natürliche Selektion wie ein Spiel. Wie wir sehen werden, gibt es noch weitere Ähnlichkeiten – so viele, dass, wenn man die Prozesse der natürlichen Auslese auf ein einziges Verhalten reduzieren könnte,

---

* Da kein Wesen oder keine Entität wählt oder auswählt, ist »natürliche Auslese« keine Auswahl im üblichen Sinne. Darwin war mit seiner Nomenklatur unzufrieden und schrieb: »Ich nehme an, natürliche Auslese war ein schlechter Begriff, aber ihn jetzt zu ändern, denke ich, würde die Verwirrung noch vergrößern. Ich kann mir auch keinen besseren vorstellen« (Brief an Charles Lyell, 6. Juni 1860, Darwin Correspondence Project). Der Begriff »Überleben des Stärkeren« stammt übrigens von dem englischen Biologen und Soziologen Herbert Spencer. Darwin verwendete den Ausdruck in späteren Ausgaben von *On the Origin of Species*.

dieses Verhalten das Spiel wäre. Oder umgekehrt: Wenn Sie eine Evolutionstheorie oder eine Sichtweise der Natur wählen würden, für die das Spiel ein Modell zu sein scheint, wäre es die natürliche Selektion.

Natürliche Selektion ist nicht nur eine wichtige Aktivität, an der lebende Organismen teilnehmen. Es ist die wesentliche Aktivität, die Aktivität, die sie von allem anderen unterscheidet. Organismen tun viele Dinge: Sie wachsen, wandeln Materie in Energie um und verschwinden schließlich. Aber solche Aktivitäten sind nicht nur Organismen vorbehalten. Auch Kerzenflammen und Sterne tun diese Dinge, aber sie leben nicht. Man könnte anmerken, dass Organismen etwas tun, was Kerzenflammen und Sterne nicht können: Sie reproduzieren sich. Aber Kristalle reproduzieren sich selbst, und sie leben ebenfalls nicht. Das Einzige, was lebende Organismen tun, was Flammen, Sterne und Kristalle nicht tun – und auch nicht tun können –, ist, dass sie sich durch natürliche Selektion weiterentwickeln.

Da Leben am besten als das definiert wird, was sich durch natürliche Auslese entwickelt, und da natürliche Auslese viele Gemeinsamkeiten mit dem Spiel hat, sind keine großen Überlegungen erforderlich, um zu der These zu gelangen, die in den folgenden Kapiteln vorgestellt und entwickelt wird. Das Leben selbst ist im grundlegendsten Sinne spielerisch.

Kapitel 1

Ballspielende Kraken: Was ist Spiel?

Eines Tages im Jahr 1997 ging die Psychologieprofessorin Jennifer Mather an ihr Telefon und hörte die aufgeregte Stimme von Roland Anderson, ihrem Mitarbeiter, bei einer eher ungewöhnlichen Studie über das Verhalten von Tieren. »Sie lässt den Ball hüpfen!« Er sprach in bildlichen Begriffen, von denen er wusste, dass Mather sie verstehen würde. Bei der »sie« handelte es sich um einen vielleicht zwei oder drei Jahre alten Kraken, einen Oktopus; das Tier schwamm in einem Becken im Seattle Aquarium.* Der »Ball« war eine Flasche Tylenol Extra Strength [Schmerztabletten – Anm. d. Ü.], die so beschwert worden war, dass sie knapp unter der Wasseroberfläche schwamm. Und das »Hüpfen« war nicht wirklich ein Hüpfen. Kraken haben einen Ausatmungstrichter, einen Siphon an der Seite des Kopfes, durch den sie Wasser ausstoßen können. Der Krake hielt die Flasche mit seinen Armen fest und ließ sie los; dann richtete er seinen Trichter auf die Flasche und ließ einen Wasserstrahl in ihre Richtung ab, der sie zum anderen Ende des Aquariums schickte, wo der Wasserstrom sie zu ihm zu-

---

* Das Thema zwingt uns zu einer bestimmten Sprach- und Formulierungswahl. Der *Homo sapiens* ist ein Tier, und doch wird es oft zweckmäßig sein, ihn von anderen zu unterscheiden. Was diese anderen betrifft, so bezieht sich der Ausdruck »nichtmenschliche Tiere« auf Millionen von Arten, als ob sie eine einzige Kategorie wären, und verkennt somit die Individualität dieser Arten – ein besonders schwerwiegendes Versäumnis, da viele Spiele von einzelnen Tieren initiiert werden. Außerdem ist der Ausdruck umständlich, seine wiederholte Verwendung würde das Lesen erschweren. Mit Vorbehalt und in der Hoffnung, dass Sie sich daran erinnern, dass diese mehr als eine Million Arten sich untereinander genauso unterscheiden, wie sie dies von uns tun, schließe ich mich also dem Vorhergehenden an und verwende das Wort »Tier« für die nichtmenschlichen Arten.

WAS IST SPIEL?

rückbrachte.* Das wiederholte der Krake mehrfach. Nachdem Anderson das Tier 16-mal dabei beobachtet hatte, fand er, es sei an der Zeit, Mather anzurufen.

Jennifer Mather ist eine herausragende Forscherin auf dem Gebiet des Verhaltens von Kraken, von Oktopoden also, dazu eine weitgereiste Wissenschaftlerin, die an vielen Orten geforscht hat. Bei einem Tauchgang in den Gewässern vor den Bermudas bemerkte sie ein interessantes Verhalten des Gemeinen Oktopus, *Octopus vulgaris* genannt. Dieses Tier fand einen kleinen Stein, klemmte ihn unter seine Arme und setzte ihn in der Nähe seiner Höhle ab. Danach holte der Oktopus einen weiteren Stein. Und noch einen und noch einen. Er schlüpfte in die Höhle und zog alle Steine hinter sich her, um den Eingang vor Eindringlingen zu verschließen, bevor er sich schlafen legte. Es war bekannt, dass Kraken eine rudimentäre Intelligenz an den Tag legen, aber Mather erkannte, dass es sich hier um etwas weitaus Ausgefeilteres handelte. Da der Krake nicht auf eine bestehende Bedrohung reagierte, sondern eine solche erwartete, hatte er Voraussicht und Planung bewiesen.[1]

Wie Mather war auch Roland Anderson Taucher. Sein bevorzugtes Revier waren die etwas kälteren Gewässer des Puget Sound, einer großen Meeresbucht vor Seattle. Er war dafür bekannt, dort auch nachts und im Regen zu tauchen, um nach kleinen *Octopus rubescens* zu suchen, die in Bierflaschen auf dem Meeresboden lebten. Andersons Berufung und Beruf waren glücklicherweise deckungsgleich. Beruflich war er Meeresbiologe am Seattle Aquarium, wo er sich unter ande-

---

* Die Arme eines Kraken haben Saugnäpfe über ihre gesamte Länge, während die Tentakel per Definition nur an ihren äußeren Enden Saugnäpfe haben.

rem auf die Naturgeschichte und das Verhalten von Tintenfischen spezialisierte. Während Anderson eines Morgens seine Runden drehte, sah er, dass einer der Pazifischen Riesenkraken des Aquariums den Kies vom Boden seines Beckens gegraben, die Nylon-Kabelbinder durchgebissen, mit denen der Filter am Becken befestigt war, und den Filter in kleine Stücke zerrissen hatte. Anderson verstand nicht, warum der Krake den Filter zerstört hatte, aber er wusste, dass sein Verhalten, wie das von Mathers Oktopus, methodisch war und sowohl Voraussicht als auch Planung erforderte.

Mather und Anderson begegneten sich zum ersten Mal auf einer Konferenz und stellten fest, dass sie eine gemeinsame Faszination für eine bestimmte Ordnung der Kopffüßermollusken sowie den Verdacht hatten, dass in deren Köpfen mehr vor sich ging, als viele glaubten. Sie fragten sich, ob Kraken spielten. Diese Tiere hatten eine Vorliebe für die Manipulation von Objekten, was sowohl auf Intelligenz als auch auf Neugier schließen ließ. Der Schritt vom Manipulieren von Objekten zum Spielen mit ihnen mag klein erscheinen, und im Hinblick auf das Verhalten wäre er es auch. Aber was die Taxonomie betrifft, wäre es ein riesiger Schritt – oder vielmehr ein Sprung – über den gesamten Stamm hinweg. Säugetiere und Vögel, die seit Langem als verspielt gelten, gehören zum Stamm der Chordatiere. Aber Kraken sind Kopffüßer aus dem Stamm der Mollusken.

Zu Beginn des 3. Jahrhunderts nach Christus schrieb der römische Naturhistoriker Claudius Aelianus: »Schabernack und Listigkeit müssen schlechterdings als Wesensmerkmale dieser Kreatur angesehen werden.«[2] In den Jahren seither sind sie nicht weniger schelmisch und listig geworden, wie Forscher

WAS IST SPIEL?

beweisen, deren Werkzeuge sie bekanntlich auseinandernehmen können. Als die Meeresbiologin Jean Boal und ihre Kollegen die »relative Widerspenstigkeit von Tintenfischen als Versuchsobjekte«[3] feststellten, könnten sie im Namen vieler ermatteter Kopffüßer-Forscher gesprochen haben. Das Verhalten von Tintenfischen scheint durchaus spielerisch zu sein. Doch niemand hatte bisher versucht nachzuweisen, dass es sich um ein Spiel handelt, oder unter experimentellen Kontrollen zu beweisen, dass Kraken spielen. Ein echter, empirischer Beweis für das Spiel der Kraken wäre ein Befund von einiger Tragweite. Es würde bedeuten, dass sich dieses Verhalten in zwei Stämmen entwickelt hat, die sich vor 670 Millionen Jahren auseinanderentwickelt haben.[4]

In den 1990er-Jahren wurden in zahlreichen Experimenten die Intelligenz und die Neugier von Kraken untersucht. Die meisten Experimente beschäftigten sich mit rudimentärer Reaktion auf Reize. Ein Objekt, zum Beispiel eine Muschelschale, wurde in das Becken eines Kraken geworfen. Ein Krake, der auf der Suche nach Nahrung war, untersuchte die Muschel, stieß sie mit seinen Armen an und drehte sie um. Findet er keine Nahrung und auch sonst nichts, was sich zu untersuchen lohnt, verliert der Krake das Interesse an der Muschel und lässt sie in Ruhe.

Würde man dasselbe Experiment mit einem besonders neugierigen Kraken durchführen, könnte die Reaktion anders ausfallen. Wenn die Schale zum ersten Mal auftaucht, würde der Krake sie erkunden. Das Erfühlen von Rillen auf der Oberfläche der Schale könnte ihn zu weiteren Erkundungen anregen, und schließlich würde der Krake die innere Wölbung der Schale finden. Deren glatte Oberfläche, ein besonders fas-

WAS IST SPIEL?

zinierender Kontrast zu den Rillen, könnte ihn zu weiteren Untersuchungen treiben. So würde es weitergehen, ein sich wiederholender Zyklus von Stimulus und Untersuchung, wobei jeder Stimulus zu weiteren Untersuchungen führt und jede Untersuchung einen weiteren Stimulus bewirkt. Dieser Zyklus würde die Untersuchungszeit erheblich verlängern, da ein neugieriger Krake viel länger braucht, um die Schale zu erforschen, bevor er das Interesse verliert.

Mather und Anderson waren der Meinung, dass auf dem Weg von der Erkundung zur Gewöhnung einige Verhaltensweisen zu Recht als Spiel bezeichnet werden könnten. Die Unterscheidung zwischen Spiel und Erkundung wäre schwierig, aber die beiden dachten sich ein Experiment aus, von dem sie hofften, dass es genau das leisten könne. Als Versuchsperson wählten sie den Pazifischen Riesenkraken (*Enteroctopus dofleini*), eine Art, die gut an das kalte, sauerstoffreiche Wasser der Küsten des Nordpazifiks angepasst ist. Es handelt sich um die größte Krakenart; ein ausgewachsenes Tier kann mehr als fünfzig Kilo wiegen und vier bis fünf Jahre alt werden. Die zu untersuchenden Tiere, fünf Männchen und drei Weibchen, waren etwas leichter und jünger – »subadulte« Tiere im Alter von zwei bis drei Jahren, die zwischen einem und zehn Kilo wogen.

Mather und Anderson wussten, dass sie die Kraken zum Spielen anregen konnten, indem sie ihnen etwas Interessantes zur Erforschung gaben. Sie entschieden sich für vier Pillendosen aus Plastik mit einem Gewicht knapp über dem neutralen Auftrieb. Kraken verfügen nur über ein begrenztes Farbensehen, aber über ein gutes Sehvermögen, was die Lichtintensität angeht, also wurden zwei Flaschen weiß und zwei schwarz gefärbt. Und da Kraken empfindlich auf Oberflächen reagieren, erhielten eine weiße und eine schwarze Flasche eine glatte Oberfläche, die beiden anderen jeweils eine raue. Jeder Krake hatte zehn Gelegenheiten oder »Versuche«, die dreißig Minuten dauerten, was Mather und Anderson als ausreichend Zeit ansahen, damit die Kraken sich entweder mit den Flaschen beschäftigen konnten oder kein Interesse an ihnen zeigten.

Alle acht Tintenfische nahmen auf irgendeine Weise Kontakt mit den Flaschen auf, indem sie entweder einen Saugnapf gegen eine Flasche drückten, einen Arm um die Flasche legten oder einen Arm benutzten, um die Flasche an ihr Maul zu drücken. Mather und Anderson bewerteten diese Handlungen als Untersuchung. Zwei Kraken beschäftigten sich jedoch auf eine Weise mit den Flaschen, die wie ein Spiel aussah. Krake 8 benutzte seinen Trichter, um einen Wasserstrahl zu erzeugen, der eine Flasche an die Wand des Aquariums und wieder zurück schob. Krake 7 erzeugte einen Wasserstrahl, der die Flasche »auf eine kreisförmige Bahn … um den Rand des Aquariums herum« schickte, was Anderson zu seinem Telefonat veranlasste.[5]

Es ist bekannt, dass Kraken Trichter zum Ausatmen verwenden, um sich fortzubewegen, um den Unrat am Eingang ihrer Höhlen zu reinigen und um lästige Fische und stechende Seeanemonen zu vertreiben. In Gefangenschaft benutzen Kraken die Trichter oft, um ein Futter abzustoßen, das sie mit einer gewissen Verachtung betrachten – zum Beispiel gefrorene Garnelen. Aber soweit man weiß, wurden die Trichter noch nie auf diese Weise eingesetzt. Die Kraken 7 und 8 schoben die Flasche nicht weg, sondern fanden einen interessanten Weg, damit sie zu ihnen zurückkehrte.

WAS IST SPIEL?

Mather hat schon Hunderte Male vor allen möglichen Zuhörern gesprochen – von professionellen Tierverhaltensforschern bis hin zu Schulkindern –, aber sie spricht mit einer solchen Bedachtsamkeit, dass man meinen könnte, dass sie jedes Wort, das sie ausspricht, noch einmal überdenkt. Als sie sich später Andersons Metapher zu eigen machte, ging sie vorsichtig vor, um diese Metapher zu erläutern. »Das ist genau das, was wir tun, wenn wir einen Ball hüpfen lassen«, sagte sie in einem Interview. »Wenn man einen Ball aufprallen lässt, will man ihn nicht loswerden, sondern herausfinden, was man mit dem Ball machen kann.«[6]

Die Kategorien des Spiels

Verhaltensforscher haben drei Kategorien des Spiels festgelegt. Es gibt das *Einzelspiel*, wie das Herumtollen eines Ponys allein auf einer Wiese. Es gibt das *soziale Spiel*, etwa das Ringkampfspiel der jungen Schimpansen. Und es gibt das Objektspiel, zum Beispiel das Jagen und Apportieren von Stöcken bei einem Welpen – oder bei einem Kraken, der seinen Ausatemtrichter benutzt, um eine Pillendose zu befördern. Diese Kategorien sind klar voneinander abgegrenzt, und für Ethologen, die eine bestimmte Art des Spiels bei einem bestimmten Tier untersuchen, hat diese Unterscheidung Vorteile. Der Preis, der dafür gezahlt wird, ist jedoch die Vernachlässigung einer komplizierteren Realität. Tiere, die für die Kategorien der Ethologen nicht verantwortlich sind, vermischen verschiedene Arten des Spiels. Zwei Welpen, die sich gegenseitig ein Stöckchen entreißen, können sowohl dem Objekt- als auch

DIE KATEGORIEN DES SPIELS

dem sozialen Spiel frönen. Manche Spiele können mit Verhaltensweisen kombiniert werden, die überhaupt kein Spiel sind: Eine Krähe, die einen Zweig handhabt, kann sowohl ein Objektspiel als auch Erkundung betreiben, und Loris, Papageien, die ein soziales Spiel spielen, können sich dabei auch im Balzverhalten üben. Noch schwieriger wird die Definition des Spiels, wenn man bedenkt, dass Einzel-, Objekt- und soziales Spiel nicht den ganzen Umfang an Spielen ausmachen. Psychologen untersuchen das Spiel menschlicher Kinder seit mehr als einem Jahrhundert und haben viele andere Arten des Spiels identifiziert, darunter das Parallelspiel, das vorgetäuschte Spiel, das Mutter-und-Kind-Spiel und das Konstruktionsspiel. Dass es diese Spiele auch bei Tieren gibt, wird immer deutlicher.

Diese Vielfalt des Spiels macht einen Teil seines Reizes aus; für Ethologen, die sich auf ein bestimmtes Tier konzentrieren, ist sie jedoch kaum von Belang. Aber für diejenigen, die ein umfassendes Verständnis des Spiels, einschließlich seiner Ursprünge und seiner Entwicklung, gewinnen wollen, stellt diese Vielfalt ein Problem dar. Sie müssen das Spiel über Arten und ganze Tierklassen hinweg vergleichen. Dazu müssen sie genau wissen, was sie vergleichen, und sie müssen sicher sein, dass sie nicht nur das vergleichen, was wie dasselbe Verhalten aussieht, sondern das, was dasselbe Verhalten *ist*. Dazu brauchen sie eine allgemeine, allgemeingültige Definition des Spiels, eine Definition, die eigenständig und eindeutig ist und dennoch das Verhalten in all seinen Varianten und Permutationen berücksichtigt. Und wenn wir eine gründliche Untersuchung des Spiels durchführen wollen, brauchen wir ebenfalls eine solche Definition.

Definition von Spiel

Die Herausgeber des *New Oxford American Dictionary* führen zehn Definitionen von Spiel auf, die in den meisten oder allen Bereichen des menschlichen und tierischen Lebens Anwendung finden: sechs Verben mit Abwandlungen, vier Substantive mit Abwandlungen und zahlreiche zusammengesetzte Wörter und Phrasen. Es scheint, dass in dem Wort Spiel eine Menge »Spiel« steckt.

Die Definitionen von Spiel sind bewundernswert umfassend, aber die meisten haben ihre Grenzen. Einige verwenden Tautologien und definieren Spiel zum Beispiel als eine Aktivität, die *Spaß* macht. Was auch immer Spaß ist, es ist mindestens genauso schwer zu definieren wie Spiel. Einige Definitionen stützen sich auf Begriffe wie *Vergnügen* oder *Befriedigung* – Begriffe, die vielleicht präziser als *Spaß*, aber schwer objektiv zu messen sind. Andere Definitionen setzen eine Funktion des Spiels voraus, obwohl keine einzelne Funktion oder eine Reihe von Funktionen benannt wird. Wieder andere Definitionen gehen davon aus, dass es sich um ein Verhalten *ohne* Funktion handelt,[7] und unterscheiden damit nicht zwischen dem Spiel und anderen Verhaltensweisen ohne klare Funktion, wie zum Beispiel den sich wiederholenden und zwanghaften Bewegungen von Tieren in Käfigen oder in Not. Außerdem ist die Behauptung, dass Spielen keine Funktion hat, nicht ganz richtig. Vieles Spielen erfordert beispielsweise Bewegung, und Bewegung kommt dem Tier zugute, indem sie die Sauerstofftransportkapazität des Blutes erhöht.

Einige Definitionen führen Kriterien für das Spiel auf und

DEFINITION VON SPIEL

qualifizieren diese Kriterien mit Worten wie *kann sein* oder *könnte beinhalten*. So zum Beispiel diese: »Spielen ist jede postnatale motorische Aktivität, die anscheinend zweckfrei ist, bei der motorische Muster aus anderen Kontexten oft in modifizierter Form und veränderter zeitlicher Abfolge verwendet werden können.«[8] Wenn wir eine eindeutige Definition anstreben, sind zweideutige Formulierungen wie *können oft verwendet werden* natürlich wenig hilfreich.

Spielende Tiere sind nur selten in der Lage und bereit, Forschern ihre Erfahrungen zu schildern, und doch setzen viele Definitionen Kenntnisse über diese Erfahrungen voraus. Eine Definition des Spiels, derzufolge es ein Verhalten sei, das »um seiner selbst willen ausgeführt wird«, unterstellt eine Absicht. Eine andere, die das Spiel als »angenehm« bezeichnet, assoziiert es mit Emotionen. Wieder andere schreiben dem Spieler ein Motiv zu oder – wie bei »Verhalten, das ohne die ›Ernsthaftigkeit‹ ausgeführt wird, die ein solches Verhalten in seinem normalen Kontext hat«[9] – das Fehlen eines solchen Motivs.*

Theoretisch könnte man ein Gefühl wie Glück durch die Beschreibung seiner neurologischen Wurzeln definieren. Viel-

---

* In *Animal Play Behavior* bietet Robert Fagen eine Definition an, die die meisten dieser Mängel umgeht. Sie ist sehr umfangreich und enthält eine Prise Fachsprache, aber sie ist bewundernswert umfassend. Außerdem ist sie vorläufig. »Für die Zwecke dieses Buches«, schreibt er (S. 21), »umfasst Spiel nicht aggressive Kämpfe und Verfolgungsjagden, die durch soziale Kooperation aufrechterhalten werden; solitäre und rotierende Bewegungen, die in Abwesenheit von bedrohlichen Raubtieren, Parasiten und Artgenossen ausgeführt werden; sich entwickelnde solitäre oder manipulative Verhaltensweisen, die mit geringfügigen Variationen auf einem zuvor etablierten Beherrschungsniveau wiederholt werden; und ablenkende Effektorinteraktionen [Greif-Aktionen – Anm. d. Ü.] mit einem unbelebten Objekt, die auf die Beendigung einer anfänglichen Phase der sensorischen und beherrschenden Aktivität, einschließlich der explorativen Manipulation, die auf das Objekt gerichtet ist, folgen.«

WAS IST SPIEL?

leicht ist das Spiel auch die Aktivität eines spezifischen neuronalen Mechanismus. Studien an den Gehirnen und Nervensystemen von Ratten und Mäusen haben einige Fortschritte in dieser Richtung gebracht. Da solche Studien jedoch in Labors durchgeführt werden, verhalten sich die Versuchstiere möglicherweise anders als in ihrer natürlichen Umgebung, was die Ergebnisse fragwürdig macht. Da viele dieser Studien Autopsien und das »Opfer« der Versuchstiere erfordern, können sie mit den meisten Tieren nicht auf humane Weise durchgeführt werden. Viele würden sogar sagen, mit *keinem* Tier. Und selbst wenn es einem Forscher gelänge, das innere Erleben eines Tieres zu erfassen, indem er die Aktivität seiner neuronalen Schaltkreise überwacht, ohne das Tier zu verletzen, und während es in seiner natürlichen Umgebung spielt, würde dies nur das innere Erleben eines Tieres erfassen, das nur eine einzige Spezies unter den vielen anderen darstellt, die spielen.

Wir wissen nicht, was ein Tier erlebt, während es spielt. Um das Spiel zu definieren, müssen wir uns also vorerst darauf beschränken, wie es aussieht. Schon das bringt eine Reihe von Problemen mit sich.

Identifizierung des Spiels

Wir könnten annehmen, dass zwei Hunde, die miteinander rangeln, oder eine Katze, die eine Spielzeugmaus schlägt, oder Ottern, die sich in einem Fluss tummeln und planschen, tatsächlich spielen, und wir könnten recht haben. Ihr Spiel sieht unserem Spiel sehr ähnlich, und da sie Säugetiere sind wie wir, *ist* es vielleicht auch wie unser Spiel. Doch bei vielen Tieren

IDENTIFIZIERUNG DES SPIELS

vermischen sich Spiel-, Balz- und Kampfverhalten und sind für den Forscher nicht immer leicht zu unterscheiden.

Diese Schwierigkeit wird durch zwei Verhaltensweisen verschärft, die kein Spiel sind, ihm aber sehr ähneln.

Die erste ist das, was Ethologen *Stereotypien* nennen, was ein Verhaltensbiologe als »ein Verhaltensmuster definiert, das sich wiederholt, unveränderlich ist und kein offensichtliches Ziel oder keine offensichtliche Funktion hat«.[10] Während Spielen Wohlbefinden anzeigt, signalisieren Stereotypien, dass das Tier keinen Stimulus beziehungsweise einen gewissen Stress verspürt. Wir haben es alle schon gesehen: Ein Papagei, der in einem Käfig immer wieder von Ort zu Ort springt, ein Wolf in einem Gehege, der stundenlang den gleichen Weg geht, oder Sie oder ich, die auf einem Bleistift kauen oder an einer Haarsträhne drehen. Das andere Verhalten, das sich nur schwer vom Spielen unterscheiden lässt, ist das *Erkunden* – das heißt, sich durch ein unbekanntes Gebiet zu bewegen oder ein Objekt zu manipulieren, um mehr darüber zu erfahren.

Das Spielen ist selbst bei unserem Artgenossen, dem *Homo sapiens*, nicht so leicht zu erkennen. Spielende Menschen zeigen oft Anzeichen von Vergnügen – ein Lachen, ein Schreien, ein Fauststoß in die Luft. Aber nicht immer. Denken Sie an den angespannten Gesichtsausdruck eines Schachspielers, der einen Zug plant, oder an den Gesichtsausdruck eines Fußballspielers, der einen Ball auf das Tor zubewegt. Es hat einen Namen, *Pokerface*, das im *New Oxford American Dictionary* als »der neutrale oder ernste Gesichtsausdruck eines Sportlers, der Entschlossenheit und Konzentration zeigt«, definiert wird. Nur wenige würden dieses Verhalten mit Vergnügen assoziieren, doch diejenigen, die es an den Tag legen, spielen gerade per

WAS IST SPIEL?

Definition. Wir können nicht ohne Weiteres Freude bei Mitgliedern unserer eigenen Spezies erkennen, mit denen wir die Physiognomie teilen. Wie viel schwieriger ist es dann, Freude bei Tieren zu erkennen, die etwas weiter von uns entfernt sind? Wie können wir wissen, wie das Spiel eines Krokodils aussieht? Eines Atlantischen Lachses? Einer Termite?

Mehrere Ethologen haben über diese Fragen nachgedacht, aber wahrscheinlich keiner tiefgehender und sorgfältiger als Gordon Burghardt. Burghardt trägt Brille und Bart und verfügt über das sanfte, akkurate und verlässliche Auftreten eines Anwalts vom Lande. Seine Wissenschaftlerkollegen gehen davon aus, dass eine große Bandbreite an Tierarten spielt, die meisten davon Säugetiere und Vögel. Aber Burghardt findet starke Indizien für das Spiel – wenn nicht sogar tatsächliche Beweise – bei Tieren, von denen viele sagen, dass sie dazu gar nicht in der Lage sind: bei einem Salzwasserkrokodil, bei Buntbarschen und sogar bei Honigbienen. Manche mögen solche Behauptungen als etwas abwegig bezeichnen, und wenn sie von jemand anderem stammen, könnten sie es durchaus sein. Burghardt ist jedoch ein renommierter Professor an den Abteilungen für Psychologie sowie Ökologie und Evolutionsbiologie an der University of Tennessee, Knoxville. Seine Karriere ist ebenso bedeutend wie lang. Wenn seine Ideen unorthodox sind, dann verleiht er ihnen Glaubwürdigkeit, weil er zu diesen Ideen durch sorgfältige, maßvolle und wohlüberlegte Schritte gelangt. Einer von Burghardts Kollegen nannte ihn einen »vernünftigen Radikalen«.[11]

Burghardt fand, dass die von vielen Forschern vorgelegten Definitionen des Spielens Mängel aufweisen. Er wollte eine allgemeine, universelle Definition des Tierspiels, die Einzel-, Objekt- und soziales Spiel und deren Variationen abdeckt und

IDENTIFIZIERUNG DES SPIELS

auch verwendet werden könnte, um Spiel im Verhalten von solchen Tieren zu benennen, von denen die meisten Menschen annehmen, dass sie nicht spielen. Eine Definition des Spielens, die diesem Standard entspricht, würde Tautologien und mehrdeutige Begriffe vermeiden. Sie würde keine Anpassungsvorteile voraussetzen. Sie würde auf zweideutige Ausdrücke wie »kann sein« und »könnte sein« verzichten. Sie würde nicht den mentalen oder emotionalen Zustand des Spielers berücksichtigen. Und sie würde das Spielen klar von Stereotypien, Erkundungen und anderen Verhaltensweisen unterscheiden, denen es ähneln könnte. In seinem 2005 erschienenen Buch *The Genesis of Animal Play* vertrat Burghardt die Auffassung, dass ein Verhalten, um als Spiel zu gelten, fünf Merkmale aufweisen muss.

Erstens darf das Spiel »nicht funktional« sein – das heißt, es darf nicht offensichtlich dem Überlebens- oder Fortpflanzungsbedürfnis eines Tieres dienen.

Zweitens muss das Spielen rein freiwillig sein und darf keine erzwungene Reaktion auf einen äußeren Einfluss darstellen.

Drittens muss sich das Spiel offensichtlich von den anderen Verhaltensweisen des Tieres unterscheiden.

Viertens müssen die Bewegungen eines spielenden Tieres wiederholt werden, was sie von den Handlungen eines Tieres, das auf Erkundung ist, unterscheidet, die vielfältig sind. Allerdings müssen dieselben Bewegungen in einer anderen Reihenfolge und mit Modifikationen wiederholt werden, was sie von den Bewegungen stereotypen Verhaltens unterscheidet, das unverändert ist.

Fünftens und letztens behauptet Burghardt, dass Spielen nur dann stattfindet, wenn das Tier gut genährt, in Sicherheit und gesund ist und kein äußerer Einfluss sein Verhalten erzwingt.

WAS IST SPIEL?

Dies ist eine Überprüfung des zweiten Kriteriums, da einige vielleicht einwenden würden, dass die Verwendung des Wortes »freiwillig« die innere Erfahrung des Tieres – in diesem Fall die Absicht – voraussetzt, wenn wir nicht wissen können, was diese Erfahrung sein könnte. Das Fehlen von jeglicher äußeren Einwirkung bedeutet wahrscheinlich, dass das Tier nicht spielt, weil es muss; es spielt, weil es spielen will.

Wenn Sie ein Tier sehen, das sich auf eine Art und Weise verhält, die nicht funktional, sondern freiwillig ist und durch wiederholte, aber unterschiedliche Bewegungen gekennzeichnet ist, und wenn dieses Tier gut genährt, in Sicherheit und gesund ist, sagt Professor Burghardt, dann sehen Sie ein Tier beim Spielen.

Wenden wir Burghardts Kriterien auf das Verhalten der Kraken 7 und 8 an. Da die Tintenfische die Flaschen als ungeeignet zur Ernährung und noch weniger als Partner empfanden, war ihr Verhalten nicht funktional und hatte nichts mit Überleben oder Fortpflanzung zu tun. Da die Kraken durch nichts dazu gezwungen wurden, sich mit den Flaschen auseinanderzusetzen, war ihr Verhalten freiwillig. Könnte es eine Erkundung gewesen sein? Wahrscheinlich nicht. Erkundung und Spiel sehen ähnlich aus, insbesondere wenn es um Objekte geht, aber es gibt einen wichtigen Unterschied. Wie Mather feststellte, sammelt ein Tier, das ein Objekt erforscht, Informationen darüber; ein Tier, das mit einem Gegenstand spielt, entdeckt, was man damit machen kann. Die Kraken taten eindeutig Letzteres. Der Wasserfluss des Aquariums brachte die Flaschen in die Nähe der Kraken zurück, jedoch jedes Mal an eine andere Stelle. Um weiterhin auf die Flaschen einzuwirken, passten die Oktopusse die Richtung ihrer Wasserstrahlen an und positionierten sich neu. Somit war das Verhalten durch

IDENTIFIZIERUNG DES SPIELS

abwechslungsreiche Bewegungen gekennzeichnet. Schließlich ist ein Tier, das eine neue Umgebung erkundet, auf der Suche nach zwei Dingen: Ressourcen und Bedrohungen – grob gesagt, Dingen, die es fressen kann, und Dingen, die es fressen können. Das mögliche Vorhandensein Letzterer bedeutet, dass sich ein erkundendes Tier nicht ganz wohl fühlt. Erst wenn es sich vergewissert hat, dass keine Gefahr in der Nähe ist, entspannt es sich, und erst wenn es entspannt ist, kann es sich anderen Aktivitäten widmen – zum Beispiel dem Spielen. Die Kraken waren wohlgenährt, gesund und – allein in einem Wassertank ohne äußere Einflüsse – in Sicherheit.

Das »Ballspringen« der Kraken 7 und 8 erfüllte jedes von Burghardts Kriterien. Doch einige Forscher waren skeptisch, als sie von Mathers und Andersons Experiment erfuhren. Jean Boal sagte, das Verhalten »könnte Langeweile widerspiegeln, wie eine Katze, die auf und ab geht«.[12] Burghardt selbst entgegnete, die Tatsache, dass ein Verhalten eine Reaktion auf Langeweile sei, bedeute nicht, dass es kein Spiel sei, und Langeweile könne tatsächlich ein Spiel auslösen.[13]

Im Jahr 2003 führten Mather und mehrere Kollegen eine Fortsetzungsstudie durch.[14] Die potenziellen Spieler waren dieses Mal sieben *Octopus vulgaris*, und die potenziellen Spielzeuge waren LEGO-Teile und schwimmende Flaschen an Schnüren. Die Vielfalt der Reaktionen machte die Individualität von Kraken deutlich, eine Eigenschaft, die Aquariumbesuchern vertraut ist. Einige Tiere ignorierten die Objekte völlig. Andere nahmen Kontakt auf, als die Objekte zum ersten Mal eingeführt wurden, und ignorierten sie danach. Zwei Kraken brachten die Gegenstände in ihre Höhlen. Nur ein Oktopus zeigte ein Verhalten, das die Forscher als »volles Spiel« definierten,

WAS IST SPIEL?

aber andere beteiligten sich an sogenannten »spielähnlichen Interaktionen« – zum Beispiel dem Schieben und Ziehen eines LEGO-Teils, dem Schleppen einer Flasche und dem Weiterreichen eines LEGO-Teils von einem Arm zum anderen. Mather und Kollegen kamen zu dem Schluss, dass in dem Experiment »vielversprechende Hinweise dafür gefunden wurden, dass *O. vulgaris* ein Spielverhalten zeigt«.[15]

Spiel und natürliche Selektion

Lassen Sie uns drei Aspekte des Verhaltens der Kraken 7 und 8 hervorheben, die auch die natürliche Selektion charakterisieren. Das beschriebene Verhalten ist zweckfrei. Die Kraken, die mit ihren Ausatemtrichtern eine Flasche antreiben, haben kein bestimmtes Ziel, keinen Plan und keine Agenda. Sie bewegen lediglich die Flasche, sind ein wenig daran interessiert und wollen sehen, was passiert, wenn die Flasche bewegt wird. Das Verhalten der Kraken ist nur temporär. Sie können aufhören, die Flasche in eine bestimmte Richtung zu treiben, wenn sie ein interessanteres Ergebnis erzielen, zum Beispiel indem sie sie in eine andere Richtung bewegen. Ihr Verhalten ist kontinuierlich und ergebnisoffen. Es kann ein bestimmtes Stadium erreichen – sagen wir, dass die Flasche einen Kreislauf durch das Wasserbecken abschließt –, aber die Aktivität endet in diesem Moment nicht; es ist auch kein Grund für die Kraken vorhanden, die Aktivität zu beenden.

Als die Kraken 7 und 8 die Flaschen im Aquarium hin und her trieben, verkörperten sie drei Merkmale von Darwins Theorie.

Kapitel 2

Das Kalahari-Erdmännchen-Projekt: Spiel-Hypothesen

K urz nach Sonnenaufgang im südlichen Sommer 1999, tief in der südafrikanischen Kalahari-Wüste, kroch die Doktorandin Lynda Sharpe durch Sauerklee und trotzte Schwärmen von stechenden Insekten. Ihre Aufmerksamkeit galt einer Gruppe von Erdmännchen, einer Mungo-Art aus dem südlichen Afrika, die vor ihrem Bau in der Sonne schliefen. Schnell und leise schnappte sie sich eines der Tiere, schnippelte ein Stück Fell ab und markierte seinen Schwanz mit einem Filzstift. Dann machte sie dasselbe mit einem anderen Tier und noch einem weiteren.

Sharpe war Anfang dreißig, mit offenen Gesichtszügen und einer sommersprossigen Haut, was sie noch jünger erscheinen ließ. Sie hatte einen guten Sinn für Humor, scherzte oft, dass das Studium der südafrikanischen Fauna eine besondere Berufswahl sei, und nannte die Erdmännchen, immerhin Raubtiere mit scharfen Krallen, die sich zuweilen gegenseitig die Jungen töten, »meine kleinen Lieblinge«. Aber ihre Absicht an diesem Morgen war ziemlich ernsthaft. Sie hatte die Erdmännchen markiert, damit sie sie unterscheiden und herausfinden konnte, wer von ihnen mehr spielte und mit wem. Wenn sie diese Dinge wüsste, hoffte sie, eine Antwort auf eine seit Langem bestehende Frage zum Verhalten von Tieren zu finden: *Warum* spielen Tiere?

Die Kosten des Spiels

Spielen scheint offensichtlich wenig mit Überleben zu tun zu haben. Sehr oft scheint es das Überleben eher zu *behindern*. Spielen ist aufwendig und kostet Energie und Zeit, die besser für Jagd, Nahrungssuche oder Paarung genutzt werden könnte. Es kann auch gefährlich sein und zu Verletzungen und Tod führen. Sibirische Steinbockjunge, die auf Klippen spielen, stürzen gelegentlich ab[1], und junge Grüne Meerkatzen spielen lieber in einiger Entfernung von Erwachsenen, wodurch sie anfälliger für den Raub durch Gelbe Paviane sind.[2] Einer der erschreckendsten Berichte über die Kosten des Spielens stammt von Robert Harcourt, einem Zoologen, der jetzt an der Macquarie University in Sydney, Australien, arbeitet. Er beobachtete südamerikanische Pelzrobben an einem Strand in Punta San Juan, wo jedes Jahr etwa zweitausend Junge geboren werden. Von Januar bis Oktober 1988 beobachtete Harcourt die Robben zu jeder Tageszeit; 102-mal sah er, wie Jungtiere von Mähnenrobben angegriffen wurden, wobei 26 Jungtiere getötet wurden. Von diesen spielten 22 in den flachen Gezeitentümpeln und schienen »die anderen Tiere in der Nähe, die flüchteten, nicht zu bemerken«[3] – ein klarer Beleg, wie das Spiel zu fesseln vermag, und ein dramatischer Beweis für seine Risiken. Spielen bringt viele Nachteile mit sich. Sharpe und andere Wissenschaftler glaubten, dass es im Verhalten von Tieren kein Spiel gäbe, wenn dessen Risiken nicht durch Anpassungsvorteile ausgeglichen und aufgewogen würden. Doch diese Vorteile waren bisher unentdeckt geblieben.

Die Leidenschaften der Tiere

Edward Thompsons Werk *The Passions of Animals* aus dem Jahr 1851 zählt viele Arten auf, von denen der Verfasser glaubte, dass sie spielen. Bei einigen würden wir es vielleicht erwarten (wie bei Hunden, Hirschen und Orang-Utans), bei anderen nicht (wie bei Walen und Gänsen). Thompson stellte weder eine Hypothese über die Vorteile des Spiels noch eine übergeordnete Behauptung über das Spiel an sich auf, außer dass er sagte, es sei eine völlige Hingabe an Emotionen. »In seinen sportlichen Momenten«, schrieb er, »gibt sich das Tier einem Gefühl hin, in dem sein ganzes Wesen auf die Ausübung einiger seiner Leidenschaften konzentriert zu sein scheint, sei es Freude oder Unfug, Trotz oder Angst.«[4] Friedrich Schiller meinte, dass ein Tier aus dem »Reichthum der Kraft« (27. Brief) spielt und dass das Spielen für ein Tier ein Mittel sei, überschüssige Energie freizusetzen, »wenn das Überflüssige Leben sich selbst zur Thätigkeit stachelt«.[5] Im Jahr 1872 führte der englische Soziologe Herbert Spencer diese Idee weiter, doch fand sie in den Naturwissenschaften kaum Anklang, und über das Tierspiel wurde in den nächsten Jahrzehnten nicht viel geschrieben.

Die Praxishypothese und die Hypothese der sozialen Bindung

Im Jahr 1896 veröffentlichte der deutsche Philosoph und Psychologe Karl Groos das erste Buch über Tierspiele und erhob Anspruch auf das Fachgebiet mit einem ebenso einfachen wie

DIE PRAXISHYPOTHESE

eindeutigen Titel: *Die Spiele der Tiere.* Er begann damit, gewissermaßen das Haus zu säubern, indem er die Idee der »überschüssigen Energie« aus drei Gründen verwarf. Erstens hat der Körper einfachere Möglichkeiten, überschüssige Energie freizusetzen. Darüber hinaus ist Spielen mehr als bloße Befreiung, es hat Regeln, Form, Gestalt. Wäre das Spielen schließlich nur ein Mittel, um überschüssige Energie zu verbrauchen, würden Tiere aufhören zu spielen, wenn diese Energie verbraucht ist – wenn sie also müde sind. Er bemerkte sehr treffend, dass Hunde *nicht* aufhören zu spielen, wenn sie müde sind.*

Zu der Zeit, als Groos schrieb, war die Idee, dass das Spielen einem Tier ein gewisses Training ermöglicht, schon lange zum Allgemeinwissen geworden. »Nichts ist gewöhnlicher«, schrieb Darwin, »als dass Tiere Freude daran haben, den Instinkt, dem sie zu anderen Zeiten folgen, für etwas wirklich Gutes auszuüben.«[6] Aber die Idee hatte man auf Eis gelegt. Groos machte daraus eine wirkliche Hypothese und meinte, dass Tiere mit bestimmten Instinkten geboren werden und das Spiel sie zu Fähigkeiten führt, die für ihr Überleben und ihre Fortpflanzung notwendig sind – Nahrung finden, Riva-

---

* »Oder man beobachte das Spiel junger Hunde. Da haben sich zwei so lange im Garten herumgejagt, bis sie vor Erschöpfung nicht mehr konnten ... Jetzt richtet sich der eine etwas auf ... und sofort packt ihn mit unwiderstehlicher Gewalt die angeborene Rauflust. Er geht auf den anderen zu, schnüffelt ein wenig an ihm herum und sucht ihn dann mit einer gewissen schwerfälligen Trägheit, offenbar halb wider Willen, dem allmächtigen Triebe gehorchend, an einem Bein zu packen. Der Geneckte gähnt und setzt sich müde und langsam zur Wehr; aber allmählich reisst der Instinct den Erschöpften mit sich, und in wenigen Augenblicken tollen die beiden wieder mit leidenschaftlichem Eifer umher, bis gänzliche Athemlosigkeit dem Spiele ein Ziel setzt. Und so geht es in endlosen Wiederholungen weiter, sodass man den Eindruck hat: die Hunde warten allemal nur so lange, bis wieder ein wenig Kraft vorhanden ist, nicht bis sich das überflüssige Leben selbst zur Thätigkeit stachelt« (Groos, *Die Spiele der Thiere*, S. 17).

len bekämpfen, Raubtieren entkommen sowie einander umwerben und paaren. »Das ›Experimentieren‹ von Kleinkindern und Jungtieren, ihre Bewegungs-, Jagd- und Kampfspiele, die die wichtigsten elementaren Spielformen darstellen, sind keine nachahmenden Wiederholungen, sondern vorbereitende Anstrengungen. Sie stehen vor jeder ernsthaften Tätigkeit und zielen offenbar darauf ab, das junge Geschöpf darauf vorzubereiten und damit vertraut zu machen.«[7] Groos stützte sich auf sorgfältige Beobachtungen, um gemeinsame Themen zu finden, nahm mögliche Einwände vorweg, ging auf sie ein und sorgte sogar für das gewisse Extra. Naturphilosophen des 19. Jahrhunderts haben sich schon lange gefragt, warum die Jugendzeit von Säugetieren viel länger ist als die von Tieren anderer Klassen. Groos hatte eine Antwort: Eine lange Jugendphase gibt einem Tier ausreichend Zeit zum Spielen, und ein Tier muss spielen, wenn es sich richtig entwickeln soll. Er hatte die herkömmliche Vorstellung vom Ursprung des Spiels auf den Kopf gestellt: »Die Thiere spielen nicht, weil sie jung sind, sondern sie haben eine Jugend, weil sie spielen müssen.«[8] Groos' Idee wurde als *Einübungstheorie* oder häufiger als *Praxishypothese* bezeichnet.[9]

Mitte des 20. Jahrhunderts tauchte eine zweite Erklärung auf. Die sogenannte *Hypothese der sozialen Bindung* geht davon aus, dass Tiere lernen, »gut mit anderen zu spielen«, wie es in den Zeugnissen der Kindergärten heißt, indem sie herumknabbern, streiten und jagen. Zumindest auf soziale Tiere anwendbar, ging die Hypothese davon aus, dass viele Tiere eher aggressiv und asozial geboren werden. Um ein Tier als Mitglied einer Gruppe und als Partner zu akzeptieren, müssen seine Aggressionen gezähmt werden, und zwar am besten durch Spielen. Beweise für die Hypothese könnten beispielsweise in der Jagdtaktik der Wölfe liegen. Wölfe jagen Tiere, die größer sind als sie: Wapitis und Elche. Wenn ein einzelner Wolf ein Abendessen erwartet, muss er mit einem Rudel jagen. Aber ein Wolf wird nur dann in ein Rudel aufgenommen, wenn er sich mit anderen verbunden hat, und zwar durch Spiel. Daher ist Spiel für das Überleben eines einzelnen Wolfes notwendig. Und da ein Rudel aus einzelnen Wölfen besteht, ist dies auch für das Überleben des Rudels als Ganzes notwendig.

Es gibt keine allgemein akzeptierte Spieltheorie

Als diese beiden Ideen an Zustimmung gewannen, untersuchten Wissenschaftler das Spiel vieler Tiere – darunter Kojoten, Heuschreckenmäuse, Totenkopfäffchen und Paviane. Aber die Forschung war unsystematisch. In einer Studie wurden Geschlechterunterschiede beim Spiel erörtert, in einer anderen wurden spielerische und ernsthafte Kämpfe gegenübergestellt, in einer weiteren wurde das Spielen mit dem Erkunden verglichen. Die meisten Studien konzentrierten sich auf eine einzige Art. Auf dem Weg zu einem umfassenderen Verständnis des Tierspiels wurden kaum Fortschritte erzielt. Ein Ethologe empfand die Situation als äußerst besorgniserregend.

Robert Fagen war Forscher am Juneau Center, College of Fisheries and Ocean Science der University of Alaska, Fairbanks. In den späten 1970er-Jahren verbrachte er fünfzehn Jahre in der Wildnis Alaskas und Westkanadas, um das Spiel der Bären zu beobachten und zu dokumentieren. Er war mit der Arbeit anderer Wissenschaftler im Tierspielbereich gut genug vertraut, um zu wissen, dass auf diesem Gebiet einige Fortschritte zu verzeichnen waren. Aber er wusste auch, dass Forscher, bevor echte Fortschritte erzielt werden konnten, einen umfassenden Überblick über das bereits Erreichte brauchten, ein einziges Werk, das als endgültige Referenz dienen konnte. Nur dann konnten sie vermeiden, die Bemühungen anderer zu duplizieren, und mit dem Vergleich der Ergebnisse zu verschiedenen Arten beginnen, um eine Schlussfolgerung auf der anderen aufzubauen. Also begann Fagen, Tiere zu katalogisieren, von denen bekannt war, dass sie spielen, begutachtete den bisherigen Forschungsstand, skizzierte dessen Fragen im Hinblick auf die Evolutionstheorie und beschrieb die Herausforderungen, denen sich Forscher noch gegenübersehen. Das Ergebnis war sein bahnbrechendes Werk *Animal Play Behavior* aus dem Jahr 1981.

Das Buch war eine bemerkenswerte Leistung und provozierte, weil es deutlich machte, wie viel bislang unbeantwortet geblieben war. Mit einem spürbaren Anflug von Wehmut stellte Fagen fest, dass es keine umfassende Bestandsaufnahme der spielenden Tiere gebe, keine Einigung darüber, welches Verhalten als Spiel gelten sollte, und keine einheitliche Definition von Spiel. Am meisten beunruhigte vielleicht die Frage nach dem Anpassungsvorteil des Spiels, für den es keine allgemein akzeptierte Theorie gab – in Wahrheit keine Theorie überhaupt.[10]

Wir halten einen Moment inne und definieren das Wort *Theorie*. Wenn manche Menschen sagen »Es ist nur eine Theorie«, verstehen sie das Wort falsch. Für Wissenschaftler ist eine Theorie nicht trivial oder einfach, und sie vertreten sie nicht leichtfertig. Eine wissenschaftliche Theorie ist eine Erklärung eines natürlichen Phänomens oder einer Reihe von Phänomenen. Sie ist nicht starr und unveränderlich. Wenn mehr Informationen über diese Phänomene gesammelt werden, wird eine Theorie, die sie erklärt, entsprechend modifiziert und verbessert. Eine *Hypothese* – ein anderes Wort, das einer Definition bedarf – ist eine etwas bescheidenere These, kaum mehr als eine Vermutung, die auf begrenzten Indizien basiert. Dennoch ist eine Hypothese ein Anfang. Ausgestattet mit einer Reihe klar definierter und überprüfbarer Hypothesen kann ein Wissenschaftler mit der Entwicklung einer Theorie beginnen.

Als Fagen *Animal Play Behavior* veröffentlichte, erklärte keine einzige Theorie alle Tierspiele, sondern viele Hypothesen erklärten einzelne Fälle.

Ein Überfluss an Ideen

Eine Hypothese wurde Mitte des 20. Jahrhunderts von Alex Brownlee aufgestellt, einem schottischen Forscher auf dem Gebiet der Krankheiten von Nutztieren. Brownlee war bekannt dafür, dass er von seinem Zuhause aus 20 Kilometer zu Fuß durch die schottischen Pentland Hills ging, um ein Buch zurückzugeben, und sich unterwegs Notizen über ein Schaf machte, das sich seltsam verhielt, oder über eine Eberesche, die an einem ungewöhnlichen Ort wuchs. 1954 veröffentlichte er eine Arbeit, in der er die These vertrat, dass ein Tier, das als Jungtier spielt, bestimmte Muskeln trainiert und so deren ordnungsgemäße Entwicklung sicherstellt.[11] Brownlee hat nie genauer ausgedrückt, um welche Muskeln es sich handelt, und seine Hypothese wurde nie richtig überprüft. Doch in den

SPIEL-HYPOTHESEN

darauffolgenden Jahrzehnten brachten andere Forscher – die sich nun auf die Erkenntnisse der Physiologie des 20. Jahrhunderts stützten – ähnliche Ideen vor: dass jugendliches Spielen das Bindegewebe, das Nervensystem oder das Herz-Kreislauf-System eines Tieres stärkte. All dies waren spezialisierte Versionen der Praxishypothese. Im Jahr 1981 fassten der Ethologe Marc Bekoff, Professor für Ökologie und Evolutionsbiologie an der University of Colorado, Boulder, und John Byers, Zoologe an der University of Idaho, diese Ideen – gemeinsam mit denen von Brownlee – als Hypothesen des *motorischen Trainings* zusammen.

Viele hielten solche Ideen aus dem einfachen Grund für falsch, weil das Spielen bei den meisten Tieren zu selten und von zu kurzer Dauer ist, um große Auswirkungen auf Muskeln und Nerven zu haben. Aber Muskeln und Nerven sind nicht alles. Byers glaubte, dass jugendliche Spielphasen, auch wenn sie nur kurz sind, gerade ausreichen könnten, um Veränderungen an einem reaktionsfähigeren und flexibleren Teil der Anatomie eines Tieres zu bewirken: seinem Gehirn. An einem Winternachmittag im Jahr 1993 saß er mitten zwischen den Regalen der Universitätsbibliothek und stöberte nach nichts Bestimmtem.[12] Als er begann, in einem Lehrbuch über Neurowissenschaften zu blättern, wurde er von einem Liniendiagramm aufgehalten. Seine hügelförmige Kurve kam ihm seltsam bekannt vor. Er hatte festgestellt, dass sie die Häufigkeit und Dauer des Spielens im Laufe des Lebens von Mäusen darstellte, bei einem Jungtier einen sanften Höhepunkt erreichte und im Erwachsenenalter allmählich abfiel. Die Kurve in diesem Buch erstreckte sich über denselben Zeitraum, zeigte jedoch das, was Neurowissenschaftler als *synaptische Beschneidung* bezeichnen. Das Kleinhirn vieler Tiere weist bei der Geburt einen Überschuss an Synapsen auf, der Strukturen, über die Neuronen elektrische und chemische Signale untereinander übertragen. Während das Tier heranreift, schneidet die Natur in einer ihrer »Spare-in-der-Zeit-dann-hast-du-in-der-Not«-Stimmungen diejenigen Strukturen weg, die wenig genutzt werden oder ungenutzt sind. Byers vermutete, dass die Überlappung zwischen der Kurve, die die Häufigkeit und Dauer des Spiels darstellt, und der Kurve, die die synaptische Beschneidung darstellt, bedeuten könnte, dass Spiel und synaptische Beschneidung zusammenhängen.

Im Jahr 1995 kamen Byers und sein damaliger Doktorand Curt Walker zu dem Schluss, dass beide Veränderungen durch ein Element des Spielens hervorgerufen werden könnten: durch körperliche Betätigung. Sie überprüften die Literatur zu den Auswirkungen von Bewegung bei drei Säugetieren: der Hausmaus, der Wanderratte und der Hauskatze. Die meisten Auswirkungen können in jedem Entwicklungsstadium eines Tieres auftreten, waren jedoch nur von kurzer Dauer. Zwei Effekte – die Bildung neuronaler Synapsen und Veränderungen der Muskelfasern – konnten nur in einem bestimmten Stadium auftreten und waren von langer Dauer.[13] Eine Zeit lang in der Entwicklung eines Tieres wurden sein Nervensystem und sein Muskelgewebe durch Spiel dauerhaft verändert. Byers und Walker nannten ihre Idee die *Hypothese der sensiblen Phase*. Andere Studien adaptierten die Hypothese, um das Spiel bei anderen Tieren zu erklären. Im Jahr 2000 zeigte Lynn Fairbanks, Direktorin des Center for Primate Neuroethology an der University of California in Los Angeles, dass bei Affen verschiedene Arten des Spielens ihren Höhepunkt in unterschiedlichen Stadien ihrer Entwicklung erreichen, und meinte, dass jeder Höhepunkt mit der Reifung verschiedener Teile des Gehirns verbunden sein könnte.[14] Aber »verbunden sein könnte« ist weit entfernt von einer nachweisbaren Ursache und Wirkung. Selbst wenn man so etwas finden könnte, wäre dessen Umfang begrenzt und würde das Spielen nur bei jugendlichen Tieren erklären.

Wenn die einzige Funktion des Spielens darin besteht, die Entwicklung des Gehirns, des Nervensystems und der Muskulatur von Jungtieren zu unterstützen, dann können wir davon ausgehen, dass diese Tiere mit dem Spielen aufhören, sobald die Entwicklung abgeschlossen ist. Tatsächlich tun das viele Tiere, aber keineswegs alle – eine Tatsache, die Groos nicht entgangen war. »Ein Wesen, das einmal die Lust des Spieles kennt«, schrieb er, »wird auch, wenn die Jugend vorbei ist, noch gerne aus dieser Quelle des Vergnügens schöpfen ... Ich besass einen zwölfjährigen Hund, bei dem trotz des hohen Alters die Spiellaune ab und zu noch auftrat.«[15] Die Hälfte aller Primatenarten – darunter Schimpansen, Rhesusaffen und Menschen – spielen auch im Erwachsenenalter weiter.

Der merkwürdige Fall der Katzen

Man könnte annehmen, dass das Spiel erwachsener Tiere nicht ihnen selbst, sondern ihren Nachkommen einen Anpassungsvorteil verschafft – dass die Erwachsenen, wenn sie mit diesen Nachkommen spielen, einfach gute Eltern sind. Dies scheint bei vielen Tieren der Fall zu sein. Erwachsene Füchse spielen beispielsweise mit Jungen, auch mit solchen, die nicht ihre eigenen sind.[16] Doch was manchmal so *aussieht*, als würden erwachsene Tiere ihren Nachwuchs unterrichten, ist nicht wirklich so. Betrachten Sie den merkwürdigen Fall der Katzen. Kinder, die fragen, warum erwachsene Katzen und Kätzchen mit Mäusen spielen, bevor sie sie töten, bekommen oft die Antwort, dass die erwachsenen Katzen den Kätzchen das Jagen beibringen. Diese Erklärung ist so etwas wie eine Notlüge. In den späten 1970er-Jahren untersuchte Tim Caro, damals Psychologie-Doktorand an der University of St. Andrews, zwei Gruppen von Katzen: eine, der es als Kätzchen erlaubt war, mit Objekten zu spielen, und eine, der das verwehrt blieb. Zu seiner Überraschung stellte er keinen Unterschied in ihren Fähigkeiten als Raubtier fest.[17] Sarah L. Hall vom Anthrozoology Institute der University of Southampton fasste die Schlussfolgerungen ähnlicher Studien zusammen und schrieb: »Es ist unklar, warum Katzen mit lebender Beute spielen.«[18] Was wissenschaftliche Rätsel angeht, ist dies vielleicht nicht mit der Frage des Astrophysikers zu vergleichen: »Warum sind neunzig Prozent der Masse des Universums unsichtbar?«, aber es ist immerhin überraschend genug, dass es wert ist, hier wiederholt zu werden. Menschen beobachten Katzen wahrscheinlich schon so lange, wie sie mit lebender Beute spielen – genauso lange, wie es Menschen, Katzen und lebende Beute gibt, aber wir wissen immer noch nicht, warum sie das tun.* Dank Pro-

---

* Für Darwin war das offensichtlich sadistische Verhalten der Katzen ein Beweis gegen intelligentes Design: »Ich kann mich nicht davon überzeugen, dass ein gütiger und allmächtiger Gott die Ichneumonidae [Anm. d. Ü.: Schlupfwespen] absichtlich mit der ausdrücklichen Absicht erschaffen hätte, sie in den lebenden Körpern von Raupen zu ernähren, oder dass eine Katze mit Mäusen spielen sollte.« *Darwin Correspondence Project*, Brief Nr. 2814, abgerufen am 18. Januar 2018, www.darwinproject.ac.uk/DCP-LETT-2814.

SPIEL-HYPOTHESEN

fessor Caro und anderen wissen wir zumindest, dass der Grund nicht das Training ist. Da viele Tiere als Adulttiere auch in Abwesenheit von Nachwuchs spielen, scheint ihr Spiel auch wenig mit Training und Erziehung zu tun zu haben. Eine Bestandsaufnahme solcher Tiere würde Tüpfelhyänen, weibliche Stellersche Seelöwen, männliche Brüllaffen, Löwen, Timberwölfe und schottische Schneehasen umfassen.[19]

Im späten 20. Jahrhundert wurde klar, dass die Praxishypothese und ihre Ableitungen das Spiel vieler erwachsener Tiere nicht erklären konnten. In den 1990er-Jahren begannen einige Ethologen der Frage nachzugehen, ob die adaptive Funktion des Spiels in vielen Fällen gar nicht langfristiger Natur sei. Vielleicht sei sie ja kurzfristig, vielleicht auch nur auf den Moment abgestellt.[20]

In den frühen 1990er-Jahren stellte der in Irland geborene Psychologieprofessor Nigel Barber fest, dass die meisten neugeborenen Säugetiere nicht jagen oder auf Nahrungssuche gehen müssen, da sie von einem oder mehreren Elternteilen versorgt werden. Folglich *haben* sie Energie übrig. Barber fand heraus, dass Spielen, insbesondere intensives Spielen, die Stoffwechselrate steigert und die *Thermogenese*, das Verbrennen von braunem Fettgewebe, ermöglicht.[21] Thermogenese wärmt ein Säugetier und stärkt gleichzeitig sein Immunsystem. Beides sind unmittelbare Vorteile. So war die Überschussenergie-Hypothese von Herbert Spencer, eine Idee, die von Groos entschieden abgelehnt und fast ein Jahrhundert lang weitgehend vergessen wurde, wie ein lange verlorener Ball, der wiedergefunden, wiederaufgeblasen und ins Spiel zurückgebracht wurde.

Barbers Hypothese war begrenzt. Sie erklärte wohl einigermaßen manche Spiele von Neugeborenen und Jungtieren, im Falle von Alttieren jedoch nur das Spiel bei Säugetieren, die braunes Fettgewebe verbrennen – also bei Säugetieren, die Winterschlaf halten. Bei vielen anderen Säugetieren – unter anderem bei erwachsenen Kängurus, Ratten, Primaten und Robben – konnte das Spielen nicht erklärt werden. Und sie erklärte *kein* Spielen bei Vögeln oder anderen Nichtsäugetieren. Die Hypothese war zwar überzeugend, doch weit von einer umfassenden Theorie des Tierspiels entfernt.

Im Jahr 1998 stützte sich die Ethologin Katerina V. Thompson auf eine Reihe von Studien und argumentierte, dass Tiere nicht so sehr spielen, um ihre Fähigkeiten zu verbessern, sondern vielmehr, um sie einzuschätzen, wie Sportler, die als ihre eigenen Trainer fungieren.[22] Dies ähnelte der Praxishypothese von Groos, leicht überarbeitet, aktualisiert und mit einer Grundlage versehen. Wenn ein Tier eine bestimmte Aktion nicht ausführt, kann es, schrieb Thompson, die Anstrengung aufgeben oder es erneut versuchen. Wenn es bei einem erneuten Versuch gelingt, versucht das Tier möglicherweise etwas Schwierigeres.

Eine Untersuchung, die sich selbst erledigt (oder sich vielleicht gerade selbst erledigt hat)

Zu diesem Zeitpunkt waren viele Antworten auf die Frage nach dem Anpassungsvorteil des Spiels umstritten, und keine davon war umfassend. Wenn Sie der Meinung sind, dass die Untersuchung etwas ins Stocken geraten ist, wären Sie in guter Gesellschaft gewesen. 1991 machte Barber seinen Unmut deutlich: »Die Spielforschung leidet unter der Vererbung empirisch

SPIEL-HYPOTHESEN

nicht unterstützter Annahmen, denen häufig der Status von Tatsachen zugestanden wird.«[23] Ihnen wird dieser Status nur zuerkannt, weil sie »ein Erklärungsbedürfnis befriedigen und von den Autoritäten wiederholt wurden«.[24] Thompson war ebenso unverblümt: »Die Spielliteratur ist reich an Hypothesen und Spekulationen, aber Belege für die meisten funktionalen Hypothesen sind frustrierend rar gesät.«[25]

Wie bereits erwähnt, gingen viele Ethologen davon aus, dass das Spielen der Tiere einen oder mehrere Anpassungsvorteile haben musste, gerade weil es so viele offensichtliche *Nach*teile hatte. In der zweiten Hälfte des 20. Jahrhunderts hatte sich diese Annahme zur Lehrmeinung verfestigt, und dennoch konnte sie nicht bewiesen werden. Es spielt keine Rolle, *wie* Spiel die Überlebens- oder Fortpflanzungschancen eines Tieres erhöht. Niemand hatte gezeigt, dass es diese Chancen überhaupt erhöhte.

Einige dachten, dass das Spielen möglicherweise nur eine Funktion sei, wie der menschliche Blinddarm oder der Daumen des Pandas, die keinen Anpassungsvorteil haben. Von daher wäre es nicht ungewöhnlich. Die natürliche Selektion führt oft langsam, stückweise und provisorisch zu Anpassungen. Wenn sich Lebensräume ändern, können selbst Anpassungen, die »am besten geeignet« erschienen, plötzlich unbrauchbar werden. Darwin bemerkte, dass es uns nicht überraschen sollte, »dass es Gänse und Fregattvögel mit Schwimmhäuten gibt, die auf dem trockenen Land und nur selten auf dem Wasser landen; dass es Wachtelkönige mit langen Zehen gibt, die auf Wiesen statt in Sümpfen leben; dass es Spechte gibt, wo kaum ein Baum wächst, dass es tauchende Drosseln und tauchende Hautflügler gibt und Sturmvögel mit der Lebensweise eines Alk.«[26] Spielen könnte für ein Totenkopfäffchen nicht vorteilhafter sein als Schwimmhäute für einen Fregattvogel, der auf dem Trockenen lebt. Unterschiede zwischen Populationen, die spielen, und denen, die nicht spielen, könnten auch auf reinste Stichproben- oder Versuchsfehler zurückzuführen sein. Aber solche Vorstellungen spielten in den Überlegungen der Ethologen zum Thema Spiel selten eine Rolle. Viele glaubten fest daran, dass die Freizeitaktivitäten der Tiere ihnen beim Überleben und bei der Fortpflanzung halfen. Es gab jedoch keine Beweise dafür.

Ein Schritt nach vorne: Spiel und Überleben frei lebender Braunbären

Im ersten Jahrzehnt des 21. Jahrhunderts fanden zur kollektiven Erleichterung vieler Kollegen manche Ethologen Beweise. Im Jahr 2004 entdeckten der Verhaltensökologe Scott Nunes und seine Kollegen, dass weibliche Belding-Ziesel, die sich an sozialen Spielen beteiligten, mehr Nachkommen hervorbrachten als solche, die dies nicht taten. Und im Jahr 2008 fanden die Wildtierbiologin Elissa Cameron und ihr Team heraus, dass bei Wildpferden jene Fohlen, die mehr Zeit mit Spielen verbrachten, ihr erstes Lebensjahr mit größerer Wahrscheinlichkeit überlebten.

Neben anderen Studien wurde die vielleicht ehrgeizigste von Robert und Johanna Fagen durchgeführt.[27] Ihre Forschungsobjekte waren freilaufende Braunbären, die auf den Admiralitätsinseln im Alexander-Archipel in Alaska lebten. Ein für Bären besonders attraktiver Ort ist Pack Creek, ein von

SPIEL-HYPOTHESEN

Lachsen genutzter Fluss, der durch alte Fichten- und Hemlocktannenwälder fließt und sich dann in mehrere Wasserläufe teilt, die eine lange Flussmündung bilden. Im Juli 1985 begannen die Fagens hier mit Beobachtungen, die die nächsten neun Sommer andauern sollten.

Es war nicht schwierig, das Spiel der Bären zu erkennen. Wenn Braunbären mit Gegenständen spielen, nehmen sie eine charakteristische Haltung ein, bei der sie Schulter, Vorderbein und Pfote anheben. Ihr soziales Spiel ist ebenfalls gut erkennbar: Jagen und Ringen, leicht von echten Kämpfen zu unterscheiden, weil sie im Stillen stattfinden.

Die Fagens wussten, dass viele Faktoren zum Überleben eines Jungtiers beitragen könnten: seine Gesundheit, das Ausmaß an Schutz und Fürsorge durch seine Mutter und die Qualität seiner Ernährung. Die Fagens bemühten sich, diese Faktoren von den Auswirkungen des Spiels zu unterscheiden. Und sie achteten darauf, dass keine alleinerziehende Mutter in der Studie einen übermäßigen Einfluss auf die Ergebnisse hatte.

Sie untersuchten elf Familien und neunzehn Junge und beobachteten jedes Junge zehn Jahre lang, jeden Sommer drei Monate und mindestens dreizehn Stunden. Ein Junges starb im ersten Sommer. Andere kehrten im zweiten Sommer nicht zurück, da sie vermutlich an Krankheiten, Unterkühlung oder Unterernährung gestorben waren. Nur elf der neunzehn überlebten bis zum Beginn ihres dritten oder vierten Sommers, eine Sterblichkeitsrate, die für uns zwar schockierend, aber ziemlich typisch für Braunbären ist. Das Spiel schien diese Rate jedoch zu senken. Die Fagens fanden heraus, dass die meisten Bären, die Jahr für Jahr überlebten, diejenigen waren, die als Jungtiere mehr gespielt hatten.

Korrelation ist nicht gleichbedeutend mit Kausalität; die Fagens gaben zu, dass die überlebenden Bären möglicherweise aus anderen Gründen als ihrem Spielen überlebt haben. Dennoch war es sorgfältige Arbeit und so etwas wie ein Modell. Ihre Erkenntnisse, die wie die von Nunes und Cameron einen klaren Zusammenhang zwischen Spiel und Überleben zeigten, waren wichtig. Endlich gab es starke Indizien, wenn nicht sogar den endgültigen Beweis dafür, dass das Spielen echte Anpassungsvorteile mit sich brachte.

Nun galt es herauszufinden, was diese Vorteile waren.

Das Kalahari-Erdmännchen-Projekt

Als Lynda Sharpe ein Kind war, hatte sie Kiplings *Just So Stories* gehört – »How the Leopard Got His Spots«, »How the Camel Got His Hump« und Ähnliches. Ihre Launen erfreuten viele Leser, befriedigten Sharpe jedoch nicht, wie so manche angehende Evolutionsbiologin. Eine gute Frage war, wie genau ein Leopard zu seinen Flecken kam. Schon als Kind wusste sie, dass es eine echte Antwort darauf geben musste, und Kipling war ihr bei der Suche nicht behilflich. Sie stellte weiterhin Fragen, und Jahre später, als sie an der Monash University in Australien studierte, fokussierte sie diese Fragen auf das Spiel – insbesondere auf das Spiel von in Gefangenschaft gehaltenen afrikanischen Wildhunden und fleischfressenden Beuteltieren. 1995 war sie Doktorandin an der Universität Stellenbosch in Südafrika mit Forschungsschwerpunkt Zoologie. Wie Fagen, Barber und Thompson war Sharpe mit den mangelnden Fortschritten bei der Erforschung des Tierspiels unzufrieden. Sie

SPIEL-HYPOTHESEN

beschloss, dass ihre Dissertation eine längst überfällige Überprüfung beider vorherrschender Hypothesen umfassen sollte, nämlich der Praxishypothese und der Hypothese der sozialen Bindung.

Beide Hypothesen gehörten seit Langem zum Allgemeinwissen und schienen auch vernünftig zu sein. Aber selbst im letzten Jahrzehnt des 20. Jahrhunderts war keine der beiden strengen Tests unterzogen worden. Der Grund lag zum Teil darin, dass es nicht genügend Orte gab, an denen solche Tests durchgeführt werden konnten. Studien zum Verhalten von Tieren werden in einer von zwei Umgebungen durchgeführt, und keine davon ist ideal. Forscher, die in Laboren arbeiten, können ihre Probanden einfach beobachten und durch Manipulation der Bedingungen in ihrer Umgebung kontrollierte Experimente durchführen. Aber Labore sind künstliche Umgebungen und können Tiere dazu veranlassen, sich anzupassen oder ihr Verhalten auf andere Weise anzugleichen, was die Schlussfolgerungen jedes Beobachters fragwürdig macht. Andererseits kann es für Forscher, die Tiere in freier Wildbahn untersuchen, schwierig sein, ihre Probanden über längere Zeiträume hinweg zu beobachten, und die scheueren Tiere sind überhaupt nur schwer zu beobachten. Die bevorzugte Tierart eines Forschers war eine, die in ihrem natürlichen Lebensraum lebte und auch leicht beobachtet werden konnte.

Sharpe wusste von einem Tier, das beide Bedingungen erfüllte: eine Mangustenart namens Erdmännchen. Besser noch, sie wusste, wo sie sehr viele finden konnte. Mehrere Gruppen mit jeweils zwanzig bis fünfzig Individuen lebten in der südafrikanischen Kuruman River Reserve in der südlichen Kalahari. Sie waren bereits Gegenstand des Kalahari Meerkat Project, einer langfristigen Forschungsinitiative, die sich auf das kooperative Verhalten von Tieren konzentrierte.[28] Sharpe schloss sich dem Projekt 1996 an. Aber wie sollte sie ihre eigene Arbeit beginnen? Es gab keine Vorlage für eine Überprüfung der Praxishypothese oder der Hypothese der sozialen Bindung und keine Testmethodik, die artenübergreifend angewendet werden könnte.[29] Das Entwerfen solcher Tests würde Fantasie und ihre Umsetzung Geduld erfordern.

Die Praxishypothese im Test

Die Praxishypothese besagt, dass ein Tier durch Spielen Fähigkeiten entwickelt, die zum Überleben und zur Fortpflanzung notwendig sind, um »evolutionären Erfolg« zu erzielen. Sharpe wusste, dass ein leicht messbarer Indikator für einen solchen Erfolg die Anzahl der Nachkommen ist. Sie wusste auch, dass die Erdmännchen mit den meisten Nachkommen in jeder Gruppe das dominierende Paar waren und dass sie ihre Dominanz dadurch erlangten, dass sie Kämpfe gegen andere Erdmännchen gewannen.* Daraus folgte, dass siegreiche Kämpfe zu evolutionärem Erfolg führten. Aber wie hat das dominante Paar gelernt, Kämpfe zu gewinnen? Wie alle Erdmännchen hatten sie als Welpen gespielt. War ihr Kampfspiel eine gute Übung, um tatsächliche Kämpfe zu gewinnen? War es überhaupt eine gute Übung, um Spielkämpfe zu gewinnen? Sharpe

---

* Die Herrschaft der Dominanten kann gnadenlos und brutal sein. Das dominante Paar kann Mitglieder verbannen und die Nachkommen anderer töten und so rücksichtslos sicherstellen, dass ihre eigenen Nachkommen keine Konkurrenz haben.

SPIEL-HYPOTHESEN

ging zuerst auf die zweite Frage ein. Sie würde feststellen, ob Erdmännchenwelpen, die am meisten kämpften, auch die meisten Spielkämpfe gewannen.

Um sich die Arbeit zu erleichtern, versah Sharpe die Erdmännchen mit sichtbaren Unterscheidungsmerkmalen. Da sich die Tiere bereits an die Anwesenheit der Forscher gewöhnt hatten, war dies nicht schwierig. Mehrere Tage lang kam sie vor Sonnenaufgang an einem Erdmännchenbau an und wartete. Bald tauchte eine Gruppe aus dem Bau auf, und während sie gähnten, sich streckten und sich in der Morgensonne wärmten, kroch sie zwischen ihnen hindurch, fing eines und zeichnete mit einem Filzstift einen Ring auf den einzigen Körperteil, den sie im Tumult eines Spielkampfes zuverlässig erkennen konnte – den Schwanz. Sie verwendete für jedes Tier eine andere Farbe. Dann saß sie da und wartete. Einige tollten allein umher, andere zogen an einem Blatt oder einem Zweig, und wieder andere rauften miteinander – das heißt sie kämpften spielerisch. Ein Kampf begann, als zwei auf den Hinterbeinen stehende Tiere ihre Oberkörper dazu benutzten, sich gegeneinanderzudrücken, sich mit ihren Krallen umklammerten und gegenseitig am Kopf oder am Hals des anderen knabberten. Früher oder später drückte einer den anderen auf den Rücken, stellte sich mit den Hinterbeinen auf dem Boden über ihn und hielt ihn mit den Vorderbeinen fest. Sharpe betrachtete den Moment des Festhaltens als das Ende des Spielkampfs und das Erdmännchen, das oben war, als dessen Sieger. Manchmal befreite sich das festgehaltene Erdmännchen und flüchtete, während das andere die Verfolgung aufnahm. Manchmal ließ das obere Erdmännchen das festgehaltene Tier einfach los.

DIE PRAXISHYPOTHESE IM TEST

Im Laufe der Zeit zählte sie beeindruckende 27 100 Spielkämpfe zwischen 37 Erdmännchenwelpen (von denen die meisten mehr als einmal gekämpft hatten) aus sechs Gruppen. Dank der Filzstiftringe konnte sie die Entwicklung vieler Tiere im ersten Lebensjahr beobachten. Innerhalb weniger Jahre verfügte sie über Unmengen an Daten – Zählungen der Spielhäufigkeit einzelner Erdmännchen im Laufe der Zeit und von Gruppen nach Alter, Sieg-Niederlagen-Aufzeichnungen einzelner Tiere und Gruppen sowie genügend Diagramme, Balkendiagramme und Glockenkurven, um selbst den anspruchsvollsten Statistiker zufriedenzustellen. Das Ergebnis? Vielleicht überraschend, vielleicht enttäuschend war, dass die Erdmännchenwelpen, die die meisten Spielkämpfe bestritten, *nicht* diejenigen waren, die auch die meisten Spielkämpfe gewannen.

Und nun zur anderen Frage. Haben die Erdmännchen, die als Welpen die meisten Spielkämpfe gewonnen haben, als Erwachsene die meisten echten Kämpfe gewonnen? Sharpe begann, tatsächliche Kämpfe zu zählen. Einige davon hat sie aus erster Hand miterlebt; andere vermutete sie aufgrund von Bisswunden. Als sie die Sieg-Niederlagen-Aufzeichnungen jedes erwachsenen Tieres mit den Sieg-Niederlagen-Aufzeichnungen beim spielerischen Kampf ihrer Jugend verglich, stellte sie fest, dass Erdmännchen, die in der Jugend mehr Spielkämpfe absolviert hatten, als erwachsene Tiere keine größeren Chancen hatten, echte Kämpfe zu gewinnen, also auch keine größere Wahrscheinlichkeit aufwiesen, dominant zu werden, was es auch nicht wahrscheinlicher macht, dass sie Nachkommen hervorbringen.[30]

Die Praxishypothese schien also, zumindest wenn sie auf

SPIEL-HYPOTHESEN

Spielkämpfe mit Erdmännchen angewendet wurde, weit danebenzuliegen.

Sharpes Projekt hatte einen zweiten Teil. Während der sechseinhalb Jahre, in denen sie ihre »kleinen Lieblinge« als Testfall für die Praxishypothese beobachtete, tat sie sie auch als Testfall für die Hypothese der sozialen Bindung. Wir erinnern uns: Deren Befürworter postulierten, dass Bindungen zwischen einem einzelnen Tier und den Tieren, mit denen es zusammenlebt, im Spiel geknüpft werden. Erdmännchen eigneten sich besonders gut für die Überprüfung dieser Idee. Um zu verstehen, warum das so ist, müssen wir etwas über die soziale Bindung von Erdmännchen und die Umgebung wissen, in der diese Bindung sich entwickelt hat.

Überleben in der Kalahari

Die Kalahari ist keine echte Wüste, sondern eher eine semiaride Savanne. Erdmännchen sind dort fast ständig Gefahren ausgesetzt. Kampfadler – Afrikas größte Raubvögel – kreisen über ihnen, Schakale streifen durch die Gräser und Sanddünen, und auf dem Boden leben mehrere giftige Schlangenarten, die tödlichsten davon sind Kapkobras und Puffottern. Das Territorium jeder Erdmännchengruppe erstreckt sich über mehrere Quadratkilometer, und benachbarte Gruppen bekriegen sich zudem. All diese Gefahren zwingen jede Erdmännchengruppe, sich zu schützen. Wenn sich die Mitglieder der Gruppe außerhalb ihres Baus befinden, fungiert einer als Wächter. Wenn der Wächter ein Raubtier sieht, bellt oder pfeift er, und die anderen hören auf mit dem, was sie gerade tun, und huschen in ihren Bau oder – wenn sie zu weit davon entfernt sind – in die flachen Gräben, die über ihr Territorium verteilt sind und die Sharpe und andere als Schlupflöcher bezeichnen, gegraben in Erwartung der Notwendigkeit, sich zu verstecken.

Dieser »Alle für einen, einer für alle«-Ansatz zum Leben ist besonders für Studenten der Evolutionsbiologie interessant, da es sich in geologischen Maßstäben um eine neue Entwicklung handelt. Die Vorfahren der heutigen Erdmännchen lebten im Pliozän, der geologischen Epoche vor 5,2 bis 1,64 Millionen Jahren, und gingen allein auf Nahrungssuche. Ein Großteil der Kalahari bestand damals aus Tropenwald, und dessen dichtes Unterholz bot den Tieren Schutz. Doch als das Klima trockener wurde und der Wald der offenen Savanne wich, wurde ein einzelnes Tier leicht zur Beute. Wenn diese Vorfahren, die Erdmännchen aus dem Pliozän, in der neuen, raueren Umgebung überleben wollten, mussten sie zumindest einige ihrer ungeselligen Tendenzen überwinden und lernen, zusammenzuarbeiten. Offensichtlich haben sie genau das getan. Aber wie? Wie kam es, dass Tiere, die von Natur aus Einzelgänger waren, nicht nur aufeinander aufpassten, sondern auch ausgefeilte Verhaltensweisen dafür entwickelten: Wache halten, die Jungen des anderen beschützen, Futter teilen und manchmal auch den Platz aufräumen? Wie wir gesehen haben, ist das Spielen der Erdmännchen ein ausgesprochen soziales Unterfangen. Könnte es das Mittel sein, durch das die natürliche Selektion ein Einzelgängertier in ein kooperatives Tier verwandelte?

SPIEL-HYPOTHESEN

Die Hypothese der sozialen Bindung im Test

Die Verbundenheit jeder Erdmännchengruppe zeigte sich in den sozialen Pflichten der Erdmännchen: als Wächter zu fungieren, Sand aus Schlupflöchern und Schlafhöhlen zu räumen, auf der Nahrungssuche mit den Jungen Nahrung zu teilen und sich um die Jungtiere zu kümmern. Daraus folgte, dachte Sharpe, dass sich die Hypothese der sozialen Bindung bestätigen würde, wenn sie zeigen könnte, dass die Erdmännchen, die als Jungtiere am meisten spielten, diese Aufgaben als Erwachsene am bereitwilligsten und am häufigsten übernahmen. Doch sie fand keine entsprechenden Tiere. Das blonde Erdmännchen Mimi und ein Erdmännchen namens Goblin spielten als Jungtiere viel, aber als sie das Erwachsenenalter erreichten, übernahm keiner von ihnen mehr Verantwortung als diejenigen, die weniger spielten. Das männliche Jungtier namens Bandit spielte wenig, wurde aber zum engagiertesten Jungtierbetreuer der Gruppe. Als Sharpe die Ergebnisse dieser Studie in ihrer Gesamtheit untersuchte, konnte sie keinen Zusammenhang zwischen Spiel und gutem Sozialverhalten erkennen. Sie führte noch weitere Überprüfungen der Hypothese der sozialen Bindung durch; bei einigen ging es um die Gruppengröße, bei anderen um die Pflege und bei wiederum anderen um langfristige Allianzen zwischen Individuen. Keines der Ergebnisse zeigte, dass das Spielen die Bindung zwischen Erdmännchen förderte.[31]

Hier handelte es sich also um ein überaus verspieltes Tier, für das Übung und soziale Bindung – die beiden vorherrschenden Hypothesen zur Erklärung des Tierspiels – einfach nicht

SELEKTION VERURSACHT HOHE KOSTEN

zutrafen. Für Erdmännchen erwiesen sich beide Hypothesen als ihre eigene Art unbewiesener Geschichten. Ein enttäuschendes Ergebnis zwar, aber dennoch bedeutsam, insbesondere für die Hypothese der sozialen Bindung. Da Bindung für das Überleben von Erdmännchen von entscheidender Bedeutung ist, könnte man erwarten, dass sie alle verfügbaren Mittel einsetzen, um dies zu erreichen. Dass Erdmännchen Spielen in ihrem Verhaltensrepertoire hatten und es dennoch *nicht* nutzten, um soziale Bindungen aufzubauen, deutet darauf hin – und wir müssen hier sagen: deutet *nur* darauf hin –, dass dies bei anderen Tieren, für die soziale Bindungen nicht annähernd so wichtig sind, wahrscheinlich auch nicht der Fall war. »Trotz mehr als drei Jahrzehnten Forschung und der Aufstellung von mehr als dreißig Funktionshypothesen«, schrieb Sharpe, »bleibt die adaptive Bedeutung des Spiels unbekannt.«[32]

Natürliche Selektion verursacht, wie auch das Spiel, hohe Kosten

Spielen ist bekanntermaßen verschwenderisch. Tatsächlich war es die übermäßige Beanspruchung von Zeit und Energie eines Tieres, die Ethologen Anlass gab, sich über seinen Anpassungsvorteil zu wundern, und Sharpe dazu veranlasste, so viele Studien über Erdmännchen durchzuführen. Diese Verschwendung hat ihren Ursprung in der natürlichen Auslese. Darwin bemerkte: »Von jeder Art [werden] viel mehr Individuen geboren, als letztlich überleben können.«[33] Dieser Überschuss ist für einen langfristigen Nutzen notwendig. Je größer die Zahl der geborenen Individuen, desto größer die

SPIEL-HYPOTHESEN

Zahl derer, die mit Anpassungsvorteilen geboren wurden, und desto größer die Zahl derer, die aufgrund dieser Vorteile lange genug überleben, um sich fortzupflanzen, diese Vorteile an ihre Nachkommen weiterzugeben und so eine Evolutionslinie »fitter« zu machen.

Einige Jahre bevor Sharpe begann, das Spielen von Erdmännchen zu beobachten, vermuteten drei Ethologen – zwei Amerikaner und ein Tscheche –, dass das verschwenderische Moment des Spiels auch für einen langfristigen Nutzen notwendig sein könnte. Dieser Nutzen betrifft nicht eine Evolutionslinie, sondern ein einzelnes Tier. Ihre Idee wurde von einer merkwürdigen Bewegung im Spiel eines kleinen Säugetiers inspiriert, das nicht in der Kalahari, sondern an einem ganz anderen Ort lebte: dem hügeligen, nebligen und oft regnerischen Gelände außerhalb einer Stadt, etwa 13 000 Kilometer entfernt im Norden.

Kapitel 3

Taumelnde Ferkel und Purzelbaum schlagende Affen: Training für das Unerwartete

Im Herzen der Altstadt von Edinburgh, etwas außerhalb von Greyfriars Kirkyard, befindet sich ein Granitsockel, auf dem die lebensgroße Bronzenachbildung eines Skye Terriers thront. Oft sieht man Menschen, die sich um ihn herum versammeln und Fotos machen, und früher oder später heben Eltern ein Kind hoch, damit es seine Nase berühren kann, was Glück bringen soll. Gegenstand ihrer Verehrung ist Greyfriars Bobby, von dem man annimmt, dass er von 1858 bis 1872 über dem Grab seines Herrchens Wache gehalten hat. Die Statue ist eine Hommage an diese Treue und ein passendes bürgerliches Symbol für einen Ort mit einer jahrhundertealten Geschichte der Fürsorge und Liebe der Menschen für unsere Mitgeschöpfe.

Wenn man sich von der Statue abwendet und durch die kurvigen, von Geschäften gesäumten Straßen von Lothian und Potterrow nach Süden geht, gelangt man bald zum Gelände der University of Edinburgh, wo einige Jahre vor seiner Anstellung als inoffizieller Naturforscher an Bord der *HMS Beagle* der junge Charles Darwin Medizin studierte. Es ist dieselbe Universität, die Darwins Schützling George Romanes als Professor beschäftigte, die Universität, an deren Veterinär-College Alex Brownlee einen Abschluss machte, und auch die Universität, die das weltberühmte Roslin Institute unterstützt, an dem 1996 Ian Wilmut, Keith Campbell und ihre Kollegen ein Schaf geklont haben, das sie Dolly nannten.

In den 1980er-Jahren konnte man sich auch etwas außerhalb der Stadt auf einen offenen Hügel mit fast hundert Hektar

Grasland, Bächen und einem kleinen Wald begeben. Dies war der Edinburgh Pig Park, ein Ort, an dem domestizierte Tiere frei herumlaufen und dennoch leicht beobachtet und studiert werden konnten. Es war die Idee eines Dozenten am Fachbereich Landwirtschaft der Universität namens David Wood-Gush. Als junger Mann erlitt Wood-Gush bei einem Motorradunfall so schwere Verletzungen, dass ihm ein Teil seines linken Arms amputiert werden musste. Die meiste Zeit seines Lebens litt er unter Phantomschmerzen. Diese Beschwerden, würde er sagen, weckten in ihm ein Mitgefühl für Haustiere und inspirierten ihn dazu, nach Methoden zu suchen, die ihr Leiden lindern könnten.

Im Jahr 1988 lebten im Pig Park fünf ausgewachsene Sauen, ein ausgewachsener Eber und sehr viele Ferkel. Zu diesem Zeitpunkt untersuchten Wood-Gush und seine Kollegin Ruth Newberry das Spiel der Schweine, ein Thema, das ihrer Meinung nach dringender Aufmerksamkeit bedurfte. Das Spielen hatte sich als guter Indikator für die Gesundheit von Schweinen erwiesen (gesunde Schweine spielen mehr), aber niemand hatte das Ausmaß ihres Spiels in all seinen Varianten beschrieben geschweige denn zahlenmäßig erfasst. Dieses Wissen würde dazu beitragen, Bedingungen zu entwickeln, unter denen Schweine artgerecht gehalten werden könnten.

Bei ihrer Forschung bemerkte Newberry merkwürdige Verhaltensweisen von Schweinen. Wenn die Ferkel spielten, liefen sie oft umher. Newberry dachte, dies sei die Art von Spiel, das sich leicht mit der Evolutionsbiologie erklären ließe. Laufen hatte einen offensichtlichen Anpassungsvorteil: Es wäre eine gute Übung, um einem Raubtier zu entkommen. Aber zu einem nicht bestimmbaren Zeitpunkt und ohne ersichtlichen

Grund hörte ein Ferkel plötzlich auf zu rennen und überschlug sich. Das sah sicherlich nach einem Spiel aus, aber aus welchem Grund? Plötzlich anzuhalten und dann kopfüber zu fallen scheint eine Übung für gar nichts zu sein – außer vielleicht, um sich selbst einem Raubtier als Abendessen zu präsentieren.

Einige Jahre später nahm Newberry eine Stelle an der Washington State University an, wo sie mit Marc Bekoff zusammenarbeitete, damals an der University of Colorado, Boulder, und Marek Spinka, ebenfalls in Boulder, Gastprofessor vom Forschungsinstitut für Tierproduktion in der Tschechischen Republik. Ihr Hauptforschungsgebiet war der humane Umgang mit Tieren in Haus und Wildnis, und jeder von ihnen hatte auch jahrelange Erfahrung mit der Beobachtung von Tieren in ihrer natürlichen Umgebung. Gemeinsam nutzten sie dieses Wissen, um eine neue Hypothese über den Anpassungsvorteil des Spiels und, nicht zufällig, eine Erklärung für das Sichüberschlagen dieses Ferkels zu entwickeln.

Die Realität beachten

Frei laufende Tiere bewegen sich nicht auf glatten, gepflegten Wegen. Sie laufen über unebenen und möglicherweise rutschigen Boden, der wahrscheinlich mit Hindernissen übersät ist. Einige dieser Hindernisse, wie Wurzeln und Baumstümpfe, sind unbelebt. Bei anderen, etwa neben ihnen herlaufenden Tieren, ist das ganz entschieden nicht der Fall. All dies bedeutet, dass Tiere beim Laufen leicht stolpern, ausrutschen, fallen oder mit etwas zusammenstoßen können. Spinka, Newberry und Bekoff wussten, dass das Sichüberschlagen der Ferkel keine gute Methode war, um einem Raubtier in einer idealen Umgebung zu entkommen. Es könnte jedoch gut dafür sein, sich von einem echten Sturz zu erholen. Die natürliche Selektion könnte für Tiere ein Mittel entwickelt haben, damit sie lernen, das Gleichgewicht wiederherzustellen, indem sie in ihnen das Bedürfnis entwickelt hat, sich in Situationen zu begeben, in denen sie aus dem Gleichgewicht geraten. »Wir nehmen an«, schrieben sie, »dass eine wichtige ererbte Funktion des Spiels darin besteht, Verhaltenssequenzen einzuüben, bei denen Tiere die volle Kontrolle über ihre Fortbewegung, Position oder sensorische/räumliche Eingaben verlieren und diese Fähigkeiten schnell wiederherstellen müssen.«[1] Sie nannten ihre Idee »Training für das Unerwartete«.*

Training für das Unerwartete

Das Ferkel hat, wie die meisten aktiven Tiere, eine Reihe von Standardkörperpositionen und »arttypischen motorischen Mustern«, also Positionen und Handlungen, an die es gewöhnt ist und die es oft anwendet. Ein Ferkel weiß, wie man eine Aktion mit einer anderen verknüpft, und diese wiederum mit einer weiteren: umherflitzen, sich umdrehen, anhalten und

---

* Während Spinka und Kollegen der Ansicht waren, dass das Training für das Unerwartete wahrscheinlich der ursprüngliche Anpassungsvorteil des Spiels war, hatten sie nichts dagegen, dass sich seitdem andere Hypothesen entwickelt haben. »Während der Kern unserer Hypothese darin besteht, dass das Spielen bei Säugetieren eine ursprüngliche Funktion hat, nämlich für unerwartete Situationen zu trainieren, kann Spielverhalten in seiner Vielfalt eindeutig verschiedene andere Funktionen bei einzelnen Arten und Tieren erfüllen, die sich in Alter und Geschlecht unterscheiden.« Spinka, Newberry und Bekoff, *Mammalian Play*.

TRAINING FÜR DAS UNERWARTETE

so weiter. Aber ein Ferkel, das sich mit dem Hinterfuß an einer freiliegenden Wurzel verfängt, stolpert und fällt, wird sich wahrscheinlich nicht in einer normalen Körperhaltung wiederfinden. Es verfügt über kein arttypisches motorisches Muster, um in diese Position zurückzukehren. Es muss improvisieren und neue Bewegungen erfinden – vielleicht eine Seitwärtsdrehung zusammen mit einem Tritt mit dem Hinterbein. Und so verhält es sich, was sein Verhaltensrepertoire erweitert. Das Training für das Unerwartete, so vermuten die Forscher, wurde durch einen Dialog zwischen den Teilen des Zentralnervensystems ermöglicht, die an der Muskeltätigkeit beteiligt sind.

Sie vermuteten, dass es auch die Teile des Gehirns betrifft, die Emotionen steuern. Ein Ferkel, das plötzlich auf den Boden fällt, wird wahrscheinlich Angst verspüren, und die Angst kann zu Panik und einem daraus resultierenden Verlust der Kontrolle über motorische Funktionen führen, was das Ferkel – das ohnehin schon anfällig für Raubtiere ist – noch verletzlicher machen kann. Wenn ein Ferkel oder ein anderes Tier das Unerwartete überleben und neue Bewegungen improvisieren soll, muss es die Kontrolle über diese Funktionen behalten. Dazu muss es seine Ängste unterdrücken und Ruhe bewahren.

Und hier wird es komplizierter. Betrachten wir die Augenblicke vor dem Umkippen, wie das Ferkel sie erlebt. Wir können davon ausgehen, dass das Ferkel sich nicht sagt: »Obwohl ich in einer idealen Umgebung auf eine effiziente Art und Weise herumlaufe, ist die Umgebung, in der ich tatsächlich renne, durch Merkmale gekennzeichnet, die die Bewegung hemmen oder unterbrechen. Damit ich mich auf Augenblicke vorbereiten kann, in denen meine Bewegung gehemmt oder unterbrochen wird, und ich lerne, mich davon zu erholen, sollte ich einen solchen Moment jetzt mit einem Umkippen simulieren.« Vielmehr führt das Ferkel den Überschlag aus, weil es sich gut anfühlt und weil es Spaß macht. Das Verlangen nach Spaß ist nicht der ultimative Grund für das Überschlagen oder der Grund, warum die natürliche Auslese dies gewählt hat. Es ist jedoch der unmittelbare Grund, warum sich das Ferkel dafür entschieden hat.

Ein genauer Blick auf den Spaß

Spinka, Newberry und Bekoff behaupten, dass ein Tier zu spielen beginnt, weil es den Nervenkitzel sucht. Aber es wird nur dann nach Aufregung suchen, wenn es frei von Stress und Ängsten ist – wenn es entspannt ist. Wenn das Tier entspannt bleiben soll, darf das Spiel nicht gefährlich sein; doch wenn das Tier weiterspielen soll, muss es aufgeregt bleiben. Spielen ist zwar aufregend, aber nicht so aufregend, dass es gefährlich wäre. Es ist *spannend*.

Darüber hinaus behaupten die Forscher, dass jeder Moment des Spiels in eine Folge kürzerer Momente unterteilt werden kann, von denen einige befriedigender sind als andere. Für das Ferkel bedeutet das Überschlagen einen Kontrollverlust und ein gewisses Maß an Risiko und Unsicherheit, das bei ihm wahrscheinlich Angst auslöst. Das Ferkel führt den Überschlag nicht um seiner selbst willen aus, sondern in Erwartung des Moments unmittelbar *nach* dem Überschlag, in dem es sich erholt und die Kontrolle wiedererlangt. Dieser Teil der Erfahrung ist lohnend und regt das Ferkel zum Spielen an.

Der Haken dabei ist, dass der Moment der Erholung viel zu kurz ist für ein Tier, das weiterspielen möchte. Das Tier kann diesen Moment nicht aufrechterhalten, aber es kann das Nächstbeste tun: ihn noch einmal kreieren. Um die Kontrolle wiederzuerlangen, muss ein Tier diese zunächst verlieren. Ein spielendes Tier gibt also absichtlich die Kontrolle ab und erlangt sie immer wieder zurück, wodurch das leicht süchtig machende »Mehr, wieder, jetzt«-Gefühl entsteht. Wir alle kennen das Gefühl und genießen es wahrscheinlich auch. Das ist der Grund, warum Spieler spielen, warum Achterbahnen rollen und warum es in Romanen und Filmen ansteigende und abfallende Handlungsstränge gibt. Deshalb spielt auch Sam es noch einmal. [Anm. d. Ü.: Anspielung auf eine Szene aus *Casablanca* mit Humphrey Bogart und Ingrid Bergman]

Selbstbehinderung

Spinka und Kollegen nannten diese Aufgabe der Kontrolle *Selbstbehinderung*. Sie hielten es für ein wesentliches Merkmal, vielleicht das wesentlichste Merkmal des Spiels.

Der Ferkel-Überschlag war eine Selbstbehinderung durch ein einzelnes Tier, das auf eine bestimmte Weise spielt, das heißt, ein Ferkel spielt alleine. Aber das Training für das Unerwartete ist vielseitig, der Allrounder der Spielhypothesen. Es kann erweitert werden, um beispielsweise das Spiel mit Objekten zu erklären. Mather war davon ausgegangen, dass ein Tier, das ein Objekt untersucht, Informationen darüber sammelt, während ein Tier, das mit einem Objekt spielt, herausfindet, was man damit machen kann. Indem Spinka und Kollegen

SELBSTBEHINDERUNG

die Selbstbehinderung als ein wesentliches Merkmal des Spiels benannten, verschärften sie diese Unterscheidung und stellten fest, dass ein Tier, das Nachforschungen anstellt, zwar keine Selbstbehinderung erleidet, ein spielendes Tier dies jedoch oft tut.*

Eine der Stärken der Training-für-das-Unerwartete-Hypothese besteht darin, dass sie eine Möglichkeit bietet, das Spiel zu erkennen. Spinka und Kollegen stellten fest, dass Bewegungen bei ernsthaftem Verhalten – solche, die dazu dienen, Raubtieren zu entkommen, Beute zu jagen und dergleichen – effizient sind und so wenig Energie wie möglich verbrauchen, um ihren Zweck zu erreichen. Wenn die Spielbewegungen auf die gleichen Ziele gerichtet wären, wären sie in ihren Worten ungeeignet und wirkungslos, »zu unverhältnismäßig, zu verzerrt, zu schnell, zu unkontrolliert oder zu schnell wiederholt«.[2]

Eine Website, die *Canis familiaris* gewidmet ist, bezeichnet den Amerikanischen Leopardenhund als eine Rasse, die »eifrig, treu und schnell« sei. Ich kannte ein solches Tier, das sicherlich eifrig und loyal war, aber nur schnell, wenn es wollte. Oft lag es auf der Seite und schob eine Stoffpuppe auf unbeholfene Weise langsam über den Boden, wobei es mehrere Minuten brauchte, um sie ein paar Meter weit zu bewegen. Spinka und Kollegen wären von diesem Verhalten nicht überrascht. Sie würden sagen, dass der Hund kein Interesse daran hatte, die

---

* Darüber hinaus haben Spinka und Kollegen erwähnt, dass die Selbstbehinderung den Anpassungsvorteil des Spiels hervorhob und ihn – ebenfalls recht deutlich – vom Anpassungsvorteil des Erkundens unterschied. Erkundung macht ein Tier auf Bedrohungen aufmerksam und hilft ihm, Ärger zu *vermeiden*. Spielen bietet Übung für unsichere Situationen und hilft einem Tier, aus Schwierigkeiten *herauszukommen*.

Puppe zu bewegen. Vielmehr ging es ihm darum, den eigenen Bewegungsspielraum einzuschränken, um eine neue Erfahrung zu machen. Aus Sicht der Evolutionsbiologie lernte der Hund, Objekte auf neue Weise zu manipulieren, aus ungewöhnlichen Winkeln und ungünstigen Positionen. Unter den selbstbehindernden Objektspielern sind Hunde nicht die einzigen. Viele Primatenarten – darunter Lemuren, Weißbüschelaffen und Affen – manipulieren Gegenstände, während sie kopfüber an ihren Schwänzen oder Füßen hängen.

Selbstbehinderung kann auch in dem Sinne erweitert werden, um soziales Spiel zu erklären. Tiere, die spielerisch kämpfen – wie Wölfe, Hunde, Kängurus und Ratten –, behindern sich oft selbst. Einer der Spielkämpfer fällt absichtlich nach hinten und bringt sich dadurch in eine deutlich nachteilige Position. Es ist ein ziemlich merkwürdiger Schachzug. Die Ethologin Maxeen Biben schlug eine Erklärung dafür vor. Bei einem Spielkampf, dessen Teilnehmer nicht gut zusammenpassen, nutzt der stärkere Partner die Selbstbehinderung, um das Spiel für den jüngeren oder schwächeren Spielpartner weniger bedrohlich zu machen. Dies geschieht nicht, um den Spielkampf zu gewinnen, sondern um dafür zu sorgen, dass er weitergeht.[3] Spinka und Kollegen bestätigten Bibens Hypothese und integrierten sie in ihre eigene, indem sie postulierten, dass das stärkere Tier in einem Spielkampf sich aus dem gleichen unmittelbaren Grund selbst behindere wie ein Tier beim Einzelspiel oder Spiel mit Objekten – weil es angenehm sei. Der ultimative Grund war, dass es, wie die Selbstbehinderung in jeder Spielform, ein Training für das Unerwartete bot.

Klingt alles ziemlich vernünftig. Es gibt jedoch eine Komplikation. In vielen Spielkämpfen behindert auch der jüngere

SELBSTBEHINDERUNG

und schwächere Partner sich selbst, ein Verhalten, über das die meisten Hypothesen zum Tierspiel kaum oder gar nichts zu sagen haben. Spinka und Kollegen setzten eine subtile Kommunikation zwischen den Spielern voraus. Wenn der Schwächere sich selbst behindert, ist das ein Signal dafür, dass der Stärkere sich zurückhalten muss, wenn er das Spiel verlängern möchte. Der Stärkere versteht den Hinweis, fällt auf den Rücken, der Schwächere springt darauf, und das Spiel geht weiter.

Und was ist mit den Erdmännchen? Wir erinnern uns, dass junge Erdmännchen, die mehr Spielkämpfe austrugen als ihre Artgenossen, nicht häufiger gewannen, und dass Erdmännchen, die in der Jugend häufiger spielten, auch als Erwachsene nicht mit größerer Wahrscheinlichkeit echte Kämpfe gewannen. Lynda Sharpe hatte sich auf den Artikel von Spinka und Kollegen bezogen und wusste daher von der Selbstbehinderungshypothese, ging jedoch von der Annahme aus – der gleichen Annahme von Katerina Thompson –, dass Tiere, wenn sie kämpfen, um den Sieg kämpfen. Spinka und Kollegen würden dagegen vermuten, dass diese Erdmännchen *nicht* auf Sieg spielen.

Die Training-für-das-Unerwartete-Hypothese geht davon aus, dass Spielen, ganz gleich ob es sich dabei um Einzel-, Objekt- oder soziale Spiele handelt, viele Vorteile mit sich bringt. Wenn ein spielendes Tier mit dem Unerwarteten konfrontiert wird, reagiert es weniger stark auf physiologischen Stress und erholt sich schneller von einem Zusammenstoß oder Sturz. Es wird weniger wahrscheinlich auf der Flucht vor Raubtieren in Panik geraten, Konflikte leichter lösen und dadurch weniger Verletzungen durch diese Konflikte erleiden. Schließlich wird es, wenn es sich in einer neuen Umgebung wiederfindet, schneller vom Erkunden (einem relativ ängstlichen emotionalen Zustand) zum Spielen (einem entspannten Zustand) übergehen.

Von den rund dreißig Hypothesen zum Tierspiel sind einige kaum mehr als bloße Vorstellungen. Sie machen keine Vorhersagen darüber, welche Merkmale im Verhalten eines Tieres Wissenschaftler erwarten sollten. Die weiterentwickelten Hypothesen – diejenigen, die Vorhersagen treffen – befassen sich mit einer Reihe von Merkmalen: der Art der Bewegungen während des Spiels, wie sich die Umgebung eines Tieres auf sein Spiel auswirkt, welche Rolle das Spiel in den Entwicklungsstadien eines Tieres spielt und welche Auswirkungen das Spiel auf das Gehirn und das Nervensystem eines Tieres hat. Die meisten dieser Hypothesen machen nur wenige Vorhersagen, von denen viele ohnehin schwer zu überprüfen sind. Ein Vorteil der Training-für-das-Unerwartete-Hypothese besteht darin, dass sie sehr viele Vorhersagen macht und die meisten davon überprüfbar sind.

Vorhersagen der Training-für-das-Unerwartete-Hypothese

Tiere, die ein Ziel erreichen wollen, meiden Hilfsmittel, die ihre Mobilität einschränken. Die Training-für-das-Unerwartete-Hypothese sagt dagegen voraus, dass Tiere, die spielen oder spielen wollen und daher auf der Suche nach dem Unerwarteten sind, geradezu nach solchen Medien suchen könnten. Und das scheint auch der Fall zu sein. Es wurde beispielsweise festgestellt, dass junge Sibirische Steinböcke lieber auf abschüssigem Gelände und Dickhornschafe im Sand spielen.[4] Ein bekannteres Beispiel ist ein Welpe, der in neu gefallenen Schnee geführt wird: ein Moment der Unsicherheit, ein kurzes Zögern, dann eine völlige Hingabe an den Impuls, ein Sprung – ein Vertrauensvorschuss, falls es jemals einen gegeben hat –, und schließlich ein freudiges Herumtollen durch den Schnee. Die Freude des Welpen ist offensichtlich, aber nach vielen Hypothesen über das Spiel der Tiere schwer zu erklären. Der Welpe ist in seinen Bewegungen eingeschränkt, und wenn der Schnee hoch genug ist, ist auch seine Sicht beeinträchtigt. Wie kann das Spaß machen? Spinka, Newberry und Bekoff würden sagen, dass der Grund klar ist. Schnee behindert den Welpen, oder besser gesagt, da der Welpe sich für den Sprung entscheidet, bietet Schnee eine Gelegenheit zur Selbstbehinderung, die der Welpe nutzt, weil Selbstbehinderung Spaß macht.

Die Hypothese geht davon aus, dass spielende Tiere schnell von einer Bewegungsart zur anderen wechseln, um die Chancen auf Orientierungslosigkeit und anschließende Erholung zu erhöhen und viel Orientierungslosigkeit und Erholung (und damit viel Training für das Unerwartete) in ein kurzes Intervall zu quetschen. Die Selbstbehinderung des amerikanischen Leopardenhundes war ganz ähnlich. Er schob die Stoffpuppe nur ein kurzes Stück, dann sprang er auf, rannte durch den Raum, beobachtete kurz eine Bewegung vor einem Fenster, kehrte zu der Puppe zurück und schob sie noch ein Stück weiter.

Für ein spielendes Tier, das in einem einzelnen neuartigen Medium spielt, ist der schnelle Wechsel zwischen zwei oder mehr Medien weitaus besser. Groos bemerkte das Verhalten von Seehunden in der Nähe von San Francisco: »Oft sieht man sie in das Meer stürzen, indem sie sich einfach an der sanft absteigenden Felswand herabgleiten lassen oder von einer höheren Zinne springend herabwerfen; delphinartig treiben sie dann ihr Spiel in den Wellen, werfen sich blitzschnell herum, sodass der Bauch nach oben kommt, und springen zuweilen förmlich aus dem Wasser heraus.«[5] Die Robben nutzten ihre abwechslungsreiche Umgebung, um in einer kurzen Zeitspanne viel Orientierungslosigkeit und Erholung unterzubringen. Als Training für das Unerwartete war das Verhalten tatsächlich effizient.

Die Hypothese sagt außerdem voraus, dass gemeinsam spielende Tiere kein neuartiges Medium benötigen, um dem Unerwarteten zu begegnen. Sie können es selbst einführen, da der eine früher oder später eine Bewegung macht, mit der der andere nicht gerechnet hat, und ihm so Gelegenheit zum Improvisieren bietet. Wenn drei Tiere spielen, sind die Improvisationsmöglichkeiten für jedes Tier umso vielfältiger, und die Wahrscheinlichkeit, dass jedes Tier auf etwas Unerwartetes stößt, ist noch größer. Je mehr Tiere spielen, desto mehr Unerwartetem begegnen die einzelnen Tiere und desto mehr Möglichkeiten hat jedes, dafür zu trainieren. Darüber hinaus hat ein Tier, das andere beim Spielen sieht, die Gewissheit, dass es einen idealen Platz gefunden hat – unerwartet genug, um aufregend zu sein, aber nicht so sehr, dass es eine Verletzung riskiert. Aus diesen Gründen gingen Spinka und Kollegen davon aus, dass Tiere es vorziehen, mit mehr als einem Partner zu spielen, und dass ein Tier, das andere beim Spielen sieht, mitmachen möchte. Kurz gesagt: Spielen sollte ansteckend sein. Dies scheint oft der Fall zu sein: Sharpes Erdmännchen und Newberrys Ferkel hatten eine Je-mehr-desto-besser-Einstellung zum Spiel, und das Gleiche scheint auch für Hyänen und Stellersche Seelöwen zu gelten. Wenn der schneebedeckte Welpe einen anderen Welpen sieht, der bereits im Schnee herumtollt, würde er wahrscheinlich überhaupt nicht zögern.

Dennoch lassen sich manche Tiere bereitwillig auf Spiele ein, auch wenn diese eindeutig gefährlich sind und ihre Sicherheit nicht gewährleistet ist. Zwei langjährige Tierspielforscher waren überrascht, auf eine Gruppe von Tieren zu stoßen, die nicht nur Verletzungen riskierten, sondern diese sogar *provozierten*.

Das Rätsel der Bauchklatscher-Affen

Sergio Pellis und Vivien Pellis sind Dozenten am Department of Neuroscience der University of Lethbridge in Alberta, Kanada. Sie sind auch Ehepartner und erforschen beide häufig zusammen das Spiel von Tieren. In den späten 1990er-Jahren führten die Pellis in Zusammenarbeit mit einem Zoo im nahe gelegenen Calgary eine Studie durch, in der sie die Spielkampfstile von drei Arten verglichen: Katta-Lemuren, Schwarzhand-Klammeraffen und Husarenaffen. Die Pellis brachten Videokameras in den Lebensräumen der Affen an und überwachten und zeichneten über mehrere Tage und Wochen hinweg das Verhalten der Affen auf. Als sie sich das Filmmaterial ansahen, sahen sie etwas, was sie nicht erwartet hatten.

Eine Gruppe junger Husarenaffen – eine in Zentralafrika beheimatete Primatenart mit rotbraunem Fell, schwarzen Gesichtern und langen Schwänzen – krabbelte auf dem Boden in der Nähe eines großen Baumes umher. Dann rannten drei von ihnen den Baumstamm hinauf, und einer nach dem anderen sprang von einem Ast auf ein grasbewachsenes Stück Boden.

TRAINING FÜR DAS UNERWARTETE

Affen müssen lernen, sich sicher von Ast zu Ast zu bewegen, und dieses Lernen kann mit einem gewissen Preis verbunden sein: Bei Autopsien von Affen werden häufig Knochenbrüche festgestellt. Affen müssen auch lernen, sicher zu landen – und da wurde es im Zoo von Calgary etwas seltsam. Ein Affe, der lernt, zu landen, ohne sich zu verletzen, krümmt seinen Rücken und bereitet sich darauf vor, mit den Füßen auf dem Boden aufzuschlagen, wobei er den Stoß nach oben über seine Beine und die Wirbelsäule verteilt. Aber die Husarenaffen haben genau das nicht getan. Nachdem sie sich vom Ast abgestoßen hatten, breiteten sie sich stattdessen wie Adler aus und fielen mit dem Bauch auf den Boden, was die Pellis als »ekelerregende Stürze« bezeichneten. Die harten Landungen waren kein Zufall. Alles andere als das. Nachdem sich jeder Affe einen Moment Zeit genommen hatte, um seine Fassung wiederzuerlangen, kletterte er auf den Baum und sprang noch einmal – mindestens zehn weitere Male.[6]

Die Pellis hatten einen Großteil ihrer Karriere damit verbracht, Tierspiele zu beobachten, aber so etwas hatten sie noch nie gesehen. Es war, als wären sie auf eine Husarenaffen-Subkultur von Masochisten gestoßen. Wenn der Anpassungsvorteil des Spiels im Allgemeinen ein Rätsel war, brachte dieser spezielle Fall dieses Rätsel besonders deutlich zum Vorschein: Der offensichtliche *Nachteil* des Spiels war hier extrem. Regelmäßige Bauchklatscher auf harten Boden bergen nicht nur das Risiko von Schmerzen und Verletzungen. Sie sorgen geradezu dafür. Doch auch dies könnte ein Training für das Unerwartete gewesen sein – die Affen schienen sich an den Schmerz zu gewöhnen und zu lernen, sich davon zu erholen.

Bemerkenswerterweise handelte es sich bei den auf dem

Bauch landenden Affen um junge Männchen. Bei vielen Säugetierarten sind männliche Jungtiere am verspieltesten. Gefährliches Verhalten bei jugendlichen männlichen *Homo sapiens* ist so vertraut, dass es fast schon ein Klischee ist. Deshalb stellte ein Älterer, nachdem sich herausgestellt hatte, dass ich einem anderen bei einer zweifellos wenig klugen jugendlichen Betätigung gefolgt war, die alte rhetorische Frage: »Wenn Jimmy von einer Brücke springen würde, würdest du das auch tun?« Die ehrliche Antwort, die ich besser nicht hätte geben sollen, war »vielleicht«.

Hunde, Gämsen, Elefanten und Darwins Kinder: Große Säugetiere rutschen gerne

Eine harmlosere Methode, die Schwerkraft auszunutzen, das Rutschen, scheint die bevorzugte Freizeitbeschäftigung bestimmter Tiere zu sein. Es ist bekannt, dass Hunde Freude daran haben, auf verschneiten Hängen herumzutollen, hinunterzurutschen und wieder hochzuspringen, um es noch einmal zu versuchen. Groos beschrieb das gleiche Verhalten bei Gämsen, der agilen Ziegenantilope, die in Bergregionen von Spanien bis zum Kaukasus lebt:

> »Wenn nämlich Gämsen im Sommer bis zu dem Firnschnee emporgestiegen sind, vergnügen sie sich oft damit, dass sie sich an dem oberen Ende stark geneigter Firnflächen plötzlich in kauernder Stellung auf den Schnee werfen, mit allen Läufen zu rudern beginnen, sich dadurch in Bewegung setzen, nunmehr auf der Schneefläche nach unten gleiten und oft hundert bis

hundertfünfzig Meter in dieser Weise gleichsam schlittenfahrend durchmessen, wobei der Schnee hoch auffliegt und sie wie Puderstaub bedeckt. Unten angekommen, springen sie auf die Läufe und klettern denselben Weg hinauf, welchen sie herabrutschend zurückgelegt hatten. Die übrigen Mitglieder des Rudels schauen den gleitenden Kameraden vergnüglich zu, und eines und das andere Stück beginnt dann dasselbe Spiel. Oft fährt ein- und dieselbe Gämse zwei-, drei- und mehrmal über den Firnschnee herab; oft gleiten mehrere unmittelbar nacheinander in die Tiefe.«[7]

Es kann eine ganze Verhaltenskategorie des Gleitverhaltens großer Säugetiere geben. Für einige große Säugetiere ist ein anderes Substrat genauso gut geeignet, wenn kein Schnee verfügbar ist. Viele Beobachter haben über ein anscheinend häufiges Verhalten von Dickhäutern in Teilen Indonesiens berichtet: eine spontane Zeremonie des Ausrutschens. Ein junger männlicher Elefant soll hoch oben auf einer Böschung gewartet haben, während zwei andere den Hang hinaufstiegen. Als sie halb oben waren, setzte er sich auf die Hinterbeine, rutschte aus und kollidierte – anscheinend absichtlich – mit einem der anderen, der dann mit ihm weiterrutschte. Als sie unten ankamen, gingen beide wieder die Böschung hinauf, doch der dritte Elefant rutschte nun den Hang hinunter. Er stieß mit ihnen zusammen, und alle drei endeten am Boden in einem großen schlammigen Haufen.[8]

Die Affinität zum Rutschen ist auch bei menschlichen Kindern bekannt, und Darwin, ein hingebungsvoller Vater von zehn Kindern, bemühte sich, diese Neigung zu befriedigen. Zu den Einrichtungsgegenständen seines Hauses, des georgianischen Herrenhauses namens Down House, gehörte eine tragbare Holzrutsche, die über eine Seite der Haupttreppe gelegt werden konnte, damit die Kinder das sanfte Vergnügen des langsamen, kontrollierten Herunterrutschens genießen konnten.

Spiel- und Entwicklungsphasen

Eine weitere Vorhersage der »Training für das Unerwartete«-Hypothese bezieht sich spezifisch auf die Entwicklungsstadien eines Tieres. Grob gesagt durchläuft ein Säugetier drei solcher Stadien: Von der *Geburt* bis zur Entwöhnung ist es ein *Neugeborenes*, dann ein *Jungtier*, bis es die Geschlechtsreife erreicht, und danach ein *Adulttier*. Bei den meisten Säugetieren spielen Neugeborene etwas, Jungtiere spielen viel, und Adulttiere spielen wenig oder gar nicht. Die Training-für-das-Unerwartete-Hypothese sagt voraus, dass man bei der grafischen Darstellung der Zeit, die Säugetiere in einer bestimmten Phase zum Spielen aufwenden, erkennen kann, dass bei den meisten zuerst die Linie für Einzelspiel, dann diejenige für Objektspiel und zuletzt jene für soziales Spiel ihren Höhepunkt erreichen würde.

Wenn spielende Tiere im Laufe ihrer Entwicklung auf das Unerwartete hintrainieren, so Spinka und Kollegen, sollten wir uns nicht wundern, wenn wir feststellen, dass das Einzelspiel vor dem Objektspiel seinen Höhepunkt erreicht. Ein Tier muss in der Lage sein, seine Bewegungen zu kontrollieren, bevor es Dinge in seiner Umgebung effektiv bewältigen kann. Wir sollten uns auch nicht wundern, wenn wir beobachten, dass das Einzelspiel im Adoleszenzstadium seinen Höhepunkt erreicht, wenn sich die Körperteile eines Tieres schnell und in unterschiedlichem Tempo entwickeln. Man kennt es bei Menschen in der Pubertät und der Vorpubertät als »das peinliche Alter«, und wie diejenigen von uns, die es überstanden haben, sich vielleicht erinnern, kam damals vieles unerwartet. Schließlich sollten wir uns nicht wundern, wenn wir feststellen, dass der Höhepunkt des sozialen Spiels als letzter erfolgt. Wenn ein Tier das Erwachsenenalter erreicht, hat es die Kontrolle über seinen Körper erlangt, der sich nicht mehr weiterentwickelt und nun vertraut geworden ist. Das erwachsene Tier hat auch die Kontrolle über viele Dinge in seiner Umgebung erlangt. Aber nicht über alle. Es hat keine Kontrolle über das Verhalten anderer erreicht, und dies wird ihm auch nie gelingen. Aber durch soziales Spielen kann es lernen, dies zu erwarten und sich darauf einzustellen.

Laut der Hypothese würde außerdem eine Untersuchung des Spiels von Erwachsenen zeigen, dass das meiste davon sozial ist. Dies scheint bei sehr vielen erwachsenen Tieren der Fall zu sein – darunter Dickhornschafe, Zwergmangusten, Orang-Utans und Bonobos.[9] Die Training-für-das-Unerwartete-Hypothese liefert im Gegensatz zur Übungshypothese und einigen ihrer neueren Variationen eine zufriedenstellende Antwort auf die Frage, warum erwachsene Tiere weiterhin spielen.

Eine Möglichkeit, das Spiel zu kategorisieren – das Ethogramm

Einige Wissenschaftsbereiche verfügen über ein geeignetes Instrumentarium, um ihre Themen organisieren und klassifizieren zu können. In der Chemie, um das offensichtliche Beispiel zu nennen, gibt es das Periodensystem, ein Schema wohlgeordne-

DAS ETHOGRAMM

ter und fest umgrenzter Bereiche, das Platz für jedes Element bietet und jedem Element seinen Platz zuweist. Ein Chemiker kann beispielsweise sicher sein, dass sich Kohlenstoff immer in der zweiten Reihe von oben befindet, genau zwischen Bor und Stickstoff, und dass er dort bleiben wird, solange das Universum Kohlenstoff enthält. Aber Evolutionsbiologen, für die die einzige Konstante der Wandel ist, haben nicht so viel Glück. Sie haben kein so dauerhaftes Klassifizierungsschema, und es ist auch keines möglich. Benennen Sie etwas, so befestigen Sie es unter Ihrem semantischen Objektträger, und wenn genügend Zeit vorhanden ist, wird es sich mit Sicherheit lösen, und Sie müssen es erneut benennen. Die Evolutionsbiologie verfügt tatsächlich über ein Klassifikationssystem mit offenem Ende, das Biologen heutzutage als Stammbaum bezeichnen und das Darwin »den Baum des Lebens« nannte.* Ein anderes Schema, das dazu verwendet wurde, dem Widerspenstigen Regeln aufzuerlegen, und zudem unentbehrlich ist im Bereich des Tierverhal-

---

* Viele haben diese Metapher verwendet, aber Darwins eigene Erklärung kann kaum verbessert werden und lohnt das erneute Lesen: »Die grünen und knospenden Zweige stünden für die bestehenden Arten, die in früherer Zeit hervorgebrachten für die lange Abfolge ausgestorbener Arten. In jeder Wachstumsphase haben alle wachsenden Zweige versucht, nach allen Seiten auszuschlagen und die sie umgebenden Zweige und Äste zu übertrumpfen und abzutöten, so wie die Arten und Artengruppen im großen Existenzkampf zu allen Zeiten andere Arten bezwungen haben. Die sich in kräftige und dann immer dünnere Zweige zergliedernden Äste waren einst, als der Baum noch jung war, selbst knospende Zweige; und diese Verbindung früherer mit jetzigen Formen sich verzweigender Äste eignet sich durchaus dazu, die Einteilung aller ausgestorbenen und lebenden Arten in Gruppen und Untergruppen darzustellen« (Darwin, Ursprung der Arten, S. 159–160). Es ist ein riesiges, expansives und vielschichtiges Bild für ein riesiges, expansives und vielgestaltiges Thema. Da die Evolutionsbiologie alle Lebenswissenschaften prägt und ihnen zugrunde liegt, kann der Stammbaum oder eine Version davon herangezogen werden, um Physiologie, Anatomie, Mikrobiologie und, was hier näher bei unserem Thema liegt, das Verhalten von Tieren darzustellen.

tens, ist das *Ethogramm* – ein Diagramm der Verhaltensweisen eines Tieres oder mehrerer Tiere. Bis zum Anfang des 21. Jahrhunderts hatten Ethologen, die Burghardts Kriterien verwendeten, spielerisches Verhalten bei mehreren Primatenarten erkannt – unter anderem bei Makaken, Schimpansen, Lemuren und Bonobos. Das spielerische Verhalten bei jedem ähnelte mehr oder weniger ernsthaftem Verhalten. Ein Ethogramm, das diese Abstufungen hervorhebt, würde es Ethologen ermöglichen, den Zusammenhang zwischen Spiel und ernsthaftem Verhalten bei jeder Art besser zu verstehen und das Spielverhalten dieser Arten zu vergleichen. Dennoch existierte kein solches Ethogramm. Auch im Jahr 2001, als Spinka und Kollegen in ihrem Aufsatz postulierten, dass Spielen ein Training für das Unerwartete sei, gab es kein Ethogramm, welches ein Spielen, das eine Selbstbehinderung darstellte, von einem solchen unterschied, bei dem dies nicht der Fall war. Ein Ethogramm, das zeigt, dass wenige Spiele oder gar kein Spiel eine Selbstbehinderung darstellen, würde bedeuten, dass ihre Hypothese möglicherweise überdacht werden muss. Aber ein Ethogramm, das zeigt, dass ein erheblicher Teil des gesamten Spiels aus Selbstbehinderung bestünde, wäre ein Beweis dafür, dass das Spiel – zumindest ein Großteil davon – für das Unerwartete trainiert.

Die Salto-Languren von Bhangarh, Rajasthan: Ein Trainingstest für das Unerwartete

Im ersten Jahrzehnt des 21. Jahrhunderts begannen Milada Petrů, eine Zoologin an der Karls-Universität in Prag, und ein Forschungsteam, zu dem auch Spinka gehörte, mit einer Studie, um die Vorhersagen der Training-für-das-Unerwartete-Hypothese zu überprüfen. Das jahrelange Projekt sollte beide Arten von Ethogrammen hervorbringen: eines, das Spielverhalten nach seiner Ähnlichkeit mit ernsthaftem Verhalten organisiert und klassifiziert, und ein anderes, das selbstbehinderndes Verhalten von jenem unterscheidet, das dies nicht ist. Der Plan bestand darin, Gruppen von fünf Affenarten zu beobachten und dabei besonderes Augenmerk auf das Spiel der Tiere und insbesondere auf sogenannte *Spielmuster* zu legen, definiert als »erkennbare Verhaltensmuster, die entweder aus einer einzigen koordinierten Bewegung oder aus einer kurzen Sequenz solcher Bewegungen bestehen«.[10] Niemand würde behaupten, dass der Begriff besonders präzise ist, aber in der unberechenbaren Welt des Affenverhaltens wies er wahrscheinlich die größtmögliche Präzision auf.

Für das erste Ethogramm machten zwei Mitglieder des Teams über einen Zeitraum von drei Jahren Videoaufnahmen mehrerer Gruppen von Hanuman-Languren in Bhangarh, Rajasthan. Das Team fand heraus, dass die Languren 48 spielerische Verhaltensmuster hatten. Davon waren sechzehn – darunter Taumeln, Purzelbäume und Schwingen – nach den Worten der Forscher »völlig unähnlich in Bezug zu jedem uns bekannten ernsthaften Verhalten«.[11] Es war unwahrscheinlich, dass es sich dabei um eine Ausbildung für eine praktische Tätigkeit handelte. Neunzehn der 48 wirkten teils ernst, teils verspielt. Dazu gehörte ein »Spielausfallschritt«, eine schnelle, pfeilschnelle Bewegung wie ein Spielangriff. Sie mag wohl ernst erscheinen, aber da es zu keinem Kampf kam, war sie grundsätzlich spielerisch. Die übrigen dreizehn Muster waren identisch mit ernstem Verhalten. Offensichtlich konnten die Spielmuster, die teilweise oder

TRAINING FÜR DAS UNERWARTETE

vollständig ernsthaftem Verhalten ähnelten, als Training für dieses Verhalten dienen und durch Groos' Übungshypothese oder ihre Neuauflagen erklärt werden.

Um das andere Ethogramm zu erstellen, das selbstbehinderndes Verhalten unterscheiden sollte, nutzten die Forscher die Ergebnisse der Langurenstudie und Videoaufzeichnungen von vier Affenarten, die in Zoos in der Tschechischen Republik, in Deutschland und der Schweiz leben. Jeder Zoo stellte den Affen halb natürliche Umgebungen zur Verfügung, die mit Bäumen, Seilen und Felsvorsprüngen ausgestattet waren – also reichlich Möglichkeiten zum Spielen boten. Als Petrůs Team die Aufzeichnungen überprüfte, identifizierte es 74 Spielmuster. Fünfunddreißig Techniken, wie zum Beispiel Springen und Hüpfen auf der Stelle, wurden von allen fünf Arten genutzt. Die anderen 39 wurden nur von einigen genutzt.

Warum nutzten einige Arten bestimmte Spielmuster und andere nicht? Die wahrscheinliche Antwort, so dachten die Forscher, liege in ihren Lebensräumen. Diana-Affen verbrachten die meiste Zeit auf Bäumen und waren bodenfremd. Daher war es vielleicht nicht überraschend, dass sie keinen Purzelbaum schlugen. Ebenso war es nicht überraschend, dass ihre eher erdgebundenen Verwandten – die Languren, Brazzameerkatzen und Südlichen Grünmeerkatzen – dies taten. Nur die Languren und die Südlichen Grünmeerkatzen sprangen absichtlich auf Äste, die ihrem Gewicht nachgaben oder einen unsicheren Sitzplatz darstellten, und nur die Brazzameerkatzen packten Äste und schüttelten sie, indem sie rhythmisch mit dem ganzen Körper auf und ab hüpften. Die Forscher vermuteten, dass dies auf ähnliche Weise erklärt werden könnte – das heißt, dass die Affen einfach die sich bietenden Möglichkeiten ausnutzten: nachgiebigere Zweige in der Umgebung der Grünmeerkatzen und schüttelbarere Zweige in der Umgebung der Brazzameerkatzen.

Aber einige Verhaltensweisen warfen Fragen auf, die schwerer zu beantworten waren. Die Affen in Zoos hatten weniger Platz und weniger Bäume als die frei lebenden Languren und daher weniger offensichtliche Spielmöglichkeiten. Doch ihr Spielrepertoire war breiter. Die Forscher zogen mehrere mögliche Gründe in Betracht. Vielleicht hatten die in Gefangenschaft gehaltenen Affen mehr Zeit zum Spielen und mehr Zeit, neue Spielarten zu erfinden, da sie regelmäßig gefüttert wurden und daher nicht auf Futtersuche gehen mussten. Oder vielleicht spielten die Languren *tatsächlich* genauso viel wie oder mehr als die gefangenen Affen, aber taten es außerhalb der Sichtweite der Kameras. Am Ende einigten sich die Forscher jedoch auf eine andere Antwort. Sie wussten, dass Primaten auch in karger Umgebung Möglichkeiten zum Spielen finden konnten; in einer bekannten Studie hatte ein Schimpanse Spielmuster in einer Umgebung erfunden, in der es kaum Spielmöglichkeiten gab.[12] Das Team kam zu dem Schluss, dass die in Gefangenschaft gehaltenen Affen, gerade weil ihre Umgebung weniger Spielmöglichkeiten bot, dazu inspiriert wurden, neue zu kreieren.

Parkour, Parkour! Weitere selbstbehindernde Gewohnheiten von Affen

Alle diese Erkenntnisse waren zwar faszinierend, bildeten jedoch nur einen Teil des übergeordneten Ziels des Projekts ab: ein Ethogramm, das selbstbehinderndes Spielen aufzählt und beschreibt. Es stellte sich heraus, dass es eine Menge selbstbehinderndes Spiel gab, das aufzuzählen und zu beschreiben war. Eine Art und Weise, wie sich die Languren selbst behinderten, bestand darin, schnelle seitliche Bewegungen des Kopfes zu machen und so absichtlich ihre Sicht und ihr Gleichgewicht zu beeinträchtigen. Die Brazzameerkatzen sprangen aufeinander und versuchten einige Sekunden oben zu bleiben, wodurch sie absichtlich ihre Stabilität gefährdeten. Bei der Verfolgung änderten die Husarenaffen oft die Richtung und machten ein bisschen Parkour, indem sie von Wänden abprallten, wodurch sie absichtlich ihre Vorwärtsbewegung beeinträchtigten und die Chance auf eine echte Flucht verringerten.

Das Selbstbehinderungsspiel der Affen war hinsichtlich seiner Vielfalt ebenso beeindruckend wie in Bezug auf seine Häufigkeit. Von den 74 Spielmustern aller fünf Arten beurteilten die Forscher fast die Hälfte (33) als selbstbehindernd.

Natürliche Auslese ist wie das Spielen eine Vorbereitung auf das Unerwartete

Obwohl das Spiel eines einzelnen Tieres kurzfristig verschwenderisch ist und erheblichen Zeit- und Energieeinsatz für das Tier bedingt, ist es auf lange Sicht wertvoll und sogar notwendig, das Tier auf das Unerwartete vorzubereiten. Auf diese Weise ähnelt es einer natürlichen Auslese. Im Laufe der Zeit können bestehende Bedrohungen für ein Tier wie Raubtiere und Krankheiten zunehmen, und es können neue Bedrohungen entstehen. Lebensräume und die damit verbundenen Ressourcen können abnehmen oder ganz verschwinden. Kurzfristig können solche Veränderungen hohe Kosten verursachen und zum Tod zahlreicher Individuen oder sogar zum Aussterben einer ganzen Art führen. Doch auf lange Sicht führt die natürliche Selektion zu Adaptionen, die es einer Evolutionslinie – ähnlich wie einem Tier, das aus dem Spiel lernt – ermöglichen, solche Veränderungen auszunutzen, sich an Verluste anzupassen, Chancen zu nutzen und sich ganz allgemein an Umstände anzupassen, die nicht vorhersehbar sind oder vorhergesagt werden können.

Wie die Forschungen von Petrůs Team zeigen, sind die Spielformen komplex und erstaunlich vielfältig. Marc Bekoff hat sie ein »Verhaltenskaleidoskop« genannt.[13] Während Ethologen wie Sharpe, Spinka und Petrů durch das Okular des Kaleidoskops blicken, arbeitet eine andere Gruppe von Wissenschaftlern daran, das Kaleidoskop selbst zu verstehen – hiermit sind die Gehirne und Nervensysteme von Tieren gemeint. Sie führen ihre Studien nicht in sonnenverwöhnten südafrikanischen Savannen oder in nebelverhangenen schottischen Hügeln durch, sondern unter der künstlichen Beleuchtung von Kellerlaboren in naturwissenschaftlichen Fakultäten der Universitäten. Ihre Werkzeuge sind keine Ferngläser und Feldnotizbücher, sondern Labyrinthe, Mikroskope und chemische Farbstoffe. Ihre Ausbildung und ihre Fragestellungen gehören zu den Forschungsgebieten, die als *kognitive* und *verhaltensbezogene Neurowissenschaften* bezeichnet werden.

Entdeckungen auf diesen Gebieten könnten eine weitere Ähnlichkeit zwischen Spiel und natürlicher Auslese und eine weitere Möglichkeit aufgezeigt haben, wie das Leben an sich spielerisch ist.

Kapitel 4

»Lass uns ein paar Ratten kitzeln«: Die Neurowissenschaft des Spiels

Wie viele Wissenschaftler, die sich mit Tierspielen befassen, war Jaak Panksepp eine Art Rebell. Als er Ende der 1960er- und Anfang der 1970er-Jahre seine Karriere begann, herrschten zwei Herangehensweisen an psychische Erkrankungen vor. Eine davon war die Verhaltensneurowissenschaft, die Untersuchung physiologischer, genetischer und entwicklungsbedingter Verhaltensmechanismen. Die andere war die kognitive Neurowissenschaft, die Untersuchung der neuronalen Verbindungen, die an den der Kognition zugrunde liegenden mentalen Prozessen beteiligt sind. In keinem der beiden Ansätze war Platz für Emotionen, und in jenen Jahren betrachteten viele Neurowissenschaftler Emotionen als ein Thema, das keiner ernsthaften Untersuchung würdig war.

Panksepp hatte allen Grund, anders zu denken. Als Student hatte er als Krankenpfleger in einer psychiatrischen Klinik gearbeitet und dort Patienten kennengelernt, die an teilweise schweren psychischen Erkrankungen litten. Bei dieser Arbeit begann er zu verstehen, wie Emotionen, insbesondere unausgeglichene, verheerende Auswirkungen auf das Leben eines Menschen haben können. Jahre später kartierte Panksepp im Rahmen seiner Doktorarbeit in klinischer Psychologie subkortikale Regionen des Gehirns von Nagetieren im Hinblick auf eine bestimmte Manifestation »negativer Emotionen« – aggressives Verhalten. Er kam zu der Überzeugung, dass die neurologischen Netzwerke, die diese Verhaltensweisen beim Menschen hervorrufen und kanalisieren, uralt sind und ihren Ursprung vielleicht schon beim ersten Auftreten von

DIE NEUROWISSENSCHAFT DES SPIELS

Säugetieren hatten. Er glaubte, Emotionen seien von grundlegender Bedeutung für die geistige Entwicklung, und Neurowissenschaftler würden einen schweren Fehler begehen, wenn sie sie ignorierten.

In den 1990ern war Panksepp Dozent an der Bowling Green State University, Ohio, wo er einen Großteil seiner Forschungsarbeit damit verbrachte, Beweise für seine Ansichten zu finden, und Pionierarbeit auf dem Forschungsgebiet leistete, das er als *affektive Neurowissenschaften* bezeichnete. Zu seinen laufenden Experimenten gehörte eine Untersuchung der von Laborratten erzeugten Geräusche, die er »ultraschallgemessene emotionale Lautäußerungen« nannte. Sie hatten eine Frequenz von fünfzig kHz, deutlich über dem vom menschlichen Ohr wahrnehmbaren Bereich. Damit er und seine Studenten sie hören konnten, baute Panksepp einen Fledermausdetektor um, ein Instrument, das die Echo-Ortungssignale von Fledermäusen in für Menschen hörbare Frequenzen umwandelt. Als er den Detektor in der Nähe spielender Ratten platzierte, hörte er aus dem Lautsprecher Geräusche wie Zwitschern. Er vermutete, dass es sich dabei um die Geräusche von Ratten handelte, die Spaß hatten, und eines Morgens wachte er auf und fragte sich, ob diese Geräusche das Ratten-Gegenstück zum menschlichen Lachen seien. Falls ja, dachte er, gäbe es vielleicht eine Möglichkeit, das mit Sicherheit festzustellen. Als er in seinem Labor ankam und seinen Forschungsassistenten traf, sagte er: »Jeff, lass uns ein paar Ratten kitzeln.«[1] Um wissenschaftliche Genauigkeit zu gewährleisten, erwogen sie den Einsatz mechanischer Hilfsmittel, kamen aber zu dem Schluss, dass der Ansatz zu, na ja, zu mechanisch sei, und nutzten einfach ihre Hände. Die von ihnen gekitzelten Ratten kamen zurück, um weitergekitzelt zu werden, und das Zwitschern der Kolonie nahm dramatisch zu. Panksepp sagte: »Es hörte sich an wie auf einem Spielplatz.«* Das Experiment erlangte weltweit kurz Berühmtheit als »Rattenkitzler«, eine Bezeichnung, die in mehreren der zahlreichen Nachrufe auf Panksepp verwendet wurden (er starb im Jahr 2017).

Die Natur des Rattenspiels

Panksepp, selbst ein eher verspielter Typ, führte einmal ein informelles Experiment durch, indem er Mitglieder verschiedener Bevölkerungsgruppen einlud, sich ein Video von zwei Ratten in hektischer Aktivität anzusehen und zu entscheiden, ob sie kämpften oder einfach nur Spaß am wilden Spielen hatten. Eine Gruppe, bestehend aus seinen Professorenkollegen, Doktoranden und einigen Studenten mit sehr guten Leistungen, nannte es Kampf. Die meisten aus einer Gruppe von Studenten mit etwas weniger herausragenden akademischen Leistungen sagten dagegen, es sei Spiel. Eine Gruppe von Schulkindern im Alter von vier bis sieben Jahren nannte es, ohne zu zögern, Spiel. Die Schulkinder hatten recht. War dies eine Demonstration von Übertragung, Projektion, ein bisschen begrenztem Anthropomorphismus? Oder hatten die ernsthaften und fleißigen Professoren und Doktoranden einfach vergessen, wie Spielen aussieht – oder wie es aussehen *könnte*, da Rattenspiel anders ist als menschliches Spiel?

---

* Das Lachen der Tiere könnte ein Thema sein, das ein eigenes Buch verdient. Forscher haben bei Schimpansen und Berberaffen Lachen beobachtet, das durch Kitzeln und Ringen hervorgerufen wurde.

DIE NATUR DES RATTENSPIELS

Rattenkämpfe sind wie eine Messerstecherei im Hinterhof. Die Teilnehmer können ernsthaften Schaden anrichten. Wenn sie einander anfallen, beißen sie in den Hintern, in die Flanken oder sogar ins Gesicht des anderen, oder versuchen es zumindest. Sie kämpfen um den Sieg, indem sie ihre Gegner angreifen und sich gleichzeitig verteidigen. Aber der spielerische Rattenkampf ist eher wie eine Kissenschlacht. Eine spielerisch kämpfende Ratte wird andere Tiere wohl anspringen, aber sie versucht nicht, sie in den Hintern, in die Flanken oder ins Gesicht zu beißen. Stattdessen versucht sie, den Nacken zu erreichen, unternimmt aber keinen Verletzungsversuch; sie schnüffelt nur mit der Schnauzenspitze oder beißt sanft zu, ohne die Haut zu verletzen. Sie greift in einer Weise an, die sie verwundbar und offen für die spielerischen Angriffe des anderen macht. Wenn sie überhaupt Verteidigungsbewegungen ausführt, geschieht das langsamer. Darüber hinaus vertauschen die Kontrahenten häufig die Rollen und wechseln vom Angreifer zum Verteidiger und wieder zurück.

Spielerisch kämpfende Ratten folgen einem lockeren Protokoll. Eine Spielkampf-Runde beginnt normalerweise, indem eine Ratte von hinten hervorstößt. Die andere kann dann eine von mehreren Strategien anwenden, um den Nacken zu schützen. Sie kann einfach weglaufen oder wegspringen. Sie kann die »Rückenlage-Verteidigung« anwenden – sie schützt den Nacken, indem sie nach hinten fällt oder sich auf den Rücken rollt. Oder sie wendet die »stehende Verteidigung« an: Sie dreht sich um, stellt sich auf die Hinterbeine und macht »Hüftschlenker«, während sie mit den Vorderbeinen boxt – und liefert uns so ein Bild, das jede Vorstellung von Ratten als unliebsame Wesen widerlegt. Die stehende Verteidigung kann dazu führen, dass die angreifende Ratte das Gleichgewicht verliert und ihren Nacken freilegt, wodurch ihre ursprünglich vorteilhafte Position zu einer nachteiligen wird. Der Kuschler kann so zum Bekuschelten werden.

Üben für den Sex

Der Begriff *Spielkampf* im Zusammenhang mit Ratten ist irreführend. Beim Spielkampf der Ratten handelt es sich weniger um eine Kampfübung als vielmehr um eine Übung zum Sex. Die Grundbewegung spielerisch kämpfender Jungtiere – sich sanft an den Nacken des anderen zu kuscheln oder ihn zart zu beißen – ist die gleiche, mit der sich eine männliche Ratte im fortpflanzungsfähigen Alter mit amourösen Absichten einer weiblichen Ratte nähert, die ebenfalls fortpflanzungsfähig ist.* Da die kämpfenden Jungtiere noch nicht im fortpflanzungsfähigen Alter sind und der Empfänger ihrer Liebkosungen höchstwahrscheinlich sowohl männlich als auch weiblich ist, handelt es sich um eine Übung – und die ist dringend nötig. In einem Forschungsbericht heißt es: »Wenn Ratten als Jungtiere das Spiel unter Gleichgesinnten verwehrt bekommen, werden sie im Erwachsenenalter schlecht beim Sex sein.«[2] Und mit »schlecht« ist sehr schlecht gemeint. Erwachsene Ratten, denen das Spielen verwehrt wurde, können auf die Idee kommen, den Kopf eines empfänglichen Weibchens zu besteigen.

---

* Weibliche Ratten rufen durch Wackeln der Ohren zu sexuellen Annäherungen auf. Indem sie vor den Männchen laufen, regulieren sie das Tempo von Besteigung und Kopulation.

Da es sich bei den spielerischen Kämpfen unter jungen Ratten um eine Übung zum Sex – und damit zur Fortpflanzung – handelt, bietet es einen Anpassungsvorteil. Dieser Vorteil kann erst dann voll ausgeschöpft werden, wenn die Ratten erwachsen sind und sich fortpflanzen können. Das Verhalten bietet jedoch auch andere Vorteile, von denen einige unmittelbar eintreten.

Stress reduzieren

Ein Tier, das sich bedroht fühlt, wird wachsam und aufmerksam. Dieses Verhalten stellt einen eigenen Anpassungsvorteil dar und kann durchaus lebensrettend sein. Dennoch verspürt ein bedrohtes Tier Stress, und wenn die Bedrohung nachlässt oder verschwindet, kann der Stress dennoch anhalten und zu einer ernsthaften Belastung werden, die motorische Funktionen und Reflexe beeinträchtigt.[3] Stress kann auch langfristig die Gesundheit eines Tieres gefährden, da dem Immunsystem Energie entzogen wird, die durch Stresshormone in die Muskeln geleitet wird.[4] Wenn Stress für das Überleben eines Tieres unnötig ist, hat das Tier allen Grund, ihn loszuwerden.

Ratten beseitigen Stress auf zwei Arten. Eine davon ist die soziale Körperpflege: sanftes Knabbern am Fell des anderen. Die andere ist das spielerische Kämpfen. In einer Reihe von Studien hörten Ratten auf zu kämpfen, wenn sie dem Geruch einer Katze ausgesetzt waren. Als der Geruch entfernt wurde, nahmen sie den Kampf erneut auf, teilweise sogar mit noch größerer Intensität. Dieser »Rückschlag-Effekt« deutete darauf hin, dass die Ratten nicht nur kämpften, weil sie dazu in der

Lage waren, sondern weil sie daran arbeiteten, den durch diese Katzenpheromone verursachten Stress abzubauen.

Soziale Kompetenz stärken

In den 1970er- und 1980er-Jahren interessierten sich Wissenschaftler dafür, wie die Entwicklung des Spiels die Kognition und das Sexualverhalten beeinflusst. Die bemerkenswerteste unter diesen Wissenschaftlern war Dorothy Einon, Dozentin für Psychologie am University College London. 1977 stellten sie und ihr Kollege Michael J. Morgan die folgende Hypothese auf: Wenn einer Ratte in ihrer Adoleszenz das Spielen verweigert wurde, könnte sie im Erwachsenenalter möglicherweise weniger gesellig sein als eine Ratte, die gespielt hatte. Um diese Idee zu überprüfen, mussten sie das Spiel von anderem Verhalten isolieren, und das würde schwierig werden. Junge Ratten erleben eine Reihe sozialer Kontakte – soziale Erkundungen in Form von Schnüffeln, gegenseitiger Fellpflege und dem Aneinanderkuscheln, um sich zu wärmen –, und all dies trägt zweifellos dazu bei, dass sie zu geselligen Erwachsenen werden. Wie konnten Einon und Morgan diese Erfahrungen zulassen und trotzdem das Spielen verbieten? Ihre ziemlich geniale Antwort bestand darin, sich ein Verhaltensmerkmal zunutze zu machen, das nur Ratten eigen ist. Sie wussten, dass erwachsene Rattenweibchen wohl das gesamte Repertoire an Sozialverhalten nutzten, dabei aber wenig spielten. Deshalb erfanden sie ein Experiment, bei dem jungen Ratten der Kontakt mit Ratten, die spielen konnten, verwehrt, der Kontakt mit erwachsenen Weibchen jedoch *gestattet* wurde. Das hatte

SOZIALE KOMPETENZ STÄRKEN

eine in jeder Hinsicht normale Jugendperiode zur Folge, außer einer: Es fehlte an Spiel.

Als die um ihre Entspannung gebrachten Ratten das Erwachsenenalter erreichten, führten Einon und Morgan sie in eine Kolonie ein, wo sie sich als eine Art soziale Katastrophe erwiesen. Die Ratten waren nicht in der Lage, sozusagen »den Raum zu lesen«. Sie waren in Gegenwart dominanter Männchen nicht richtig unterwürfig, legten vielmehr eine bestimmte Einstellung an den Tag, nun, eine Haltung – was diese dominanten Männchen dazu veranlasste, Kämpfe zu beginnen. Und sie überreagierten auf harmlose soziale Kontakte wie Schnüffeln, schätzten es fälschlicherweise als Aggression ein und begannen von selbst Streit.[5]

Einon und Morgan hatten gezeigt, dass das spielerische Kämpfen Ratten einen weiteren Vorteil verschafft: »soziale Kompetenz«. Das sollte nicht mit »sozialer Bindung« verwechselt werden, dieser etwas höheren Verhaltensstufe, die laut Lynda Sharpe zumindest bei Erdmännchen nichts mit Spielen zu tun hat. Soziale Kompetenz bedeutet nicht, andere zu verteidigen oder langfristige Beziehungen zu ihnen aufzubauen. Es bedeutet nur, mit ihnen klarzukommen und sich im Allgemeinen aus Ärger herauszuhalten. Es geht nicht darum, was Sie tun, wenn Sie sich für einen Freund einsetzen, der gemobbt wurde, sondern darum, was Sie tun, wenn Sie auf einer Dinnerparty, auf der Sie sich langweilen, ein höfliches Gespräch führen.

DIE NEUROWISSENSCHAFT DES SPIELS

Üben, wie man Konflikte entschärft

Spielkämpfe scheinen Ratten auch dabei zu helfen, eine sowohl anspruchsvollere als auch spezialisiertere soziale Fähigkeit zu verfeinern: die Fähigkeit, Konflikte zu entschärfen. Um zu verstehen, wie eine Ratte Zwietracht und Reibereien unterbinden kann, müssen wir zunächst verstehen, wie so etwas entsteht. Dazu müssen wir etwas über die Rattengesellschaft wissen. Frei lebende Ratten bevölkern eine Kolonie, die von einem dominanten Männchen beschützt wird. Erkennt es eine Ratte nicht, betrachtet es sie als Eindringling und greift sie an. Um nicht mit Eindringlingen verwechselt zu werden, putzen die anderen Ratten, sowohl männliche als auch weibliche, die dominante Ratte häufig und verwickeln sie gelegentlich in spielerische Kämpfe – und das alles, um zu sagen: »Keine Sorge. Ich bin's mal wieder.«

Die dominante Ratte behält ihren sozialen Status, indem sie manchmal andere Männchen an der Nahrungsaufnahme und (seltener) an der Paarung hindert. Aus diesem Grund wäre es für ein untergeordnetes Rattenmännchen, das regelmäßig fressen und sich gelegentlich paaren möchte, in einer Kolonie ratsam, in der Gunst der dominanten Ratte zu bleiben, und dieses Männchen kann dies tun, indem es hin und wieder einen spielerischen Angriff auf den Nacken der dominanten Ratte startet. Wenn sich die dominante Ratte umdreht und ihren spielerischen Gegenangriff beginnt, reagiert der Untergebene, sofern er weiterhin in der Gunst des Dominanten bleiben möchte, mit der Verteidigung auf dem Rücken. Indem er fällt oder sich auf den Rücken rollt, sagt er praktisch: »Ich stelle keine Bedrohung für deinen dominanten Status dar, und ich respektiere dich immer noch sehr.« Wenn der Dominante zufrieden ist, und das ist wahrscheinlich der Fall, wendet er sich anderen interessanten Dingen zu; der Untergebene kommt wieder auf die Beine und richtet seine Aufmerksamkeit ebenfalls auf anderes. Die dominante Ratte hat ihre Dominanz wiederhergestellt, die untergeordnete hat diese Dominanz anerkannt, und gemeinsam haben sie eine Deeskalation herbeigeführt und einen Konflikt beendet, bevor er beginnen konnte. Es wurde kein Blut vergossen, und das Einzige, was verletzt wurde, war das Selbstwertgefühl des Untergebenen, sofern das überhaupt der Fall war. In der Republik der Ratten ist alles in Ordnung.

Ein spielerisches Kampfpuzzle

Wenn die Ratte älter wird, bleibt ihre spielerische Kampfchoreografie mehr oder weniger gleich. Was sich ändert, ist der Einsatz dieser Choreographie. Ratten erlernen und verfeinern die Bewegungen des Spielkampfs während ihrer Jugendzeit, wenn sie zwischen 23 und 60 Tagen alt sind. Alle diese Bewegungen ähneln sexuellem Verhalten und dienen als Übung für Sex. Wenn die Ratten die Jugendphase durchlaufen und das Erwachsenenalter erreicht haben, sind die meisten ihrer Kämpfe echte Kämpfe – Angriffe auf die Flanken oder das Gesicht und das Zufügen von Verletzungen. Aber erwachsene Ratten geben das Kampfspiel nicht ganz auf. Ihr Spielkampf ist etwas rauer als die Art und Weise, wie sie ihn als Jugendliche praktizierten, das Beißen nicht ganz so sanft. Aber es ist eindeutig Spiel: Die Bewegungen und das Ziel – der Nacken – sind gleich.

DIE NEUROWISSENSCHAFT DES SPIELS

Die Spielkämpfe der Ratten sind kurz und dauern oft weniger als eine Minute. Damit die Pellis genau verstehen konnten, was in diesen Kämpfen passierte, zeichneten sie sie auf Video auf, spielten die Bänder mit langsamer Geschwindigkeit ab und hielten sie an entscheidenden Stellen für eine genauere Analyse an. In einem sicherlich ungewöhnlicheren Beispiel interdisziplinärer Aneignung in der Wissenschaft dokumentierten sie die Bewegungen der Ratten mit der Laban-Bewegungsanalyse, einer Methode, die Choreografen zur Beschreibung menschlicher Bewegungen verwenden.[6] Sie stellten fest, dass die Bewegungen mit zunehmendem Alter ihrer Probanden kraftvoller und kontrollierter wurden. Sie fanden auch heraus, dass bestimmte Bewegungen, insbesondere solche, die im Jugendalter durchgeführt wurden, ziemlich verblüffend waren.

Während sie noch entwöhnt werden, benutzen spielerisch kämpfende Ratten die Verteidigung im Stehen. Diese stehende Verteidigung hat einen offensichtlichen Vorteil: Sie versetzt die verteidigende Ratte in eine gute Position, um den Spieß umzudrehen und Angriffsbewegungen durchzuführen. Daher waren die Pellis überrascht, als sie herausfanden, dass die Ratten, als sie die Jugendphase erreichten, weitaus häufiger die Verteidigung in Rückenlage nutzten – indem sie sich auf den Rücken rollten und ihren Nacken schützten. Es ist eine Position, in der alle vier Gliedmaßen vom Boden abgehoben sind und keine Angriffsbewegung möglich ist; es ist also ein Bild der Hilflosigkeit, kaum der Verteidigung.

Das war nicht die einzige Überraschung. Eine erwachsene Ratte »nagelt« ihren Partner normalerweise mit den Vorderbeinen fest, wobei die Hinterbeine auf dem Boden bleiben und dadurch einen gewissen Vorteil der Hebelwirkung behalten. Aber die Pellis stellten fest, dass die jungen Ratten ihre Gegner festhielten, indem sie mit allen vier Gliedmaßen auf ihnen saßen. Eine prekäre Position. Und da der auf dem Rücken liegende Partner wahrscheinlich nicht auf dem Rücken bleibt, ist diese Position wahrscheinlich nur vorübergehend.* Das Festhalten mit vier Gliedmaßen schien eine Ratte mit ziemlicher Sicherheit anfällig für die Angriffe der anderen zu machen.

Die Erklärung der Pellis für diese Bewegungen stimmte eng mit den im letzten Kapitel beschriebenen Ideen von Maxeen Biben überein. Eine spielerisch kämpfende Ratte ist nicht so sehr daran interessiert, zu gewinnen, sondern will vielmehr den spielerischen Kampf fortsetzen. Indem sie sich auf dem Rücken verteidigt, mit vier Gliedmaßen festhält und ihren Vorteil aufgibt, selbst wenn sie kurz vor dem Sieg steht, sorgt die Ratte dafür, dass der Kampf weitergeht.

Training für das Unerwartete – Fortsetzung

Spinka, Newberry und Bekoff sind der Meinung, dass die Ratten dadurch, dass sie sich aus dem Gleichgewicht bringen ließen, ihre motorischen Funktionen übten, um dieses Gleichge-

---

* Am Ende der Jugendperiode und zu Beginn der Pubertät gab es eine deutliche Spaltung zwischen den Geschlechtern. Die Weibchen nutzten weiterhin die Rückenverteidigung, während die spielerische Kampfstrategie der Männchen etwas komplizierter wurde. Die Arten der Verteidigung, die die Männchen verwendeten, variierten je nach ihrem sozialen Status und dem ihres Partners. Dominante Männchen nutzten bei allen Partnern die Verteidigung im Stehen. Untergeordnete Männchen nutzten bei Weibchen und anderen untergeordneten Männchen die Verteidigung im Stehen, bei dominanten Männchen jedoch die Verteidigung im Liegen.

wicht wiederherzustellen. Und sie lernten, die Kontrolle über diese Funktionen aufrechtzuerhalten, indem sie ihre Emotionen unter Kontrolle hielten. Indem sie sich in eine ungünstige Position brachten, wie das fallende Ferkel, bereiteten die Ratten sich auf das Unerwartete vor.*

Was uns endlich wieder zum Kitzeln bringt. Da es für das Thema keinen einzigen allgemein anerkannten Experten gibt, steht es uns frei, uns auf eine allgemeine Autorität in Sachen Verhalten zu berufen: auf Darwin. Dass eine der beeindruckendsten Persönlichkeiten in der Geschichte der Wissenschaft über die Natur des Kitzelns nachgedacht hat, mag überraschend sein – bis man seine lebhaften Beziehungen zu seinen Kindern bedenkt. Darwin sorgte dafür, dass zu den Spielmöglichkeiten im Down House nicht nur die tragbare Holzrutsche gehörte, sondern auch eine Seilschaukel, die über dem Treppenabsatz im ersten Stock hing. Er ermutigte seine Kinder, die Gärten und die umliegende Landschaft als Freiluftlabor und – da Spielen und Experimentieren kaum voneinander zu trennen waren – als Spielplatz zu betrachten. Er vermischte Spiel und Experiment ungehemmt und machte einmal einen ziemlich anspruchsvollen Vorschlag für ein Spiel, für das er vermutlich Erfahrungen aus erster Hand hatte: »[Ein] Kind kann sich kaum selbst kitzeln«, da »der genaue Punkt, der berührt werden soll, nicht bekannt sein darf«[7]. Die meisten würden dem zustimmen. Damit das Kitzeln wirksam ist, muss es überraschen.

---

* Dass die Ratten während der Jugendperiode begannen, selbstzerstörerische Taktiken anzuwenden – einer Periode, in der Ratten am meisten spielen (zumindest eine Stunde am Tag), zugleich der Zeitraum, der für ihre Entwicklung als soziale Wesen am wichtigsten ist – war bedeutsam. Der Befund lieferte einen weiteren Beweis für die Hypothese der sensiblen Periode von Byers und Walker.

TRAINING FÜR DAS UNERWARTETE – FORTSETZUNG

Menschen, die gekitzelt werden, befinden sich in einer nachteiligen, verletzlichen Lage. Diejenigen, die es zulassen und es sogar genießen, gekitzelt zu werden, wissen es vielleicht nicht, aber sie lernen, wie es sich anfühlt, die Kontrolle zu verlieren, und ihre Erinnerung an diese Erfahrung wird sich wahrscheinlich als wertvoll erweisen, wenn sie mit einer echten Bedrohung konfrontiert werden. Gekitzelt zu werden ist eine Art Training für das Unerwartete.

Unter spielerisch kämpfenden Ratten wird Kitzeln besser als *Schmusen* bezeichnet. Eine Ratte, die beschmust wird, macht zunächst Abwehrbewegungen, lässt sich dann aber liebkosen und bereitet sich so, wie die Menschen, mit denen gekuschelt wird, auf das Unerwartete vor. Doch nicht nur die beschmuste Ratte profitiert von der Interaktion. Die Pellis fanden heraus, dass eine Ratte, die schmust, ebenfalls profitiert. In einer Reihe von Experimenten setzten die Pellis einige Mitglieder einer Rattengruppe unter Drogen, damit diese sich dem Schmusen nicht widersetzten und allen in der Gruppe erlaubten, zu spielen. Die nicht unter Drogen gesetzten Ratten begannen, die unter Drogen gesetzten Ratten zu liebkosen. Dabei sahen die Pellis etwas, was sie nicht erwartet hatten. Als die aktiv kuschelnden Ratten auf keinen Widerstand der betäubten Ratten stießen, hörten sie auf. Dann taten sie, was Ratten oft tun, wenn sie ängstlich sind: Sie begannen, im Boden zu graben – oder in diesem Fall in der Streu in ihren Kammern.[8] Offensichtlich waren sie bestürzt darüber, dass ihr Schmusen keine Wirkung zeigte. Da eine Ratte auf die Reaktion – oder deren Ausbleiben – der Ratte achtet, die sie beschmust, entwickelt sie bereits im Akt des Schmusens soziale Kompetenz.

Für Ratten bietet das Spielen also nicht weniger als fünf Anpassungsvorteile: dringend benötigte Übung für Sex, Abbau von Stress, Entschärfung von Konflikten, Training für das Unerwartete sowie Entwicklung und Verbesserung sozialer Kompetenz.

Die vier Fragen von Nikolaas Tinbergen

Nikolaas »Niko« Tinbergen war ein niederländischer Biologe und Ornithologe, der als einer der Begründer der modernen Ethologie gilt. Er behauptete, dass man, um ein bestimmtes Verhalten eines Tieres vollständig zu begreifen, vier Aspekte dieses Verhaltens verstehen müsse: seinen Anpassungsvorteil, die Entwicklung während des gesamten Lebens eines einzelnen Tieres, die physischen Merkmale des Tieres, die das Verhalten ermöglichen, und schließlich die Entwicklung der Art im Laufe der Zeit.[9] Da diese Aspekte eng miteinander verbunden sind und nur durch Bezugnahme auf das Verhalten als Ganzes erklärt werden können, muss man auch verstehen, wie sich jeder Aspekt auf die anderen auswirkte und von ihnen beeinflusst wurde. Als Frageform dargestellt wurden die Aspekte »Tinbergens vier Fragen« genannt. Studien zum Tierspiel, die in natürlichen oder halbnatürlichen Lebensräumen – wie die von Sharpe – durchgeführt wurden, konzentrieren sich auf den ersten Aspekt: den Anpassungsvorteil des Spiels. In Laboratorien durchgeführte Studien – wie die von Einon – konzentrierten sich auf den zweiten Aspekt: die Entwicklung während des gesamten Lebens eines einzelnen Tieres. Die Pellis folgten Tinbergens Forderung nach einem ganzheitlichen Ansatz und arbeiteten daran, beide Fragen zu beantworten und sich vorzustellen, wie diese Antworten Einblicke in die dritte Frage bieten könnten: die physischen Merkmale, die das Spielen ermöglichen. Die physischen Merkmale, auf die sie am meisten achteten, waren diejenigen, die alle spielenden Tiere gemeinsam haben: das Nervensystem und das Gehirn.

Das Gehirn, das Nervensystem und das Spiel

Die Pellis wählten Ratten als Versuchsobjekte aus dem gleichen Grund wie Panksepp und wie die meisten Neurowissenschaftler. Sie sind klein, leicht zu transportieren und leicht zu halten. Da in Tausenden von Studien Ratten verwendet wurden, wissen wir mehr über ihre Anatomie und ihr Nervensystem als im Falle jedes anderen Säugetiers.* Wir wissen auch mehr über ihr Gehirn. Das Gehirn von Ratten ist viel kleiner als unseres (ungefähr so groß und schwer wie eine Rosine) und viel einfacher strukturiert. Aber da ihre Hauptmerkmale den Merkmalen un-

---

* Da sich ihre Genome mit unserem Genom überschneiden, sind sie als Ersatz für den Menschen wertvoll – sogar unverzichtbar. Zum Testen von COVID-19-Impfstoffen wurden Mäuse und nicht Ratten verwendet, aber Ratten werden seit Langem zum Testen von Krebsmedikamenten und antiretroviralen HIV-Medikamenten eingesetzt. Wenn Sie jemals einen Grippeimpfstoff erhalten haben, verdanken Sie dies möglicherweise einer Ratte in einem der vielen Labore der Centers for Disease Control. In Kanada und vielen europäischen Ländern gibt es Leitungsgremien, die die Forschung an Ratten und Mäusen überwachen. Das US-amerikanische Tierschutzgesetz schützt die meisten Tiere, die für Forschungszwecke verwendet werden. Ratten und Mäuse sind jedoch ausgenommen, und die Regeln für deren Behandlung variieren von Einrichtung zu Einrichtung. Die meisten bieten einen Kurs zum Umgang mit den Tieren an, der Leid und Stress minimiert. Als Reaktion auf eine Studie aus dem Jahr 2010, die zeigte, dass es Laborratten Angst macht, wenn man sie am Schwanz packt, haben die meisten Labore Alternativen gefunden – etwa das Anheben der Tiere mit hohlen Händen.

DIE NEUROWISSENSCHAFT DES SPIELS

seres eigenen Gehirns entsprechen und ihre neuronalen Netze den unseren sehr ähnlich sind, dienen sie als gute Modelle.

Hier eine kurze Auffrischung in Sachen Neurologie: Das Gehirn von Säugetieren, auch unseres, besteht aus drei Hauptteilen. Von vorne nach hinten sind es das *Großhirn*, das *Kleinhirn* und der *Hirnstamm*. Das Großhirn, bestehend aus der rechten und der linken Hemisphäre, ist der größte dieser Teile und erfüllt viele der Funktionen, die wir Denken nennen. Sie nutzen Ihr Großhirn, um diesen Satz zu verstehen. Das Kleinhirn, das kleinere, blumenkohlförmige Organ, das etwas hinter und unter dem Großhirn liegt, koordiniert die Muskelbewegungen und ermöglicht es Ihnen, das Gleichgewicht zu halten. Sofern Sie diese Zeilen nicht gerade auf einem Fahrrad oder einem Seil lesen, nutzen Sie es derzeit nicht viel. Der Hirnstamm sieht, wie sein Name schon sagt, wie ein dicker Stamm aus und führt die automatischen Funktionen aus, an die wir selten denken, wie etwa die Regulierung der Körpertemperatur und der Atmung. Es sitzt hinter und unter dem Kleinhirn und verbindet Kleinhirn und Großhirn mit dem Rückenmark.

Eine einzelne Linie, die durch die Mitte dieser drei Teile – *Großhirn* über *Kleinhirn* bis *Hirnstamm* – gezogen wird, hätte die Form eines Fragezeichens. Es ist eine besonders treffende Metapher, da diese drei Pfund Gewebe Geheimnisse darstellen, die ihrerseits weitere Geheimnisse bergen. Untersuchungen des Gehirns sind voller widersprüchlicher Erkenntnisse, vorläufiger Ergebnisse und gewisser Zweideutigkeiten wie »spielt eine Rolle bei« oder »steht in Zusammenhang mit«. Über das Gehirn wissen wir vieles nicht.

Wir wissen jedoch, dass die Gehirnmechanismen, die das Spielen ermöglichen oder fördern, bemerkenswert spezialisiert sind und dass bestimmte Netzwerke im Nervensystem und in manchen Gehirnregionen dem Spielen gewidmet sind. Wir wissen auch etwas über die beteiligte Gehirnchemie. Ein Neurotransmitter ist ein chemischer Stoff, der Signale zwischen Neuronen und anderen Zellen im ganzen Körper überträgt. Bestimmte Neurotransmitter scheinen in bestimmten Momenten eines Spiels besonders wichtig zu sein. Serotonin zum Beispiel muss nahezu fehlen, damit das Spiel überhaupt stattfinden kann, und Dopamin scheint notwendig zu sein, damit es in Gang kommt.

Im Jahr 1992 versuchten Sergio und Vivien Pellis sowie der Doktorand Ian Whishaw, Teile des Gehirns von Ratten zu identifizieren, die speziell am Spielen beteiligt sind.[10] Sie begannen mit einem ziemlich schwerwiegenden Eingriff – der Entfernung der gesamten Hirnrinde (Kortex) neugeborener Ratten. Beim Menschen ist der Kortex die gefaltete graue Substanz, die das Großhirn bedeckt und im Allgemeinen als Quelle der Planung, Entscheidungsfindung und der anderen kognitiven Funktionen angesehen wird, die als *Exekutive* bezeichnet werden. Die Hirnrinde von Ratten ist glatter als unsere und weist weitaus weniger Falten auf, aber sie erfüllt auch bei Ratten dieselben Funktionen – oder, wie man annehmen könnte, rudimentäre Versionen davon. Da die Entfernung der Hirnrinde eine erhebliche Exzision darstellte, war es für alle drei Forscher überraschend, dass die Ratten in den folgenden Tagen wie jede andere Ratte mit intaktem Gehirn spielten. Es war eine weitere Überraschung, dass diese Ratten, als sie die Jugendphase erreichten – also die Zeit, in der Ratten mit intaktem Gehirn aufhörten, die stehende Verteidigung zu nutzen, und zur Verteidigung in Rückenlage übergingen,

DIE NEUROWISSENSCHAFT DES SPIELS

indem sie sich fallen ließen oder sich auf den Rücken drehten –, weiterhin die stehende Verteidigung anwendeten. Das war ein klarer Hinweis darauf, dass das, was bei Jungtieren mit intaktem Gehirn den Wechsel zur Rückenlageabwehr auslöste, irgendwo im Kortex lag.*

Aber wo? Der Kortex besteht aus vielen Bereichen mit jeweils speziellen Funktionen. Sergio Pellis war besonders daran interessiert herauszufinden, welcher Kortexbereich den Wechsel auslöste. Er und ein neues Team von Studenten konzentrierten sich zunächst auf den *präfrontalen Kortex*, einen Bereich an der Vorderseite des Schädels, der nach Ansicht von Neurowissenschaftlern für mehrere exekutive Funktionen des Kortex verantwortlich ist. Sie waren besonders neugierig auf zwei Teile des präfrontalen Kortex. Einer davon war der *orbitale Frontalkortex*, der so genannt wird, weil er beim Menschen direkt über den Bereichen um die Augen liegt, die von Anatomen als Orbits bezeichnet werden, und von dem man annimmt, dass er für »kontextspezifische Reaktionen« verantwortlich ist – das heißt, eine bestimmte Situation zu erkennen und dementsprechend zu handeln.

Das Team führte bei einer Gruppe von Neugeborenen Läsionen im orbitalen Frontalkortex durch. Diese hatten erwartungsgemäß dramatische Auswirkungen auf das Verhalten der Ratten. Das Team stellte fest, dass die Ratten, als sie

---

* Als Lynda Sharpe keine Beweise dafür fand, dass das Spielen bei Erdmännchen als Übung für soziale Bindungen diente, zog sie daraus weitgehend die gleichen Schlussfolgerungen und schrieb: »Ich komme zu dem Schluss, dass die wahrscheinlichste Funktion des Spiels (basierend auf den allgegenwärtigen Eigenschaften des Spiels und den Erkenntnissen der neurologischen Forschung an Ratten) darin besteht, das Wachstum der Großhirnrinde zu fördern.« Sharpe, »Play and Social Relationships«, S. 1.

das Erwachsenenalter erreichten und in eine Kolonie eingeführt wurden, sich bereitwillig auf spielerische Kämpfe mit der dominanten Ratte einließen. Aber als diese ihren spielerischen Gegenangriff begann, fielen sie nicht in eine Rückenlage, wie es ein normaler Untergebener tun würde. Stattdessen reagierten sie mit der Verteidigung im Stehen. Die dominante Ratte empfand dies als den Beginn eines echten Angriffs, und aus dem Spielkampf wurde schnell ein echter.[11] Es schien, dass Ratten mit Läsionen im orbitalen Frontalkortex den sozialen Status anderer Ratten nicht erkennen konnten.

Heather Bell, eine Doktorandin, die bei den Pellis arbeitete, war besonders neugierig auf den *medialen präfrontalen Kortex*, den Teil des Gehirns, der direkt über dem orbitalen frontalen Kortex liegt und vermutlich an der sozialen Kognition – also dem Erkennen anderer – beteiligt ist. Im Jahr 2010 fanden sie und ihr Team heraus, dass Ratten mit Läsionen im medialen präfrontalen Kortex seltener dazu neigten, Spielkämpfe auszulösen. Wenn sie dies jedoch taten, schienen sie verwirrt zu sein und wendeten in manchen Momenten die Bewegungen von Spielkämpfen an, in anderen solche von echten Kämpfen.[12] Der Spielkampfpartner, ob dominant oder ein anderer Untergebener, betrachtete Letzteres als Signal dafür, dass der Kampf nicht mehr spielerisch war. Auch hier eskalierte die Angelegenheit schnell mit unangenehmen Folgen.

Beide Studien machten deutlich, dass eine Schädigung des orbitalen Frontalkortex und des medialen Präfrontalkortex zu sozialer Inkompetenz führte, ähnlich wie bei Ratten, denen als Jungtiere das Spielen verweigert wurde. Bei Ratten gab es hier Hinweise auf einen ursächlichen Zusammenhang zwischen Spiel und der Entwicklung von Teilen der Hirnrinde. Die Frage lautete nun: Was war die Ursache, und was war die Wirkung? Das heißt: Haben diese Teile des Gehirns das Spiel ermöglicht, oder hat das Spiel diese Teile der Großhirnrinde in irgendeiner Form entwickelt? Viele vermuteten, dass die Antwort durch eine noch genauere Analyse gefunden werden könnte.

Erinnern wir uns an die Vermutung von John Byers, dass Spiel und synaptisches Beschneiden zusammenhängen. Dadurch wurde Heather Bell inspiriert, ein neues Experiment zu entwickeln, das zeigen könnte, wie dieser Zusammenhang aussähe. Sie teilte neugeborene Ratten in drei Gruppen ein. Tiere einer Gruppe wurden jeweils bei einem erwachsenen Weibchen untergebracht. Da sie nicht spielte, spielten die Neugeborenen auch nicht. Tiere einer zweiten Gruppe wurden mit einem weiteren Neugeborenen zusammengebracht, was mindestens eine Stunde Spielzeit pro Tag zur Folge hatte. Tiere aus einer dritten Gruppe wurden zu mehreren anderen Neugeborenen gesteckt. Da Tiere, die andere Tiere sehen, die bereits spielen, bei deren Spiel mitmachen wollen (wir erinnern uns an den »Ansteckungseffekt« des Spiels und den Wunsch des Autors, Jimmy von der Brücke zu folgen), spielten Tiere aus dieser Gruppe länger als die übliche Stunde.

Als die Ratten jeder Gruppe am Ende ihrer Jugendphase angekommen waren, untersuchte Bell ihre präfrontalen Kortizes. Sie fand Hinweise auf synaptisches Beschneiden in den Hirnrinden der Ratten, denen das Spielen gestattet, aber keine entsprechenden Hinweise in den Hirnrinden der Ratten, denen das Spiel verweigert worden war. Offensichtlich waren neurologische Veränderungen – Veränderungen auf grundlegender, zellulärer Ebene – durch das Spiel herbeigeführt worden.

Amygdala und der Angstkreislauf

Tief in den Regionen des Großhirns, die als *subkortikal* bezeichnet werden, befinden sich zwei kleine, zentimeterbreite, ovale Strukturen, eine in jeder Hemisphäre: *die Amygdala*. Amygdala bilden und speichern emotionale Erinnerungen, insbesondere solche »negativer« Art – also Erinnerungen an Erfahrungen, die Angst, Furcht und Aggression hervorgerufen haben.

Wenn die von den Amygdala eines Tieres erzeugten emotionalen Erinnerungen von einer realen und wiederkehrenden Bedrohung herrühren, sind sie nützlich und möglicherweise lebensrettend. Wenn sich diese Erinnerungen jedoch auf Ereignisse beziehen, die keine Bedrohung – oder keine Bedrohung mehr – darstellen, werden sie zu einem Nachteil, der das Tier so ängstlich macht, dass es nicht bereit oder nicht in der Lage ist, sich an alltäglichen Aktivitäten zu beteiligen.

Angenommen, Sie hören beim Lesen dieses Buches ein lautes Geräusch, sagen wir ein scharfes Knacken, und es scheint aus der Küche zu kommen. Ihr liebenswerter, aber manchmal ungeschickter Deutscher Schäferhund hat wieder einmal einen Bodenwischer umgeworfen. Sie wissen, dass es kein Grund zur Sorge ist. Aber Ihre Amygdala mit ihrer emotionalen Erinnerung an ein lautes Geräusch, das mit einer Bedrohung einhergeht, senden Nervenimpulse an

DIE NEUROWISSENSCHAFT DES SPIELS

Ihren medialen präfrontalen Kortex, der das mit anderen Signalen erwidert und so ein Hin und Her entlang eines ganzen Netzwerks von Synapsen erzeugt, was Roger Marek vom australischen Queensland Brain Institute einen »Angstkreislauf« nennt.

Was hat das alles mit Spielen zu tun? Ziemlich viel, vor allem, wenn es sich beim Spielen um Kampfspiele handelt. Im Jahr 2009 wussten die Pellis, dass das Verständnis vom Rattengehirn alles andere als umfassend war, aber sie waren überzeugt, dass das Spielen neuronale Netzwerke stimuliert, die dem orbitalen Frontalkortex, dem medialen präfrontalen Kortex und den Amygdala gemeinsam sind. Insbesondere führten Spielkämpfe zu Veränderungen bei den Neuronen des orbitalen Frontalkortex und des medialen Präfrontalkortex, was es Ratten ermöglichte, den sozialen Status potenzieller Spielkameraden zu erkennen und daher zwischen Taktiken, die für Spielkämpfe geeignet sind, und solchen, die sich für tatsächliche Kämpfe eignen, zu unterscheiden. Darüber hinaus unterdrückten beide Kortizes die Amygdala. Ohne ihr Eingreifen könnten die Amygdala bewirken, dass eine Ratte entweder so viel Angst hat, dass sie überhaupt nicht spielt, oder so aggressiv ist, dass andere Ratten zu viel Angst davor haben, mit ihr zu spielen.

Aber bei einer jugendlichen Ratte mit intaktem Gehirn entwickelten sich diese beiden Kortizes und ermöglichten so einen Ausgleich mit den Amygdala, was die Fähigkeit der Ratte verbesserte, den Status potenzieller Spielkameraden zu erkennen und zwischen Spielkampftaktiken zu unterscheiden. Dieser Ausgleich ist vielleicht schwer vorstellbar. Gönnen wir uns also ein bisschen Anthropomorphismus, nicht von spielerisch kämpfenden Ratten, sondern vom Gehirn einer spielerisch kämpfenden Ratte in einem Moment der Unsicherheit.

Das Gehirn im Spiel – eine Inszenierung

Stellen Sie sich ein abgedunkeltes Theater vor. Verwirrende Geräusche. Ein Kampf.

AMYGDALA: »Das tat weh. Lasst uns zurückbeißen.«

MEDIALER PRÄFRONTALER KORTEX: »Nur eine Sekunde. Ich glaube, er hat es nicht so gemeint.«

ORBITALER FRONTALKORTEX: »Dieser Biss kam vom dominanten Mann. Leg dich besser schnell auf den Rücken.«

AMYGDALA: »Beiß zurück.«

MEDIALER PRÄFRONTALER KORTEX: »Lass mich nachdenken. Okay. Zweierlei. Erstens: Bisher hat er gespielt. Er hatte keinen Grund, jetzt zu kämpfen. Zweitens …«

AMYGDALA (UNTERBRICHT): »Zurückbeißen.«

MEDIALER PRÄFRONTALER KORTEX: »… ähm. Zweitens: Als es das letzte Mal passierte, war es ein Fehler.«

AMYGDALA: »Beiß zurück.«

ORBITALER FRONTALER KORTEX (ZUR AMYGDALA): »Welchen Teil des dominanten erwachsenen männlichen Tieres verstehst du nicht?«

AMYGDALA: »Beiß …«

MEDIALER PRÄFRONTALER KORTEX (UNTERBRICHT): »Überstimmt. Ich stimme voll und ganz mit dem orbitalen Frontalkortex überein. Wir legen uns auf den Rücken.«

DIE NEUROWISSENSCHAFT DES SPIELS

HYPOTHALAMUS (NACH EINER KURZEN PAUSE UND AN NIEMANDEN IM BESONDEREN GERICHTET): »Okay. Das hat Spaß gemacht.«*

Dieses Hin und Her zwischen den beiden kortikalen Regionen und den Amygdala kann nur während spielerischer Kämpfe auftreten. Jedes mal, wenn eine Ratte anfängt, spielerisch zu kämpfen, werden die Verbindungen gefestigt und gestärkt, und ihre spielerischen Kampffähigkeiten werden gesteigert. Mittels einer Rückkopplungsschleife verfeinert das Gehirn Spielkämpfe, und Spielkämpfe verfeinern das Gehirn. Was bisher nur eine Korrelation gewesen war – das heißt, mehr Spiel korreliert mit mehr neurologischer Entwicklung –, erwies sich als nachvollziehbare Ursache und Wirkung, und zwar als eine re-

---

* In mehrfacher Hinsicht (abgesehen davon, dass Regionen im Gehirn von Ratten hier deutsch sprechen) ist die Dramatisierung unrealistisch. Erstens: Während das Vorlesen dieser Szene eine halbe Minute dauern könnte, wäre die gesamte Verhandlung in einer halben Sekunde abgeschlossen worden, da sich Nervenimpulse mit einer Geschwindigkeit von bis zu 450 Kilometern pro Stunde fortbewegen. Zweitens handelt es sich um eine übermäßige Vereinfachung. Neurowissenschaftler untersuchen die Gehirnregionen in immer feineren Maßstäben, dabei haben sie bemerkenswerte Spezialisierungen, aber auch bemerkenswerte Redundanzen festgestellt. Und bestimmte wichtige Funktionen werden geteilt. Beispielsweise sind Neurowissenschaftler zunehmend davon überzeugt, dass das Kleinhirn an einigen »höheren« Funktionen des Gehirns beteiligt und dafür verantwortlich ist – etwa der Interpretation von Bildern und Geräuschen –, von denen lange angenommen wurde, dass sie ausschließlich dem Großhirn vorbehalten sind. Eine Struktur im oberen Hirnstamm, das sogenannte *Striatum*, könnte an Aktivitäten beteiligt sein, die lange Zeit auch dem medialen präfrontalen Kortex zugeschrieben wurden. Im Jahr 1993 stellten die Pellis und Mario McKenna fest, dass eine Ratte, deren Striatum beeinträchtigt war, wohl immer noch spielerisch kämpft, aber Angriffsbewegungen mit Verteidigungsbewegungen verwechselt, manchmal sogar mitten in der Bewegung, zum Beispiel, indem sie sich auf den Nacken eines Spielkameraden stürzt und sich, bevor sie dort ankommt, wegdreht. als hätte der Spielgefährte versucht, sich auf *ihren* Nacken zu stürzen. Pellis et al., »Some Subordinates are More Equal«.

ziproke. Die Pellis hatten herausgefunden, dass bei Laborratten die Kampf-oder-Flucht-Reaktion erblich bedingt war, sie aber wie ein elektrischer Schalter entweder *ein-* oder *aus*geschaltet wurde. Um sich gut anzupassen, muss eine Ratte Übung darin haben, zwischen Situationen zu unterscheiden, in denen ein Kampf die bessere Reaktion ist, und solchen, in denen Flucht besser ist. Sie müsste diesen Schalter umlegen können. Und das Spielen – insbesondere die wilde Variante – schuf Möglichkeiten für diesen Wechsel.

»Der Niedergang des Spiels und der Aufstieg der Psychopathologie bei Kindern und Jugendlichen«

Die Pellis behaupten, dass Ratten zwar als Modelltiere dienen könnten, es aber wahrscheinlich unklug sei, ihr Verhalten und ihre Neurologie wahllos auf andere Arten und Tierklassen zu übertragen. Dennoch erlaubten sie sich in *The Playful Brain* die Vermutung, dass wildes Spielen auch beim Menschen die Entwicklung sozialer Fähigkeiten fördert – und dass dies möglicherweise für unsere psychische und emotionale Gesundheit notwendig ist.

Ein Forscher, der zu einem ähnlichen Schluss kommt, ist Stuart Brown, Gründer des National Institute for Play. Als ausgebildeter klinischer Psychologe stieß er mehr oder weniger zufällig auf das Thema Spiel. In den 1960er-Jahren gehörte er drei Forschungsteams an, die jeweils an einer eigenen Studie arbeiteten. Ein Team untersuchte die Biografie des Texas-Tower-Massenmörders Charles Whitman, ein anderes die Vorgeschichte bestimmter verurteilter Mörder und wieder ein anderes den Hintergrund einer Gruppe von Autofahrern, deren Rücksichtslosigkeit zu Todesfällen geführt hatte. Brown hält fest: »Unsere einzelnen Forschungsteams hatten nicht erwartet, dass ... normales Spielverhalten im gesamten Leben äußerst gewalttätiger, asozialer Männer unabhängig von der Bevölkerungsgruppe praktisch nicht vorhanden war.«[13] Nur Arbeit und kein Spaß können einen Menschen zu einem langweiligen Typen machen. Es scheint, dass ihn das auch zu einem gefährlichen Menschen macht. Brown warnt zwar, dass »die Zusammenhänge zwischen den objektiven Befunden zum Spielentzug bei Tieren und den klinischen Befunden beim Menschen noch nicht bewiesen sind«. Aber er fügt hinzu: »Die subkortikale Physiologie und Anatomie sind ähnlich, und die Unfähigkeit von Tieren, die nicht spielen durften, Aggressionen abzuwehren oder sich leicht mit anderen Rudelmitgliedern zu sozialisieren, ist nachweisbar.«[14] Der Psychologieprofessor Peter Gray kommt in einem viel zitierten Artikel mit dem sachlichen Titel »The Decline of Play and the Rise of Psychopathology in Children and Adolescents« zu einer ähnlichen Schlussfolgerung.[15]

Leser und Leserinnen in einem bestimmten Alter erinnern sich an ganze Nachmittage, die sie draußen, im Wald, auf Feldern, in Hinterhöfen oder in Stadtvierteln verbracht haben, ohne jegliche Aufsicht durch einen Erwachsenen. Wenn Sie in einem solchen Alter sind, ist es eine Erinnerung an eine Zeit, die so anders war als die Gegenwart, dass Sie sich vielleicht fragen, ob Sie gerade eine Kindheit romantisiert haben, die gar nicht so war. Eine Überprüfung der Spielforschung der letzten zwei Jahrzehnte zeigt jedoch, dass die Verhaltensänderung dramatisch und gut dokumentiert ist.[16] Es wurde viel über das sogenannte Naturdefizitsyndrom und die Vorteile unstrukturierten und unbeaufsichtigten Spielens geschrieben. In diesem Zusammenhang machte Panksepp eine faszinierende Beobachtung: »Niemand hat bisher explizit eine Spieldeprivationsstudie bei unserer Spezies durchgeführt, auch wenn ich vermute, dass wir uns derzeit in einem ungeplanten kulturellen Experiment dieser Art befinden. Zu viele Jugendliche unserer Spezies erhalten nie genügend natürliche, selbst erzeugte Spielmöglichkeiten. Wenn dem so ist, könnte das eine Ursache für unsere aktuelle Epidemie von Kindern mit hyperkinetischen Störungen sein, die ihre eigenen Impulse nicht ausreichend kontrollieren können.«[17]

Das wilde Kindheitsspiel der Ethologen

Viele der hier erwähnten Wissenschaftler haben über ihr eigenes Spielen in ihrer Kindheit geschrieben oder gesprochen. In jedem Fall fand dieses Spiel unbeaufsichtigt statt und führte zu Prellungen, Schnittwunden und anderen Unannehmlichkeiten. Lynda Sharpe erinnert sich mit charakteristischem Humor: »Meine Vorderzähne haben bei der großen Rollschuhkatastrophe von 1972 unwiderruflich gelitten.«[18] Jaak Panksepp erinnerte sich an das Spielen in seiner Kindheit in einer Umgebung, die dafür völlig ungeeignet schien. Als die Rote Armee 1944 auf Estland vorrückte, flohen die Pankseps nach Norddeutschland, wo sie mehrere Monate lang in einem Vertriebenenlager lebten und Jaak und seinen Begleitern ein ungewöhnlicher Spielort geboten wurde.

DIE NEUROWISSENSCHAFT DES SPIELS

»Einmal, ungefähr 400 Meter vom Lager entfernt – ich glaube, wir waren damals in Merbeck in Deutschland –, spielten wir Verstecken und ›Der König vom goldenen Berg‹ auf einer Mülldeponie für zerstörte Kriegsausrüstung, wozu auch die skelettartigen Überreste deutscher Panzer und Lastwagen gehörten. Ich stürzte heftig von einem Panzer herab und fiel auf Trümmer, die mir eine ziemlich schlimme Hautverletzung am Kopf zufügten. Nachdem ich wieder bei Sinnen war, half mir mein Bruder, nach Hause zu kommen, aber ich blutete und jammerte die ganze Zeit.«[19]

Forscher haben einer bestimmten Art von wildem Spiel bislang wenig Aufmerksamkeit geschenkt: dem Spielkampf. Die Pellis stellen fest, dass dieses Verhalten in vielen neueren Lehrbüchern zur kindlichen Entwicklung vernachlässigt wird, obwohl es fast zwanzig Prozent des spontanen Spielens auf Schulhöfen ausmacht, zudem in allen Kulturen bemerkenswert ähnlich zu sein scheint und sich, soweit man es beurteilen kann, im Laufe der Geschichte kaum verändert hat. Uns interessiert hier vor allem die Art des menschlichen Spiels, die dem Spiel der Tiere am ähnlichsten ist.[20]

Mehrere Ethologen, denen wir begegnet sind, hatten aus erster Hand Erfahrungen mit Spielkämpfen. Sergio Pellis nahm als Kind an einer weiterführenden Schule in Australien an Schlägereien auf dem Spielplatz teil.[21] Panksepp erinnerte sich: »Bei einem unserer nächsten Lager in Oldenburg, wo der estnische und der lettische Sektor durch ein Fußballfeld getrennt waren, versammelten sich Jugendliche auf beiden Seiten des Feldes und hielten Grasbüschel in der Hand – die durch Wurzeln und Erde noch beschwert waren –, gedacht als

DIE ÜBERSCHÜSSIGE-RESSOURCEN-THEORIE

granatenartige Munition, mit der wir dann eine Art *Herr-der-Fliegen*-Kampf begannen.«[22]

Obwohl wildes Spielen zu Verletzungen führen kann, kann es dem Gehirn die Möglichkeit geben, die Emotionen unter Kontrolle zu halten. Insbesondere Spielkämpfe können das Training für das Unerwartete und die notwendige Einübung sozialer Fähigkeiten ermöglichen. Kinder, denen die Möglichkeit verwehrt wird, sich spielerisch zu streiten, können zu Erwachsenen werden, denen es an Einfühlungsvermögen mangelt, die wenig Geschick in Verhandlungen und keine Ahnung von Mehrdeutigkeit haben. Man muss sich deshalb die Frage stellen: Ist es möglich, dass einige Mitglieder dieser Generation von Erwachsenen, die politisch polarisiert und nicht in der Lage sind, zuzuhören, geschweige denn Kompromisse einzugehen, deshalb so geworden sind, weil sie als Kinder nicht spielerisch gekämpft haben?[23]

Die Überschüssige-Ressourcen-Theorie des Spiels

1984 stellte Burghardt eine Theorie des Spiels vor, die sich mit dessen Entwicklung im Leben eines einzelnen Tieres befasste. Er nannte es die *Theorie der überschüssigen Ressourcen*.[24] Es handelte sich um eine Ausarbeitung und Erweiterung von Spencers Hypothese des Energieüberschusses, aber während der einzige Überschuss, den Spencer anführte, Energie war, fügte Burghardt dem noch andere hinzu: reichliche und zuverlässige Nahrungsquellen, ausreichend Schutz vor Raubtieren und extremen Wetterbedingungen sowie ausreichend Zeit zum Spielen.

DIE NEUROWISSENSCHAFT DES SPIELS

Die Theorie der überschüssigen Ressourcen berücksichtigt die Erkenntnisse der Pellis und anderer, konzentriert sich jedoch nicht auf ein bestimmtes Tier, einen bestimmten neurologischen Mechanismus oder ein bestimmtes Merkmal. Vielmehr hat sie das Verhalten eines Tieres im Fokus und definiert anhand von Beobachtungen dieses Verhaltens die Phasen, in denen sich das Spiel des Tieres entwickelt. Die erste Stufe ist das *primäre Prozessspiel*. Es ist die Umnutzung eines Überschusses, Zappeln, Sichschlängeln und -winden, das durch »überschüssige Stoffwechselenergie« entsteht. Primäres Prozessspiel nützt dem Tier nicht, aber es schadet ihm auch nicht. Wenn Sie etwa eine Minute lang ein junges Tier bei einem solchen Spiel beobachten, denken Sie vielleicht, dass seine Bewegungen denen eines in Gefangenschaft gehaltenen oder kranken Tieres ähneln, das stereotypes Verhalten zeigt. Aber schauen Sie noch eine Weile zu, und Sie werden sehen, dass seine Bewegungen vielfältig sind. Diese Variabilität ist ein Zeichen dafür, dass das Tier gesund ist. Burghardts Theorie geht davon aus, dass sich bei einigen Tieren das primäre Prozessspiel zu einem *sekundären Prozessspiel* entwickeln kann, das den physischen und neurologischen Zustand des Tieres aufrechterhält oder aufrechtzuerhalten hilft und das Bindegewebe, das Nervensystem oder das Herz-Kreislauf-System eines Tieres verbessert. Bei einigen Tieren können sich die Verhaltensweisen des sekundären Prozessspiels zu einem *tertiären Prozessspiel* entwickeln, mit dem wir uns in diesem Buch am meisten befasst haben. Tertiäres Prozessspiel bietet die Möglichkeit, Verhaltensweisen zu üben, zu denen Sex, Kämpfe und die Entschärfung von Konflikten gehören können, deren Ausmaß und Art jedoch in jeder Hinsicht unbegrenzt sind.

NATÜRLICHE AUSLESE

Tiere, die sich am sekundären Prozessspiel beteiligen, können weiterhin am primären Prozessspiel teilhaben, und Tiere, die am tertiären Prozessspiel teilnehmen, können weiterhin sowohl am sekundären Prozessspiel als auch am primären Prozessspiel teilhaben. Ein spielendes menschliches Tier – sagen wir eine Schachspielerin, die über einen Zug nachdenkt – könnte am tertiären Prozessspiel teilnehmen, indem sie die Vorzüge der Sizilianischen Verteidigung in Betracht zieht; sie könnte sich am sekundären Prozessspiel beteiligen, indem sie die neuronale Verarbeitung trainiert; und sie könnte am primären Prozessspiel teilhaben, indem sie mit den Fingern trommelt.

Natürliche Auslese sorgt wie das Spiel für Ordnung

In seiner Theorie der überschüssigen Ressourcen geht Burghardt davon aus, dass das Spiel eines Tieres Ordnung in sein Verhalten bringt, indem es dieses Verhalten stufenweise organisiert, kanalisiert und verfeinert. Die Pellis und andere Forscher haben zahlreiche Beweise angeführt, die zeigen, dass die Verfahren des Spiels zwar von Art zu Art unterschiedlich sind, aber allesamt Impulse und Reflexe bewirken, die sonst sprunghaft und unvorhersehbar wären. Die Pellis haben gezeigt, dass Spielen auch Ordnung in das Gehirn und das Nervensystem bringt, indem es neuronale Netzwerke stärkt und die Verbindungen zwischen drei ansonsten nur lose verbundenen Regionen im Gehirn vertieft – zwischen dem orbitalen Frontalkortex, dem medialen Frontalkortex und den Amygdala.

DIE NEUROWISSENSCHAFT DES SPIELS

Mit dem Begriff *Geschlossenes System* beschreiben Physiker einen Bereich, der von seiner Umgebung durch eine Grenze isoliert ist, die weder Materie noch Energie passieren kann. Sie nennen die Tendenz zur Unordnung und zum Zufall *Entropie*. Eine Formulierung des zweiten Hauptsatzes der Thermodynamik besagt, dass die Entropie in einem geschlossenen System niemals abnehmen, sondern nur zunehmen kann. Da das Universum, wie es traditionell definiert wird, nichts außerhalb von sich hat, ist es ein geschlossenes System. Somit tendiert das Universum insgesamt zur Entropie – zu Unordnung und Zufälligkeit. Aber die natürliche Selektion in sich entwickelnden lebenden Organismen wirkt dieser Tendenz entgegen. Ein lebender Organismus ist ein offenes System und kann Energie von anderen Orten im Universum beziehen und diese Energie für seine eigenen Zwecke nutzen. Ein lebender Organismus ist ein Wirbel oder Gegenstrom, eine kleine – und vorübergehende – Umkehrung der ständig zunehmenden Entropie des Universums.

Zu der Liste der gemeinsamen Merkmale von Spiel und natürlicher Selektion können wir also noch ein weiteres hinzufügen. So wie das Spielen Ordnung in das Verhalten eines Tieres und in sein Gehirn und Nervensystem bringt, so bringt die natürliche Selektion bei der Entwicklung lebender Organismen Ordnung in das Universum. Spielen ist natürliche Auslese im Kleinen. Natürliche Selektion ist Spiel im Großen.

Kapitel 5

Höfische Hunde: Konkurrieren, um zu kooperieren, und kooperieren, um zu konkurrieren

Vor etwa fünfzehntausend Jahren lebte in den dichten Wäldern des heutigen Nordeuropas ein Wolfsrudel in der Nähe einer menschlichen Siedlung und fraß regelmäßig Essensreste, die am Rand der Siedlung zurückgeblieben waren. Die Menschen hatten Angst vor den Wölfen, die sie nachts heulen hörten, ließen sie aber in Ruhe. Die Wölfe hatten wenig Nutzen von den Menschen, außer als gelegentliche Nahrungslieferanten.

Doch dann änderte sich etwas. Was genau, können wir nicht wissen, aber es könnte so gewesen sein: Einer der Menschen, vielleicht ein junges Mädchen, das Pilze sammelte, entdeckte einen Wolf allein auf einer Lichtung und blieb stehen, um dem Tier zuzusehen. Als der Wolf sie erblickte, wurde er ebenfalls ruhig. Dann näherte sich der Wolf, der mutiger und freundlicher war als die anderen in seinem Rudel, dem Mädchen. Das Mädchen, jetzt eher neugierig als ängstlich, nahm ein Stück Futter aus ihrem Sack und warf es dem Wolf zu. Der Wolf schnupperte daran, fraß es und kam näher.

Mit der Zeit wurde der Wolf in die Siedlung gelassen. Einige weitere Wölfe, die sahen, dass der erste gut behandelt wurde, näherten sich ebenfalls dem Lager, und auch sie wurden von den Menschen angenommen. Bald warf eines der Weibchen Junge. Die Jungen wurden gezähmt und domestiziert, und in überraschend kurzer Zeit – nach nur etwa vierzig Generationen – veränderte sich das Aussehen der Wölfe, und immer mehr Wölfe hatten fleckiges Fell, Schlappohren und wedelten mit dem Schwanz. Ebenso wichtig war, dass sich ihre kogni-

KONKURRIEREN, UM ZU KOOPERIEREN

tiven Fähigkeiten weiterentwickelten: Sie begannen, menschliche Gesten wie das Zeigen zu verstehen. Man konnte sie nicht länger Wölfe nennen. Es waren Hunde.[1]

Die Fähigkeit von Hunden, Menschen zu »lesen«, gepaart mit ihren Jagdfähigkeiten, machte sie besonders wertvoll. In den nördlichen Wäldern waren die Mobilität und die Sichtweite der Menschen eingeschränkt. Aber in ebendiesen Wäldern konnten Hunde Beute jagen, aufspüren, erschnüffeln und apportieren. Da sie ihre territorialen Grenzen mit den Lagern der Menschen teilten, konnten sie auch vor Tierräubern und menschlichen Eindringlingen warnen. Die zu Hunden gewordenen Wölfe profitierten durch dieses Arrangement mindestens genauso viel, da sie gut ernährt und versorgt wurden. Das Ergebnis wird von Brian Hare, dem Direktor des Duke Canine Cognition Center an der Duke University (North Carolina), als »die erfolgreichste zwischenartliche kooperative Kommunikationsbeziehung in der Evolutionsgeschichte der Säugetiere« bezeichnet.[2]

Brian Hare hat einen Schopf dunkler Haare und ein angenehmes Auftreten, das viele als jungenhaft bezeichnen würden. Ende der 1990er-Jahre studierte er an der Emory University in Atlanta und arbeitete in einem Forschungsteam unter der Leitung des komparativen Psychologen Michael Tomasello. Damals wurde die geistige Leistungsfähigkeit von Schimpansen mit der von menschlichen Kleinkindern verglichen, und Tomasello und sein Team überprüften diese Thesen anhand verfeinerter Methoden. Ein Befund überraschte sie besonders. Als ein Forscher auf eine Tasse zeigte, schauten die Kleinkinder auf die Tasse, die Schimpansen jedoch nicht. Tomasello betrachtete dies als Beweis dafür, dass die Fähigkeit, Hinweisen

KONKURRIEREN, UM ZU KOOPERIEREN

zu folgen, eine Fähigkeit war, die sich nur beim Menschen entwickelt hatte. Aber Hare war sich weniger sicher. Er erinnerte sich: »Ich sagte zu Mike: ›Ähm, ich glaube, mein Hund kann das auch.‹«[3]

Hare war von Hunden so fasziniert, dass er sie zu seinem Spezialgebiet machte. Er interessiert sich für viele Aspekte des Verhaltens von Hunden. Einer davon ist das Rollenspiel, das bei der Entwicklung vom Wolf zum Hund eine Rolle gespielt haben könnte. Im Laufe der Generationen wurden die zu Hunden gewordenen Wölfe *prosozial*, ein Begriff, den Tierverhaltensforscher verwenden, um bestimmte Verhaltensweisen zu beschreiben, wie etwa andere zu tolerieren, gut zu kooperieren und an der Lösung von Konflikten zu arbeiten.

Auch der Mensch ist eine prosoziale Spezies. Wir haben auf Studien hingewiesen, die darauf hindeuten, wie sich Spiel – und das Fehlen davon – auf die menschliche Geselligkeit auswirken könnte. Ist es möglich, dass, so wie wir Wölfe domestiziert haben, diese Wölfe (oder ihre Hunde-Nachkommen) dabei geholfen haben, uns zu domestizieren? Hare ist genau dieser Meinung und stellt fest, dass ein Wolf, der vor einer Aufgabe wie dem Anheben eines Türriegels steht, versucht, diese alleine zu lösen; ein Hund wendet sich jedoch an Sie, um Hilfe zu erhalten. Aller Wahrscheinlichkeit nach werden Sie – als domestizierter Mensch – diese Hilfe leisten und den Riegel öffnen.

Diese gegenseitige Domestizierung könnte zumindest teilweise durch Augenkontakt zustande gekommen sein. Eine faszinierende Studie aus dem Jahr 2015 zeigte, dass das »Blickverhalten« von Hunden den Oxytocinspiegel im Urin ihrer menschlichen Besitzer erhöhte. Der Effekt war reziprok. Da die Blicke der Hunde dazu führten, dass ihre Besitzer sich ihnen gegenüber liebevoller verhielten, führte diese Zuneigung wiederum zu erhöhten Oxytocin-Konzentrationen im Urin der Hunde. Die Studie kam zu dem Schluss, dass »eine durch Oxytocin vermittelte positive Schleife zwischen den Spezies die Koevolution der Mensch-Hund-Bindung unterstützt haben könnte«.[4] Wenn also manche Menschen und Hunde auch nur für kurze Zeit Blickkontakt haben, erzeugen sie gegenseitig physiologische Veränderungen – die gleichen physiologischen Veränderungen, die es uns über viele Jahrtausende hinweg ermöglicht haben, zusammenzuleben, einander zu helfen und – natürlich – miteinander zu spielen.

Der Play Bow bei Hunden

Der vielleicht bekannteste Spielforscher ist der niederländische Historiker Johan Huizinga.* In seinem 1938 erschienenen Buch *Homo Ludens* (»Der spielende Mensch«) bemerkte er über Hunde: »Sie laden einander durch eine Art von zeremoniellen Haltungen und Gebärden ein.«[5] Er bezog sich auf einen faszinierenden und viel untersuchten Akt im Verhaltensrepertoire von Hunden: den *Play Bow* (Vorderkörpertiefstellung). Ein Hund beugt seine Vorderbeine so, dass sein Kopf und seine Schultern tiefer liegen als sein Hinterteil, er kann

---

* Huizinga argumentierte, dass sich das Spiel von Tieren im Wesentlichen nicht von unserem unterscheidet, indem er schrieb: »Wir haben schon früher angedeutet, daß alle Grundfaktoren des Spiels, auch die des Zusammenspielens, das Kämpfen, Aufführen und Zurschaustellen, das Herausfordern, das Prunken, das Tun ›als ob‹ und die beschränkende Regel schon im Tierleben wirklich vorhanden sind.« (Huizinga, *Homo Ludens*, S. 58)

KONKURRIEREN, UM ZU KOOPERIEREN

dabei bellen oder mit dem Schwanz wedeln. Marc Bekoff nannte es »eine stark ritualisierte und stereotype Bewegung, die offenbar dazu dient, die Empfänger dazu anzuregen, sich an sozialen Spielen zu beteiligen (oder sich weiterhin daran zu beteiligen)«.[6] Da Welpen ohne Training den *Play Bow* ausführen, scheint das Verhalten instinktiv zu sein. Aber weil es instinktiv ist, heißt das nicht, dass es nicht dennoch raffiniert ist. Das Verhalten wird durch eine *Theory of Mind*, eine *Theorie des Mentalen*, ermöglicht – das heißt, die Fähigkeit eines Individuums, den mentalen Zustand eines anderen richtig zu erkennen, sein aktuelles Verhalten zu deuten und sein zukünftiges Verhalten vorherzusagen. Nur durch eine Hunde-Theorie des Mentalen kann der *Play Bow* überhaupt funktionieren. Ein Hund, der sieht, wie ein anderer Hund diese »Verbeugung« macht, wird verstehen, dass der andere ihn zum Spielen einlädt. Wenn der Hund, der die erste Verbeugung ausführt, sieht, wie sich der andere ebenfalls verbeugt, weiß er, dass seine Einladung angenommen wurde. Der andere Hund vertraut darauf, dass die Verbeugung bedeutet, dass alles, was folgt – selbst ein Verhalten, das wie ein echter Kampf aussieht und klingt, wie Knurren oder Zähneblecken –, immer noch Spiel ist.

Ein *Play Bow* ist eines von mehreren Signalen, mit denen Tiere zum Spielen einladen und verhindern, dass sie aggressiv werden. Wühlmäuse beispielsweise produzieren ein bestimmtes Pheromon [Anm. d. Ü.: Duftstoff zur Informationsübertragung], Zwergmangusten machen charakteristische Lautäußerungen, und Primaten verwenden ein »Spielgesicht«, bei dem das Maul entspannt und leicht geöffnet ist.[7]

Für faires Spiel sorgen

Die Art des Spiels, die am häufigsten nach dem *Play Bow* des Hundes folgt, ist der Spielkampf – Springen, Ringen und sanftes Beißen, ohne die Haut zu verletzen. Hunde, die spielerisch kämpfen, halten sich an bestimmte Verhaltensregeln. Wie Ratten arbeiten sie daran, immer fair zu bleiben. Sie beißen nicht so stark zu, wie sie könnten, und vertauschen häufig die Rollen. Ein Hund, der einen Positionsvorteil hat, könnte sich plötzlich auf den Rücken drehen. Da Spielkämpfe lebhaft und energisch sind, beißt man manchmal stärker zu als beabsichtigt. Danach wird sich das betreffende Tier wahrscheinlich zurückziehen und einen weiteren *Play Bow* ausführen – im Grunde sagt es damit: »Es tut mir leid. Ich bitte um Verzeihung und hoffe, dass wir weiterspielen können.« In den meisten Fällen wird vergeben, und das Spiel beginnt erneut.[8] Mitglieder anderer spielerisch kämpfender Spezies sorgen auf andere Weise für Gerechtigkeit.

Degus sind kleine rennmausartige Säugetiere, die in Zentralchile beheimatet sind. Ein Degu, der sich in einem Spielkampf einen Vorteil verschafft und seinen Gegner umwirft, nutzt diesen Vorteil nicht aus. Er gibt seinem Gegner stattdessen vielmehr die Möglichkeit, wieder auf die Beine zu kommen, bevor er erneut angreift.

Um einen Spielkampf zu beginnen, müssen sich Hunde, Ratten und Degus auf ein Protokoll einigen. Wenn sie weitermachen, müssen sie sich an dieses Protokoll halten. Während spielerisch kämpfende Tiere konkurrieren, kooperieren sie auch. Im Spiel kommen sowohl Konkurrenz als auch

Kooperation zum Einsatz und werden in einem dynamischen Gleichgewicht gehalten. Auch in dieser Hinsicht gleicht es einer natürlichen Auslese.

Natürliche Selektion sorgt wie das Spiel für Wettbewerb und Zusammenarbeit im dynamischen Gleichgewicht

Um zu verstehen, wie das geht, müssen wir uns mit der Geschichte dieser Theorie befassen – insbesondere mit einer Verfeinerung, die im ersten Jahrzehnt des 20. Jahrhunderts aufkam und weiterentwickelt wurde. Darwin erkannte Fälle an, in denen sich zwei Organismen auf eine Weise entwickelten, dass sie sich gegenseitig begünstigten, aber sie waren nicht repräsentativ für die große Menge an Beispielen, auf die er sich bezog.* Der »Kampf ums Dasein«, wie er ihn zuerst darstellte und wie viele seiner Befürworter ihn erneut präsentierten, war im Großen und Ganzen ein Kampf gegen andere. Diese Betonung war möglicherweise auf die Arten von Organismen zurückzuführen, die Darwin während der fast fünfjährigen Reise der *Beagle* beobachtete. Die Subjekte, die seine Theorie inspirierten, lebten in den Tropen, wo es im Vergleich zu höheren Breiten mehr Arten in einem bestimmten Gebiet gibt, aber weniger Individuen, die eine Art repräsentieren, und daher insgesamt mehr Konkur-

---

* In *Abstammung des Menschen* stellt Darwin fest, dass die »sozialen Eigenschaften« des Menschen für das Überleben sowohl von Einzelpersonen als auch das von Gruppen notwendig sind (*Die Abstammung des Menschen und die geschlechtliche Zuchtwahl*, Stuttgart, Schweizerbartsche Verlagshandlung, 1899, S. 143).

NATÜRLICHE SELEKTION

renz als Kooperation. Ein Naturforscher, der Tiere in großen Gruppen und damit die Zusammenarbeit zwischen Individuen innerhalb dieser Gruppen beobachten möchte, könnte anderswo hinschauen – beispielsweise in den Himmel über Neuengland.

An einem Oktobernachmittag vor vielen Jahren machte die Fußballmannschaft meiner Highschool Laufübungen. Eine Formation von Kanadagänsen kam aus dem Norden und flog in dieser V-Formation, die Ornithologen als Staffel bezeichnen, über uns hinweg. Nur wenige von uns bemerkten dies zunächst. Dann folgte eine weitere, größere Formation, und noch eine und noch eine weitere, bis sich viele Reihen von Gänsen – Hunderte und Aberhunderte von Vögeln – über den ganzen Himmel erstreckten.

Es war einer dieser Momente, in denen die Natur, für viele von uns vielleicht zu oft eine Kulisse, einfach nicht ignoriert werden wollte. Unser Trainer brüllte, um trotz des Schnatterns gehört zu werden, rief uns zusammen und gab uns zu unserer Überraschung spontan eine Lektion in Vogelaerodynamik. Er bat uns, die Gänse in einem Abschnitt der Formation direkt über uns zu beobachten. Er erzählte uns, dass jede Gans durch den Wirbel, den die Gans vor ihr erzeugte, Auftrieb erhielt, dass die Führungsposition an der Spitze der Formation am ermüdendsten sei und die Gans in dieser Position früher oder später in der Reihe zurückfallen und eine andere Gans ihren Platz einnehmen würde. Durch diese energiesparende Strategie könnten die Gänse an einem Tag 1500 Kilometer zurücklegen. Wir sahen zu, bis die letzten Nachzügler fast außer Sichtweite waren und das Schnattern fast verstummt war. Unser Trainer sah jeden von uns

KONKURRIEREN, UM ZU KOOPERIEREN

einen Moment lang an und sagte in einem so ernsten Ton, wie ich ihn noch nie gehört hatte: »Meine Herren, das ist Teamwork.«

Eine solche Zusammenarbeit gehörte nicht zu den im *Ursprung* beschriebenen Verhaltensweisen, war aber von zentraler Bedeutung für die Interessen eines Mannes, den wir uns als Darwins intellektuellen Doppelgänger vorstellen könnten: den russischen Naturforscher Pjotr Kropotkin.

Kropotkin hatte eine so abwechslungsreiche Karriere, dass sie sich jeder Kategorisierung entzieht. Er war Revolutionär, Wirtschaftstheoretiker, Geograf, dessen Arbeit auf diesem Gebiet zu einigen der ersten genauen Karten der physischen Merkmale Asiens führte, führender Theoretiker der anarchistischen Bewegung, zwei Jahre lang in Gefangenschaft wegen subversiver politischer Aktivitäten und 41 Jahre lang im politischen Exil. Zu diesen Tätigkeiten könnte man noch den Naturforscher und Evolutionstheoretiker hinzufügen. Von 1862 bis 1867 diente Kropotkin als Armeeoffizier und Mitglied staatlich geförderter geografischer Expeditionen, die mit der Kartierung der riesigen Gebiete Sibiriens und Nordostasiens beauftragt waren. In den freien Momenten dieser Expeditionen studierte er Vogelschwärme sowie Herden von Damhirschen und Wildpferden und kam nach und nach zu der Überzeugung, dass diese Arten im Großen und Ganzen »die zahlreichsten und fruchtbarsten« seien, gerade weil sie kooperativ waren. In seinem 1902 erschienenen Buch *Gegenseitige Hilfe in der Tier- und Menschenwelt* leitete Kropotkin eine Interpretation von Darwins Theorie ab, die deren Erklärungskraft erheblich erweiterte. Während die natürliche Selektion sicherlich bessere Konkurrenten selektierte, sagte

NATÜRLICHE SELEKTION

Kropotkin, selektierte sie auch bessere Kooperationspartner.*
Im 20. Jahrhundert bestätigten Wissenschaftler Kropotkins Hypothese und entdeckten allerlei Arten der Zusammenarbeit nicht nur zwischen Mitgliedern derselben Art, sondern auch zwischen Mitgliedern verschiedener Arten – eine Beziehung, die *Symbiose* genannt wird. Einige Kooperationen waren auf Gegenseitigkeit ausgerichtet, wobei beide Individuen davon profitierten. Bei einigen handelte es sich um kommensalistische Formen, bei denen also der eine Partner davon profitiert und der andere nicht, aber keiner von beiden Schaden erleidet. Einige Kooperationen waren obligat, das heißt jeder war zum Überleben vom anderen abhängig. Und einige waren fakultativ, wobei einer oder beide davon profitieren können, aber einer oder alle beide auch alleine ziemlich gut zurechtkommen.

In der ersten Hälfte des 20. Jahrhunderts trugen mehrere Biologen die These vor, dass eine solche Zusammenarbeit auch auf zellulärer Ebene funktioniert, und das schon seit geraumer Zeit. Sie meinten, dass vor etwa 1,6 Milliarden Jahren die Organellen einer Zelle, die Mitochondrien, frei lebende, Sauerstoff atmende Bakterien waren, die in einer rauen Welt zurechtkamen. Dann fanden ein oder mehrere Exemplare Zuflucht im warmen, feuchten, pH-Wert-ausgeglichenen Inneren einer Zelle. Mit der Zeit versorgte der Gast, vielleicht unge-

---

* Weil Charles Darwin den größten Teil seines Lebens in England verbracht hat, einem Land, das sich für freie Märkte und damit für Wettbewerb einsetzte, haben viele bemerkt, dass seine Theorie auch durch menschliches Verhalten im Bereich der Ökonomie beeinflusst worden sein könnte. Kropotkins Biografen stellen fest, dass seine kommunistische Ideologie ihn dazu veranlasste, Kooperation als einen wichtigen Faktor der natürlichen Selektion zu betrachten, und dass seine Beobachtungen der Tierkooperation wiederum Unterstützung für seine kommunistische Ideologie boten.

KONKURRIEREN, UM ZU KOOPERIEREN

beten, aber nicht ganz unwillkommen, die Zelle mit Energie und entsorgte ihren Abfall. Dieses Arrangement hat gut funktioniert; im Laufe der Zeit wurde es verstärkt, und heute ist die gegenseitige Abhängigkeit so vollständig, dass die Zellen in Ihrem Körper ohne die Mitochondrien in ihrem Inneren absterben würden.

Im Jahr 1967 stellte die amerikanische Biologin Lynn Margulis die Theorie auf, dass auch andere Organellen, Plastiden und Basalkörper einst frei gelebt hatten, aber in prokaryotische Zellen – einfache Zellen ohne Kerne – eingedrungen seien und mit der Zeit deren Entwicklung zu eukaryotischen Zellen ermöglicht hätten, das heißt, zu komplexen Zellen mit Kernen. Die daraus resultierende Beziehung wurde *Endosymbiose* genannt, eine Symbiose, bei der ein Organismus in einem anderen lebt. In den folgenden Jahren und Jahrzehnten lieferten experimentelle Daten aus Elektronenmikroskopie, Genetik und Molekularbiologie Beweise zur Untermauerung dieser Theorie, und in den 1990er-Jahren identifizierten Biologen die Endosymbiose bei vielen Organismen. Noch in jüngerer Zeit haben Evolutionsbiologen die Theorie diskutiert, dass vor vier Milliarden Jahren, vor der Entwicklung von DNA, Proteinen und Zellen, alles Leben auf der Erde aus viel einfacheren Strukturen bestand, die dann allmählich zusammenzuarbeiten begannen. Es scheint, dass die Neigung von Organismen zur Zusammenarbeit sowohl uralt als auch grundlegend ist.

Natürliche Selektion lässt Zusammenarbeit zwischen Organismen entstehen, Zusammenarbeit erzeugt Ordnung, und Ordnung erzeugt die Erwartung, dass sie fortbesteht. Aber durch natürliche Selektion entstehen auch Organismen, die diese

SPIEL UND TÄUSCHUNG

Ordnung umstoßen und untergraben und diese Erwartungen ausnutzen. Weibliche Glühwürmchen der Gattung *Photuris* senden Lichtsignale aus, mit denen Weibchen einer anderen Gattung Männchen dieser Gattung anlocken. Diese nähern sich den Weibchen, werden dann aber gefangen und gefressen. Solche Verhaltensweisen sind keine Seltenheit. Viele Organismen täuschen ihre Beute, ihre Fressfeinde und ihre Rivalen, indem sie Mimikry einsetzen und sich die damit verbundenen Vorteile zunutze machen.

In einem früheren Kapitel haben wir gesehen, dass spielerische Kämpfe es Ratten ermöglichen, mit anderen Ratten auszukommen, Ärger zu vermeiden und Konflikte zu entschärfen. Diese Verhaltensweisen sind reaktiv, das heißt, sie sind Reaktionen auf eine bestimmte Situation. Aber spielerisches Kämpfen ermöglicht es Tieren auch, proaktive Fähigkeiten zu entwickeln, Fähigkeiten, die es ihnen ermöglichen, die Mehrdeutigkeit in Momenten spielerischer Kämpfe auszunutzen, sodass sie nicht nur auf eine Situation *reagieren*, sondern diese auch *kontrollieren* können. Spielen – und besonders das spielerische Kämpfen – bietet Tieren die Möglichkeit, zu täuschen und zu lernen, wie man täuscht. Nicht alle Tiere, die spielen, spielen fair.

Spiel und Täuschung – der Einsatz von Mehrdeutigkeit

Die Regeln des Spielkampfs für jede Spezies können klar definiert und geordnet sein, dennoch kann es bei jedem Spielkampf Momente geben, in denen einer oder beide Teilnehmer sich über die Absichten des anderen im Unklaren sind. Diese

KONKURRIEREN, UM ZU KOOPERIEREN

Momente geben beiden Tieren Gelegenheit, ihre mentalen Fähigkeiten zu üben, eine Situation auszuloten und Fähigkeiten in allgemeiner sozialer Kompetenz und sozialer Einschätzung zu entwickeln – Fähigkeiten, die notwendig sind, um der Eskalation in tatsächlichen Kämpfen zuvorzukommen und sie von vornherein zu vermeiden. Aber ein einzelnes Tier könnte diese Momente ausnutzen und sie zu seinem eigenen Vorteil auf eine Weise nutzen, die vielleicht etwas böse erscheint.

Bei jedem Spielkampf gibt es zwangsläufig Momente, in denen die Bewegung eines Tieres – oder genauer gesagt das Motiv hinter dieser Bewegung – für das andere Tier unklar ist. Angenommen, ein Tier in einem Spielkampf beißt zu stark. Der Gebissene gibt dem Beißer im Zweifelsfall einen Vertrauensvorschuss und spielt weiter. Der Beißer beißt wieder und wieder zu stark. Der Gebissene denkt, dass der Beißer vielleicht aufgehört hat zu spielen und tatsächlich kämpft, kann sich aber nicht sicher sein. Und weil er nicht sicher sein kann, ist er im Nachteil. Doch der Beißer weiß genau, dass er zu stark beißt. Er geht aus einem bestimmten Grund absichtlich über die Grenzen des Spiels hinaus.

Aus welchem Grund genau? Angenommen, Sie sind eine untergeordnete Ratte, die in einer Kolonie lebt. Nehmen wir weiter an, dass Sie nicht nur irgendeine untergeordnete Ratte sind. Sie sind eine Ratte mit Entschlossenheit, ein Tier mit Ehrgeiz, ein Untergebener, der nicht immer untergeordnet bleiben will. Die dominante Ratte direkt herauszufordern ist eine Alles-oder-nichts-Wette. Wenn Sie einen Kampf mit ihr gewinnen, werden Sie zur dominierenden Ratte; wenn Sie einen Streit mit ihr verlieren, bleiben Sie untergeordnet, mit Narben, die Ihre Probleme belegen. Doch eine risikoarme

SPIEL UND TÄUSCHUNG

sichere Methode, Ihre Aussichten zu testen, besteht darin, einen Spielkampf – keinen echten Kampf – mit der dominanten Ratte zu beginnen. Dann tun Sie etwas, das die Grenze zu echten Kämpfen überschreitet. Knabbern Sie zum Beispiel etwas zu fest. Wenn die dominante Ratte eine Bewegung ausführt, die ebenfalls an einen echten Kampf erinnert – beispielsweise einen Angriff auf Ihre Flanke –, können Sie einfach zurücktreten und etwas tun, was ein Untergebener normalerweise tun würde: Sie rollen sich zum Beispiel auf den Rücken. Es würde heißen: »Hoppla. Mein Fehler. Ich wollte nicht so fest zubeißen.« Die dominante Ratte, die glaubt, dass Ihr Biss, der härter als üblich war, ein Zufall ist, wird wahrscheinlich ebenfalls zu einem Verhalten übergehen, das eindeutig spielerisch ist.

Nehmen wir jedoch an, dass die dominante Ratte, falls Sie absichtlich zu stark geknabbert haben, Ihre Flanke *nicht* angreift und *nicht* mit einer Aktion reagiert, die einem echten Kampf ähnelt. In diesem Fall hat sie vielleicht wirklich Angst. Wenn ja, dann haben Sie ihre Verletzlichkeit und dazu eine Chance erkannt, Ihren sozialen Status zu verbessern. »Wir glauben, dass diese Grauzone der Unsicherheit dem Spielkampf seinen Wert als Instrument zur sozialen Beurteilung und Manipulation verleiht«, schreiben die Pellis. »Die Situation im spielerischen Kontext auszunutzen ... kann Aufschluss über die Schwäche des Sozialpartners geben.«[9]

KONKURRIEREN, UM ZU KOOPERIEREN

Spielen und Vortäuschen bei Makaken

Nutzen auch andere Tiere das Spiel – oder vielmehr die Mehrdeutigkeit des Spiels –, um Situationen auszuloten, zu bewerten und zu manipulieren? Die Antwort scheint, zumindest im Fall der Altweltaffen namens Makaken, »Ja« zu sein. Makaken sind eine Gattung mit 22 Arten, für die das Wort *Myriade* kaum zutreffend ist. Unter ihnen befinden sich die Berberaffen, die in Gibraltar den Felsen auf und ab krabbeln, die weißhaarigen, elfenartigen Hutaffen Sri Lankas und die Bärenmakaken aus Südchina, die für ihre roten Augenklappen und löwenähnlichen, herzförmigen Frisuren bekannt sind. Das Aussehen und die ausgewählten Lebensräume der Makaken sind sehr unterschiedlich, ihr soziales Leben ist jedoch sehr ähnlich. Die meisten Makakenarten leben in Gruppen von zwanzig bis vierzig Individuen, wobei jede Gruppe nicht nur eine, sondern zwei Dominanzhierarchien einhält. Die eine besteht aus Weibchen – Großmüttern, Müttern und Tanten –, die sich um die Jungen kümmern und ihr ganzes Leben lang in derselben Gruppe bleiben. Die andere besteht aus Männchen, die sich jeweils im Jugendalter der Gruppe angeschlossen haben, nachdem sie die Gruppe, in die sie hineingeboren wurden, verlassen hatten.

Die Rhesus-Makakenarten sind die am besten untersuchten. Ihre Hierarchien sind starr. Die Ränge der Individuen sind weitgehend festgelegt, sie wechseln nur selten ihren Rang. Viele Jahre lang gingen Ethologen davon aus, dass die Hierarchien aller Makakenarten ebenso unflexibel seien. Womöglich verwechselten sie den Teil mit dem Ganzen. In den späten 1990er-Jahren stellte Bernard Thierry von der Université Louis Pasteur Beobachtungen von siebzehn Arten zusammen und bemerkte zur Überraschung vieler, dass einige dieser Hierarchien recht flexibel waren.[10] Er konnte alle Makakenhierarchien an den Punkten – oder vielmehr, da Verhaltensdefinitionen ungenau sind, an Regionen – entlang einer Toleranzskala einordnen. Am einen Extrem würde man japanische Makaken sehen, die viel fotografierten »Schneeaffen«, die man oft in heißen Quellen findet, deren Gesichter rosarot sind und deren Haar stachelig und nass ist. Aktuelle Forschungsergebnisse deuten darauf hin, dass sie die Bäder zum Stressabbau nutzen.[11] Zumindest für einen Untergebenen kann viel Stress abzubauen sein. Japanische Makakenhierarchien sind so starr, dass Thierry sie als »despotisch« bezeichnete. Ein Untergebener nimmt einem Dominanten kein Fressen weg, aber ein Dominanter kann – und wird dies oft auch tun – sehr wohl einem Untergebenen Fressen wegnehmen oder ihn schlagen.

Im Gegensatz dazu und am anderen Extrem stehen Tonkean-Makaken, eine von mehreren Arten, die auf der Gebirgsinsel Sulawesi im Malaiischen Archipel leben. Ihre grauen Gesichter und schweren Brauen, die an Porträts düsterer britischer Richter erinnern, zeugen kaum von Toleranz, geschweige denn von Nachsicht. Dennoch wirken ihre Hierarchien, insbesondere im Vergleich zu denen japanischer Makaken, fast wie *Laisser-faire*. Ein dominanter Tonkean-Makake, dessen Futter von einem Untergebenen gestohlen wird, macht sich möglicherweise nicht die Mühe, es zurückzuholen. Natürlich ermöglicht eine solche Toleranz eine erhebliche soziale Mobilität. Wie die vorhin erwähnte ehrgeizige Ratte kann ein untergeordneter Tonkean-Makake, der seinen Status ändern

KONKURRIEREN, UM ZU KOOPERIEREN

möchte, einen Dominanten herausfordern. Es kann zum Beispiel sein, dass ein Dominanter mit einem Schlag getroffen wird, der als zu kraftvoll nur fürs Spielen empfunden wird. Wenn der Dominante nicht zurückschlägt, könnte der Untergebene eine Chance sehen, voranzukommen. Aber wenn der Dominante tatsächlich zurückschlägt, und zwar mit ausreichender Kraft, dann bietet das Spiel dem Untergebenen eine Möglichkeit zum Rückzug. Obwohl dies bedeutete, dass der erste Schlag tatsächlich eine Herausforderung war, könnte er auch ein Zeichen dafür sein, dass es doch kein solcher war, sondern nur ein Spiel.

Ein solcher Austausch erfordert von beiden Tieren erhebliche mentale Anstrengungen. Jeder muss beurteilen, ob der andere einen Spielkampf oder einen tatsächlichen Kampf beginnen möchte, und dabei die Wucht des Schlags des anderen, den Kontext der Interaktion, das frühere Verhalten des anderen und den Charakter des anderen berücksichtigen – und die Tiere müssen dies alles in Sekundenschnelle erledigen. Offensichtlich erfordert dies eine beträchtliche kognitive Anstrengung, und man kann leicht verstehen, warum Japanische Makaken und Rhesusaffen zu dem Schluss kommen, dass eine solche Anstrengung die soziale Mobilität nicht wert ist, die sie eventuell ermöglichen würde. Manchmal ist das Leben einfacher, wenn alle einfach ihren Platz kennen und dort auch bleiben.

Im Jugendstadium scheinen Ratten spielerische Kampffähigkeiten zu entwickeln – zusammen mit dem Vermögen, diese Fähigkeit zum Ausloten, Beurteilen und Manipulieren zu nutzen. Ist die Jugendzeit auch für das Spiel der Tonkean-Makaken wichtig? Vielleicht. Jungtiere aller Makakenarten kämpfen, aber nur junge Tonkean-Makaken variieren ihre Ziele und Taktiken.¹² Auf diese Weise erdulden und geben beide Teilnehmer das Unerwartete weiter, das Unerwartete, das erwachsene Tiere erleben – also das Verhalten anderer. Das innovative Spiel jugendlicher Tonkean-Makaken scheint ihnen dieses Verhalten beizubringen, das sie im Erwachsenenalter zu ihrem Vorteil nutzen. Erwachsene Tonkean-Makaken nutzen das Spiel, um auszuloten, einzuschätzen und zu manipulieren.

Ein uns vertrauteres Beispiel

Was ist mit einer weiteren Primatenart – mit uns? Nutzen wir das Spiel, um auszuloten, zu bewerten und zu manipulieren? Die Antwort ist ein eingeschränktes Ja, bei manchen Arten von Spiel in bestimmten Gruppen und vielleicht besonders beim Wortspiel unter Mitgliedern von Subkulturen, die mit echten Kämpfen vertraut sind.* Ein anschauliches, wenn auch fiktives Beispiel ist eine Szene aus Martin Scorseses Film *GoodFellas* aus dem Jahr 1990. Das Tier ist in diesem Fall ein Mensch, ein Gangsterboss namens Tommy DeVito, sehr gut gespielt von Joe Pesci. DeVito-Gefolgsleute sitzen in einem Restaurant um einen Tisch, und DeVito erzählt eine Geschichte, die mit einem vulgären Witz endet. Es folgt zuvorkommendes Gelächter, und ein Zuhörer, ein Neuzugang mit noch ungewissem Status innerhalb der Gruppe, sagt: »Du bist lustig.«

---

* In Teilen Irlands wird eine ungewöhnlich harte Form des verbalen Spielkampfs als *Slagging*, jemandem ans Bein pinkeln, bezeichnet.

KONKURRIEREN, UM ZU KOOPERIEREN

DeVito antwortet: »Inwiefern bin ich lustig? Lustig, als ob ich ein Clown wäre? Amüsiere ich dich?«

Der Neue lacht wieder, er ist leicht verwirrt. »Ich weiß nicht. Du bist einfach lustig.«

DeVito bleibt hartnäckig, sein Tonfall wird jetzt drohender. »Inwiefern bin ich lustig?«

Die anderen am Tisch wissen um DeVitos Ruf der Gewaltbereitschaft, sie mischen sich ein und versuchen, ihn zu beruhigen. Aber er beugt sich vor. »Nein. Er hat gesagt, ich bin lustig. Ich will wissen, wie.«

Einen Moment lang hat der Neue Angst. Dann wird ihm plötzlich klar, dass DeVito ihn provoziert, und er lacht, woraufhin sich Gelächter und spürbare Erleichterung am Tisch breitmachen.

Ein Ethologe, der diese Szene beobachtet, könnte feststellen, dass DeVito ein dominanter Primat ist und seinen Status nicht ändern will. Der Status eines dominanten Primaten ist jedoch nie sicher; er kann jederzeit infrage gestellt werden, und ein dominanter Primat, der seinen Status behalten will, muss daran arbeiten, ihn zu erhalten und zu bewahren. Dieser Ethologe könnte sagen, dass DeVito seinen Status erhalten und bewahrt hat, indem er die Zweideutigkeit des Spiels ausnutzte. Aber er hat auch ein wenig Wissen für die Zukunft gewonnen. Er hat gesehen, dass der Neue Angst hat, und weiß nun, was ihn ängstigt.

Der Neue und die anderen lachten, weil sie Erleichterung verspürten. Aber was genau ist Erleichterung? Unter anderem ist es das Vergnügen, nach einem Moment der Verwirrung und Angst die Kontrolle wiederzuerlangen. Ein Grund, warum der Neue und die anderen lachten – die Antwort, die Spinka und

Kollegen vorschlagen könnten –, ist also, dass sie dasselbe Vergnügen empfanden.

Es gibt ein Vergnügen an der momentanen Unsicherheit, ausgetrickst zu werden, oder vielleicht genauer gesagt, ein Vergnügen an der Erkenntnis, dass man ausgetrickst wurde, dass, mit einem Wort, mit einem »gespielt« wurde. Dieses Vergnügen ist nicht auf den Menschen beschränkt. Ein beliebtes Onlinevideo zeigt einen Orang-Utan, der sich eine Vorführung des Becher-Ball-Tricks ansieht. Er beobachtet aufmerksam die Bewegung von Ball und Becher, bis er am Ende der Vorstellung feststellt, dass der Becher, in dem er den Ball vermutete, leer ist. Nachdem der Orang-Utan in den Becher gestarrt und festgestellt hat, dass er wider Erwarten leer ist, rollt er sich mit sichtlicher Freude auf den Rücken. Da Zaubertricks in der Regel in einem unbedrohlichen Kontext aufgeführt werden, ist die Verwirrung, die sie hervorrufen, völlig harmlos. Sie sind somit ein Mittel, um für das Unerwartete zu trainieren, ohne Angst und ohne Risiko.

Hundespiel und Ethik

In den letzten Jahrzehnten ist die Liste der Merkmale, die den Menschen vom Tier unterscheiden, immer kürzer geworden. Moral ist vielleicht der letzte Punkt, der auf dieser Liste verbleibt, und sein Verbleiben auf der Liste scheint immer unwahrscheinlicher zu werden. Ethologen haben bei vielen Tieren anscheinend moralisches Verhalten festgestellt[13] und Fälle dokumentiert, die vielen Menschen schon lange bekannt sind: Hunde haben einen Sinn für Fairness, die Bereitschaft, einen

KONKURRIEREN, UM ZU KOOPERIEREN

anderen zu trösten, der verletzt wurde, und die Bereitschaft, einem anderen in Not zu helfen. Bekoff glaubt, dass das Moralempfinden eines Hundes – Altruismus, Toleranz, Vergebung, Gegenseitigkeit und Fairness – im Spiel erlernt wird. Er vermutet außerdem, dass Hunde und Menschen im Laufe ihrer fünfzehntausendjährigen Geschichte das Spiel genutzt haben, um ihre individuelle Moral in einem gemeinsamen ethischen System zu kodifizieren. Es gibt allen Grund zu der Annahme, dass dieser Prozess noch nicht abgeschlossen ist. Der Hund, der Sie mit dem Oxytocinblick anschaut und Sie bittet, den Riegel hochzuheben, lehrt Sie auch – oder erinnert Sie daran –, dass Sie andere so behandeln sollen, wie Sie von ihnen behandelt werden möchten.

Kapitel 6

Walddrossel-Lieder, Heringsmöwen-Tropfenfangen und Laubenvogel-Kunst: Das Spiel als Wurzel der Kultur

Wir ... sahen einen Raben, der am Rande der Schlucht hockte, einen kleinen Stein mit einem Fuß aufhob und ihn dann durch eine Kombination aus Ziehen und Hüpfen zum Rand trug, wo er den Stein mit seinem Schnabel über diesen Rand rollte. Dann schaute er nach unten. Der Stein schlug sechs Meter tiefer auf einen Felsvorsprung auf. Sofort wiederholte der Rabe das Ganze.«[1] Dieser Bericht erschien im Artikel »Play in Common Ravens (*Corvus corax*)« der Ethologen Bernd Heinrich und Rachel Smolker.

Für einen Ornithologen – für eigentlich jeden – lädt dieses Verhalten zu Fragen ein. Wie könnte es einem einzelnen Raben das Überleben sichern, wenn er kleine Steine über Felsvorsprünge rollt und dabei zusieht, wie sie fallen? Es gibt keine bekannten Rabenfähigkeiten – wie Fliegen oder Füttern –, auf die sich das Steinewerfen als Training oder Übung beziehen könnte. Wir würden denken, dass Raben zunächst einmal wenig bis gar kein Interesse an Steinen haben. Sie fressen sie nicht, sie nutzen sie nicht zum Nestbau und haben keinen ersichtlichen Grund, sie über Felsvorsprünge zu stoßen. Es handelte sich wahrscheinlich nicht um Balzverhalten, da keine anderen Raben anwesend waren. Es kann sich auch nicht um das Einüben von Balzverhalten gehandelt haben, denn soweit Ornithologen wissen, steigert die Fähigkeit, Steine zu rollen, nicht die Eignung eines Raben als Partner. Da der Rabe alleine handelte, ist es schwer vorstellbar, dass sein Verhalten etwas mit sozialer Bindung zu tun haben könnte. Heinrich und Smolker ergehen sich ein paar Absätze lang in Spekulationen, geben aber am Ende zu: »Wir sehen keinen offensichtlichen Nutzen, weder unmittelbar noch endgültig, für dieses einzelgängerische Verhalten.«[2] Im letzten Satz geht die Verblüffung in Ehrfurcht über.

Das erstaunliche Vogelgehirn

Bis vor Kurzem haben am Spielen interessierte Verhaltensforscher den Vögeln kaum Beachtung geschenkt. Da Forscher seit Groos vermutet haben, dass dort, wo Spiel ist, auch Intelligenz ist, und umgekehrt, handelt es sich um ein seltsames, aber erklärbares Versäumnis. Dies ist zum Teil auf ein Missverständnis des Vogelgehirns zurückzuführen, das mit der Arbeit des deutschen Neurologen Ludwig Edinger begann.[3] Das Gehirn eines Vogels hat keinen Neokortex. Stattdessen verfügt es über ein »großes palliales Territorium«, Strukturen, die wie die dicht gepackten Zehen einer Knoblauchknolle aussehen und die Edinger für Basalganglien hielt. Da Basalganglien im Gehirn von Säugetieren für die motorische Kontrolle und Koordination verantwortlich sind und das Gehirn von Vögeln nur aus Basalganglien zu bestehen schien, kam Edinger zu dem Schluss, dass Vögel nicht zu komplexem Verhalten fähig seien und nach den meisten Maßstäben nicht als intelligent bezeichnet werden könnten.

Im 20. Jahrhundert identifizierten Neurowissenschaftler das, was Edinger als Basalganglien bezeichnete, als den *dorsalen ventrikulären Kamm* (DVR) und einen Kern namens *Wulst*. Im Jahr 2020 stellte ein Team von Neurowissenschaftlern mithilfe einer Mikroskopietechnik, der dreidimensionalen polarisierten Lichtbildgebung, fest, dass der DVR und der Wulst sowohl von Tauben als auch von Schleiereulen wie der Neokortex von Säugetieren funktionierten.[4] Andere Forscher fanden eine weitere Ähnlichkeit: Neuronen im Vogelhirn gleichen denen im Gehirn von Säugetieren und nutzen ähnliche Wege zwischen Gehirnregionen und die gleichen chemischen Neurotransmitter.

Es gibt aber auch Unterschiede. Die Autorin und Naturforscherin Diane Ackerman stellt fest, dass Vögel »eine starke, lebhafte Vitalität haben, die fast zu viel zu sein scheint für ihren winzigen Körper«.[5] Diese Vitalität deutet darauf hin, dass die Neuroanatomie von Vögeln ökonomisch sein könnte, und viele Forscher vermuteten, dass Neuronen in Vogelgehirnen dicht angeordnet seien. Als es 2016 anlässlich einer internationalen Zusammenarbeit von Forschern an Universitäten in Prag, Wien, Rio de Janeiro und São Paulo gelang, sie zu zählen, waren die Forscher überrascht, *wie* dicht sie angeordnet waren. Zu ihrem gemeinsamen Erstaunen stellten sie fest, dass das Gehirn eines Papageis möglicherweise genauso viele Neuronen aufweist wie das Gehirn eines mittelgroßen Primaten.[6] Das alles bedeutet, dass das Gehirn eines Vogels nicht, wie Edinger glaubte, eine nicht entwickelte Version des Säugetiergehirns ist. Es ist genauso entwickelt, aber anders.[7] Wenn Sie inzwischen denken, dass der Begriff *Vogelhirn* eigentlich ein Kompliment sein sollte, würden Ihnen viele Neurowissenschaftler zustimmen.

Intelligenz der Vögel

Gegen Ende des 20. Jahrhunderts hatten Studien zum Verhalten von Vögeln gezeigt, dass viele Vogelarten in jeder Hinsicht bemerkenswert intelligent sind. Einige legen erstaunliche Gedächtnisleistungen an den Tag. Ein Kiefernhäher speichert Kiefernsamen in Tausenden von Verstecken, die über Dutzende von Quadratkilometer verteilt sind, und erinnert sich noch Monate später an ihren genauen Standort, selbst wenn die Samen mit Schnee bedeckt sind. Buschhäher können sich mithilfe des sogenannten episodischen Gedächtnisses an Ereignisse erinnern, die zu einem bestimmten Zeitpunkt oder an einem bestimmten Ort stattgefunden haben.

Viele Vögel zeigen Einfallsreichtum. Neukaledonienkrähen stellen aus Stöcken Sonden und Haken her, mit denen sie Larven aus ihren Höhlen herauslocken und -ziehen. Andere Vögel haben beeindruckende Lernfähigkeiten. Tauben können sich mehr als siebenhundert verschiedene visuelle Muster merken, Objekte als »von Menschenhand gemachte« und »natürliche« kategorisieren und Muster mithilfe der sogenannten transitiven Inferenzlogik einordnen – wodurch eine Beziehung zwischen Elementen abgeleitet wird, die zuvor nicht explizit verglichen wurden. Sie können auch kubistische und impressionistische Malstile unterscheiden.[8] Die Tierpsychologin Irene Pepperberg brachte einem Graupapagei namens Alex bei, über hundert Wörter zu verwenden und Formen und Farben zu erkennen. Alex könnte ein ungewöhnlich talentierter Vertreter einer Spezies gewesen sein, die, wie man weiß, über einen beeindruckenden Intellekt verfügt. Aber auch andere Papageienarten artikulieren Fragen und Antworten an Menschen in unseren Sprachen und im richtigen Kontext – sagen zum Beispiel nur »Guten Morgen«, wenn sie jemanden früh am Tag treffen – und überzeugen so viele Tierforscher davon, dass sie verstehen, was »Guten Morgen« bedeutet.

Geht man davon aus, dass Intelligenz zum Spielen führt, sollte es uns nicht wundern, dass viele Vogelarten recht regelmäßig spielen.

Die Vielfalt des Vogelspiels

Johan Huizinga notierte: »Die Birkhähne führen Tänze auf, die Krähen veranstalten Wettflüge, die Laubenvögel auf Neuguinea und andere Vogelarten schmücken ihre Nester aus, und die Singvögel lassen ihre Melodien ertönen.«[9] Auch viele Naturforscher waren von der Vielfalt des Vogelspiels beeindruckt.

Im Jahr 1977 veröffentlichte Millicent Ficken, eine amerikanische Ornithologin mit besonderem Interesse an Lautäußerungen und sozialem Verhalten von Vögeln, die erste Übersicht über dieses Thema, einen Artikel mit dem Titel »Avian Play«. Er enthielt auch bemerkenswerte Berichte über Vogelakrobatik. Rabenvögel, schrieb sie, »hängen häufig kopfüber an Zweigen oder Elektrokabeln. Normalerweise fallen sie aus ihrer normalen Sitzposition nach vorne oder nach hinten, hängen mit ausgebreiteten Flügeln kopfüber an

DIE VIELFALT DES VOGELSPIELS

ihren Füßen und lassen dann oft zuerst einen Fuß und dann den anderen los.«[10] Sie zitierte Berichte über Raben, die Kunststücke versuchten und vollbrachten, die mit Hochseilakten mithalten können: »Balancierspiele wurden oft kopfüber oder in vergleichbaren Haltungen durchgeführt, wobei die Vögel lange, dünne Äste auswählten und sich oft von einem Ausgangspunkt bis zum Ende balancierten und dann wieder von vorne anfingen.« Als ob das nicht schon beeindruckend genug wäre, haben sie »das Spiel oft anspruchsvoller gemacht, indem sie Objekte beim Balancieren manipuliert haben«.

Diese Verhaltensweisen können Anpassungsvorteile bieten. Das Bungeespringen und die Sturzflüge der Rabenvögel könnten Flugübungen sein, und ihr Balancieren auf Ästen mit oder ohne Gegenstände könnte die motorische Koordination entwickeln oder aufrechterhalten. Aber Fickens Übersicht enthält auch einige Berichte über das Verhalten von Vögeln, die schwerer zu erklären sind – Verhalten ohne offensichtlichen Anpassungsvorteil, weder unmittelbar noch langfristig. Sie schrieb von einem Annakolibri, der auf einem Schlauch einen Bach hinunterfuhr, einer Gruppe Eiderenten, die die Stromschnellen eines Flusses hinuntergleiten und zu der Stelle zurückeilen, von der aus sie einen weiteren Versuch unternehmen, und Adeliepinguinen, die in einer Art Gezeitenlauf auf kleinen Eisschollen reiten.[11]

Es ist schwer zu erkennen, was Kolibris, Eiderenten und Pinguine zur Entwicklung ihrer motorischen Koordination beitragen können, und ihr Verhalten scheint auch keinen Zweck im Zusammenhang mit Überleben oder Fortpflanzung zu haben – oder überhaupt einen anderen Zweck als

DAS SPIEL ALS WURZEL DER KULTUR

das Erleben der reinen kinetischen Freude an der Bewegung.*

Eine Snowboard fahrende Krähe

Zu den neueren Berichten über Vogelspiele gehört ein viel gesehenes YouTube-Video über eine Krähe. Der Vogel benutzt den Deckel eines Glases als provisorisches Snowboard, rutscht ein schneebedecktes Dach hinunter, fliegt dann mit dem Deckel an seinen Füßen zurück zum Dachfirst und rutscht noch einmal. Die Schlagzeile für einen Artikel im *Atlantic* lautete: »Die Wissenschaft kann die Großartigkeit dieser schlittenfahrenden Krähe weder erklären noch leugnen.« Obwohl die Wissenschaft diese Großartigkeit weder erklären noch leugnen kann, streiten menschliche Bewohner nördlicher Breiten möglicherweise dennoch ab, dass diese Großartigkeit etwas Ungewöhnliches ist. Heinrich und Smolker berichten, dass Raben in Alaska und im Norden Kanadas regelmäßig »von steilen, schneebedeckten Dächern herunterrutschen, um dann wieder hochzufliegen oder -zulaufen und das Rutschen zu wiederholen«.[12]

---

* Darwin schrieb: »Wie oft sehen wir Vögel leicht hinfliegen, durch die Luft gleitend und segelnd, und offenbar nur zum Vergnügen« (*Abstammung des Menschen*, Teil 2, S. 418). Wenn man einen Falken beobachtet, der am wolkenlosen Himmel seine Kreise zieht, möchte man dem zustimmen. Doch das könnte falsch sein. Wenn Vögel aus keinem anderen Grund als dem Vergnügen hoch oben in der Luft fliegen würden, könnten wir erwarten, dass auch Samenfresser oder Fruchtfresser hoch oben in der Luft segeln. Aber das tun sie nicht. Die einzigen Vögel, die nach weit oben aufsteigen, sind Raubvögel, was den Ornithologen Anlass zu der Annahme gibt, dass sie jagen oder das Jagen üben. Das Verhalten einer anderen Art – das Tauchen und der Sturzflug weiblicher Steinadler – könnte ebenfalls mit Spiel verwechselt werden. Aber Ornithologen vermuten, dass es sich um eine Balz, eine Revierbeanspruchung oder um beides handelt.

EINE SNOWBOARD FAHRENDE KRÄHE

Die Verwendung des Glasdeckels als Snowboard könnte dieses Verhalten der Krähe für die zweite traditionelle Spielkategorie qualifizieren: für das Objektspiel. Es hat sich als schwierig erwiesen, das Spielen von Vögeln mit Objekten von anderen Verhaltensweisen zu isolieren. Wenn viele Vögel Gegenstände schieben, anstupsen oder auf andere Weise manipulieren, scheinen sie sowohl zu forschen als auch zu spielen. Dennoch interagieren Mitglieder mehrerer Vogelarten auf eine Art und Weise mit Objekten, die wie reines Spiel erscheint. Zu diesen Vögeln gehören auch die Silbermöwen.

Die Forscher Jennifer Gamble und Daniel Cristol beobachteten einen Schwarm Silbermöwen, der auf seiner jährlichen Wanderung eine Pause einlegte, um bei Ebbe ein Wattenmeer an der Küste Virginias aufzusuchen. Es ist bekannt, dass Silbermöwen Muscheln fallen lassen, damit sie an Steinen oder harten Oberflächen zerbrechen, um an das in der Muschel enthaltene Fleisch zu gelangen – ihr ganz eigenes Verhalten bei der Nahrungssuche. Aber Gamble und Cristol waren Zeugen einer ziemlich auffälligen Variante, die nicht der Nahrungssuche diente. Eine Möwe trug eine Muschel oder einen anderen kleinen Gegenstand in ihrem Schnabel, warf den Gegenstand hoch, fing ihn auf, als er fiel, warf ihn dann noch einmal und fing ihn wieder auf, wobei sie die ganze Zeit flog. Das Verhalten war offensichtlich weder Futtersuche noch Übung zur Futtersuche. Gamble und Cristol dachten über andere Erklärungen nach und – dabei von einer Spieldefinition geleitet, die der von Burghardt ähnelte – verwarfen alle. Sie kamen zu dem Schluss, dass das Werfen und Fangen nur Spiel sein könne.[13]

DAS SPIEL ALS WURZEL DER KULTUR

Keas, die Schurken unter den Spielvögeln

Auch Keas, die krähengroßen Papageien, die in den Bergen der Südinsel Neuseelands leben, fühlen sich besonders zum Objektspiel hingezogen. Bei vielen Tieren ist der Drang, mit Gegenständen zu spielen, stark, bei Keas ist er jedoch wirklich stark. Ein Bericht beschreibt einen Kea, der mit einem Stock spielt, indem er darauf kaut, darauf springt, ihn mit seinen Flügeln schlägt und sich darunterrollt, als wäre er ein Gegner in einem Spielkampf.[14] Eine kontrollierte Studie bot einer Gruppe gefangener Keas die Wahl: Futter oder eine Sammlung ungenießbarer Gegenstände. Obwohl die Vögel hungrig waren, nahmen sie das Futter erst zu sich, nachdem sie einige Minuten damit verbracht hatten, mit den Gegenständen zu spielen.

Das Kea-Spiel ist bekanntermaßen boshaft, wie ein unglücklicher europäischer Naturforscher des 19. Jahrhunderts berichtete. So berichtet Groos: »Bei einem seiner Forschergänge im Gebirge hatte er mit schwerer Mühe ein Bündel werthvoller Alpenpflanzen gesammelt und einstweilen auf einen Felsvorsprung niedergelegt. Während seiner kurzen Abwesenheit hatte ein [Kea] dieses Pflanzenbündel ausgekundschaftet und seine Theilnahme für die Pflanzenkunde insofern bestätigt, als er das ganze Bündel auf Nimmerwiedersehen über den Felsen hinabzuwerfen bestrebt gewesen war.«[15] Es war ein Hinweis auf das, was noch kommen sollte. Die Beziehung zwischen menschlichen Siedlern und Keas ist seit Langem problematisch. Im 19. Jahrhundert griffen Keas die Schafe der Viehzüchter an. Judy Diamond und Alan B. Bond, die vier Jahre lang eine

KEAS, DIE SCHURKEN UNTER DEN SPIELVÖGELN

Feldstudie über die Vögel durchgeführt haben – und daher wissen, wovon sie sprechen – nennen sie »mutig und neugierig, aufreizend hartnäckig und genial destruktiv«.[16] Mit ihrem starken, gebogenen Schnabel, den sie als Allzweckwerkzeug verwenden, sind Keas dafür bekannt, dass sie Scheibenwischer und Verkleidungen von Autos zerreißen und Regenrinnen und Antennen von Häusern entfernen. Nach Burghardts Definition handelt es sich bei dem Verhalten eindeutig um Spiel, wenn auch von besonders destruktiver Art.

Das soziale Spiel der Keas ist ebenfalls ein schädliches Verhalten, das in Gruppen ausgeübt wird und für ein bestimmtes Entwicklungsstadium spezifisch ist. Diamond und Bond stellen fest: »Keas sind in jedem Alter ziemlich zerstörerisch«, und fügen mit leicht puritanisch erhobenem Zeigefinger hinzu: »Die schlimmsten Verwüstungen werden von Horden müßiger Jugendlicher angerichtet.«[17] Keine unangemessene Charakterisierung. Die beiden Autoren berichten von einer besonders befremdlichen Szene: »In einer spätnächtlichen Interaktion bildete eine große Gruppe junger Vögel einen kreischenden Kreis um ein Paar Keas, die in eine besonders heftige Keilerei verwickelt waren, ähnlich wie Bandenmitglieder, die sich um einen Messerkampf scharen.«[18]

Viele Vogelarten betreiben soziale Spiele, die eher harmloser Natur sind. Wenn australische Elstern kämpfen, versuchen sie, ihren Gegner seitlich auf den Kopf zu picken. Der Gegner könnte versuchen zu fliehen, zurückzupicken oder sich gegen den Gegner zu stellen und so eine Pattsituation herbeizuführen. Sergio Pellis, der sich hier wiederum einer für die Choreografie entwickelten Bewegungsnotation bediente, stellte fest, dass spielerisch kämpfende australische Elstern ihre Absichten mit Signalen kommunizierten: einem bestimmten Gang, um einen spielerischen Kampf einzuleiten, einem bestimmten Aufruf, ihn fortzusetzen, und einer bestimmten Öffnung ihres Schnabels, um ihn zu beenden.[19]

Die erstaunliche Akrobatik von Wiesenweihen

Das spektakulärste Vogelspiel findet erwartungsgemäß in der Luft statt. Und das Spektakulärste davon dürfte das der Wiesenweihe sein, eines mittelgroßen Raubvogels, der nach den Worten eines Bewunderers »einen besonders anmutigen Flug mit kraftvollen und eleganten Flügelschlägen hat, die den Eindruck von Beschwingtheit und Leichtigkeit erwecken«.[20] 1996 führte der Ornithologe Massimo Pandolfi von der Universität Urbino eine Studie mit 22 Brutpaaren in Mittelitalien durch. Zu ihrem Spiel gehörten Verfolgungsjagden, bei denen die Vögel abwechselnd einander jagten, manchmal in steilen Sturzflügen, spielerische Kämpfe, die wirken wie Verfolgungsjagden, nur aggressiver, mit plötzlichen Beschleunigungsschüben und »Krallenpräsentation«, und das ruhigere gemeinsame Segeln, bei dem mehrere Vögel hoch oben gemeinsam kreisen.

Alles zweifellos beeindruckend, aber bei Weitem nicht so beeindruckend wie eine Adaption des sicherlich atemberaubendsten Vogelverhaltens: *Futterübergabe in der Luft*. Bei einer Futterübergabe lässt eine Wiesenweihe ihre Beute im Flug los, damit ein darunter fliegender Partner sie in der Luft fangen kann. Bei den Wiesenweihen ist dieses Verhalten typischerweise Teil der Balz, bei der die Männchen Futter an die Weibchen weitergeben und so zeigen, dass sie fähige Nahrungslieferanten sind. Da das Verhalten einen unmittelbaren Nutzen hat, ist es kein Spiel. Jungvögel zeigen jedoch ein ähnliches Verhalten, das Spiel *ist*, da es nicht der Werbung dient oder echtes Futter verwendet. Ein junger Vogel lässt im Flug absichtlich einen kleinen Ast oder ein Grasbüschel fallen, sodass ein anderer, der etwas darunter und hinter ihm fliegt, ihn in der Luft greifen kann.[21]

Die Musik der Vögel

Viele Verhaltensbeispiele von Vögeln passen gut in jede der drei traditionellen Spielkategorien. Aber das Spiel, das durch diese »schiere Fülle an Vitalität« hervorgebracht wird, ist nicht durch traditionelle oder andere Kategorien eingeschränkt. In ihren Gesängen, die nicht mit Rufen zu verwechseln sind, lässt sich offenbar auch etwas Vogelspiel finden. Vogelrufe sind kurze Äußerungen oder Warnrufe. Die Lieder sind länger und kombinieren Zwitschern, Trällern und Pfeifen, um einen ausgesprochen musikalischen Effekt zu erzielen.

Vögel lernen als Jungvögel ihre Lieder stufenweise. Zuerst hört der Vogel dem Gesang eines Elternteils oder eines anderen Vogels zu. Bei einem ersten Versuch erzeugt das Jungtier das, was Ornithologen *Untergesang* nennen, eine Reihe von Geräuschen, die mit dem Plappern menschlicher Säuglinge verglichen wurden. In vier bis fünf Wochen entwickelt sich der Untergesang zum *plastischen Gesang*. Obwohl die einzelnen Noten schon als die des ausgereiften Liedes erkennbar sind, werden sie in keiner bestimmten Reihenfolge intoniert. Nach zwei oder drei Monaten (die Dauer variiert je nach Art) produziert das Jungtier einen Gesang, dessen Noten sowohl erkennbar als auch arrangiert sind wie im erwachsenen Gesang seiner Art. Dies ist schließlich der *Kristallgesang*.

Vögel singen sowohl um Partner anzulocken, als auch um Reviere zu errichten, aber manchmal singen sie, auch wenn sich keine anderen Singvögel in der Nähe befinden – sie singen für niemanden, so scheint es, außer für sich selbst. Ornithologen nennen einen solchen Gesang *ungerichtet* oder *solitär*. An manchen Frühlingsabenden kann ich kurz vor Einbruch der Dunkelheit eine Walddrossel hören, die mehrere tiefe, flötenartige Töne anstimmt, gefolgt von einem komplexen Triller. Manchmal hört sie auf halbem Weg auf und beginnt von vorne. Ich stelle mir vor, dass es einem Cellisten nicht unähnlich ist, der alleine übt und eine besonders schwierige Passage durcharbeitet, bis er sie zu seiner Zufriedenheit spielen kann. Sobald das Lied richtig ist, kann die Walddrossel es noch einmal anstimmen, nicht zum Üben (da es nicht nötig ist) und nicht, um zu beeindrucken (da sonst niemand anwesend ist), sondern einzig und allein zu ihrem eigenen Vergnügen.

Verhaltensweisen von Vögeln, die Burghardts Spielkriterien erfüllen, erfüllen auch die meisten Kulturkriterien. Die Spielkämpfe der australischen Elstern sind vergleichbar mit unseren sportlichen Wettkämpfen, die Futterübergabe der Wiesenweihen entspricht unserem Tanz, das Lied der Walddrossel unserer Musik.* Der Zoologe und Psychologe Andrew Whiten nannte Kultur »alles, was von anderen gelernt und auf diese Weise wiederholt weitergegeben wird und Traditionen bildet,

---

* Eine aktuelle Übersicht über die Tierkultur findet man bei Whiten, »Burgeoning Reach of Animal Culture«.

die von nachfolgenden Generationen weitergegeben werden können«.[22] Der britische Musiker und Komponist Brian Eno definierte es treffend als »all das, was wir nicht tun müssen«.

Kultur ist in vierfacher Hinsicht wie ein Spiel. Erstens ermöglicht sie nicht unmittelbar das Überleben oder die Fortpflanzung; sie hat keinen offensichtlichen Anpassungsvorteil. Zweitens beinhaltet sie Selbstbehinderung. Beim Fußballspielen benutzen wir keine Hände, beim Schreiben eines Sonetts beschränken wir uns auf vierzehn Zeilen, und wenn wir für ein Cello komponieren, tun wir dies für ein Instrument mit vier Saiten, nicht mit fünf. Drittens: So wie Selbstbehinderung im Spiel ein Tier zu neuen Bewegungen zwingt, so lädt Selbstbehinderung in der kulturellen Praxis zu Innovation ein oder erzwingt sie. Viertens ist Kultur ergebnisoffen. Wir haben erwähnt, dass Tiere, die eine Spielrunde beginnen, dies ohne Plan tun, wann sie enden wird; sie hören erst auf zu spielen, wenn sie verletzt oder erschöpft sind oder sich einfach für etwas anderes interessieren. So ist es auch mit der Kultur. »Kein Kunstwerk ist jemals fertig«, heißt es in einem Aphorismus. »Es ist nur verlassen.« Es kann sein, dass eine kulturelle Praxis umso spielerischer ist, je offener sie ist.

Betrachten wir die kulturelle Praxis, die man als Wissenschaft bezeichnet. Grob gesagt gibt es zwei Arten. Angewandte Wissenschaften sind pragmatisch und haben eine unmittelbare Anwendung, während die Grundlagen- oder reinen Wissenschaften theoretisch sind und auf ein besseres Verständnis eines Themas abzielen. Die letztere Art mag dem Spiel am ähnlichsten sein – und sie hat Vorteile. Stellen Sie sich zwei Teams von Menschen vor, die versuchen, ein Problem zu lösen, eines auf pragmatische Weise, das andere spielerisch. Das pragmatische

DAS SPIEL ALS WURZEL DER KULTUR

Team arbeitet auf einen Endpunkt hin. Dieses Team weiß, dass es das Ziel erreicht hat, wenn es eine Antwort auf das Problem hat, und hört auf zu arbeiten. Aber das spielerische Team arbeitet auch dann weiter, wenn es eine Antwort gefunden hat, einfach weil es Spaß hat. Sie *tüfteln*, was in einem Wörterbuch als »Versuch, etwas beiläufig oder nebenbei zu reparieren oder zu verbessern, oft ohne nützlichen Erfolg«, definiert wird. Manchmal kann das Tüfteln jedoch einen durchaus nützlichen Effekt erzielen. Das spielerische Team kann auf eine zweite Antwort stoßen, die genauso gut oder sogar besser als die erste ist. Das Prinzip, das der Beschäftigung des spielerischen Teams mit dem Problem zugrunde liegt – dass ein bestimmtes Ziel auf viele Arten erreicht werden kann –, nennt Sir Patrick Bateson, emeritierter Professor für Ethologie an der Universität Cambridge, Äquifinalität. Er sagte, dies sei ein charakteristisches Merkmal des Spiels, insbesondere desjenigen der kreativen Art.

Isaac Newton soll angeblich gesagt haben, dass seine eigene Arbeit, so bedeutsam sie auch für andere war, für ihn wie das reinste Kindheitsvergnügen war. Im Jahr 1893 zog der in England geborene Naturphilosoph W. Preyer einen ähnlichen Vergleich: »Der Mensch lernt im späteren Leben durch jegliche Art von Unterricht oder Studium nicht annähernd so viel wie als Kind in den ersten vier Jahren seines sorglosen Daseins durch Wahrnehmungen und Ideen, die es in seinem Spiel erworben hat … Da ich zuvor vom Experimentieren kleiner Kinder als Spiel gesprochen habe, möchte ich nun die innere Ähnlichkeit ihrer Vorgehensweise mit der des Naturforschers erwähnen.«[23] Die Vorgehensweise des Naturforschers ähnelt möglicherweise derjenigen des Steine werfenden Raben – oder manchmal unserer eigenen. Sie nähern sich einem Felsvorsprung. Sie schauen nach unten. Da Sie keine dringenden Termine haben, nehmen Sie einen kleinen Stein und werfen ihn. Sie sehen zu, wie er fällt, von einem Felsvorsprung abprallt und hören, wie er auf dem Boden aufschlägt. Dann machen Sie das noch einmal. Vielleicht ist die Antwort auf die Frage, warum der Rabe die Steine fallen ließ, der Grund, warum Sie und ich es ebenfalls tun könnten. Was ist *das* für ein Grund?

Groos meinte, dass es uns Freude macht, einfach *eine Ursache für etwas zu sein und im Anschluss dessen Wirkung zu sehen*: »Haben nicht Tausende das Bedürfnis, mit einem Bleistift etwas zu kritzeln, bei jedem Spaziergang einen Zweig abzubrechen und daran zu nagen, den Schnee, der auf einer Mauer liegt, mit dem Stock herunterzustreifen, beim Gehen Steinchen mit dem Fuss vor sich herzustossen, in der Kirschenzeit alle Kirschkerne auf der Strasse zu zertreten, an die Scheibe zu trommeln, die Weingläser klingen zu lassen, Brotkugeln zu drehen, usw., usw.«[24] Die Spezifität dieser Details legt nahe, dass der Mann weiß, worüber er schreibt; es bereitet mir eine heimliche Freude, mir Herrn Professor Groos vorzustellen, wie er an einem kühlen Herbstnachmittag über die Bürgersteige von Basel schlendert und gelegentlich seinen Schritt unterbricht, um aus purem Spaß auf Kirschkerne zu treten.

Im Spätsommer 1878 berichtete ein Bekannter Darwins ihm von einem Haustieraffen, der gern ein Objekt durch eine Brille betrachtete und seinen Fokus anpasste, indem er die Brille näher und weiter von diesem Objekt entfernt bewegte. Darwin erinnerte sich, dass es ihm nicht gelungen war, seinem zweijährigen Enkel die gleiche Technik beizubringen, und vermutete: »Ein knapp zweijähriges Kind ist einem Affen intellektuell unterlegen.«[25] Darwin befand sich zu diesem Zeitpunkt bereits in einem späten Stadium seiner Karriere und hatte die Arbeit an der Tierintelligenz anderen überlassen, insbesondere seinem Freund und Schützling George Romanes, dem er seine Notizen zu diesem Thema gegeben hatte und mit dem er einen regen Briefwechsel pflegte. In einem Brief fragt Darwin: »Haben Sie jemals daran gedacht, einen jungen Affen zu halten, um seinen Geist zu beobachten?« Romanes antwortete, dass er das bereits getan habe. In einer Reihe von Gesprächen beriet Darwin den jüngeren Mann, wie er einen geeigneten Primaten erwerben könne, und beide machten halb ernst gemeinte Vorschläge für eine Vergleichsstudie, in der Romanes das Tier zusammen mit seiner damals noch nicht ein Jahr alten Tochter aufziehen könnte. Der Austausch endete mit einem Brief vom 17. Dezember 1880, in dem Romanes triumphierend verkündete: »Ich habe jetzt einen Affen. Sclater ließ mich einen aus dem Zoo auswählen, und es ist ein sehr intelligentes, liebevolles kleines Tier.« Im folgenden Satz räumte er allerdings ein kleines Problem ein: »Ich wollte es zu Vergleichszwecken im Kinderzimmer behalten, aber der Vorschlag stieß auf so viel Widerstand, dass ich nachgeben musste.«[26]

Man geht davon aus, dass der Widerstand von Frau Romanes ausging. Glücklicherweise war Romanes' Schwester Charlotte, die in seiner Nähe lebte, sowohl im Sinne des allgemeinen Fortschritts der wissenschaftlichen Forschung als auch der Romanes-Ehe bereit, den Affen zu halten und Notizen für ihren Bruder zu machen, wobei sie besonders auf Verhaltensweisen achtete, die Intelligenz signalisierten. Am 18. Dezember 1880 wurde ein Haubenkapuzineraffe (*Cebus apella fatuellus*) in ihre gut ausgestattete Wohnung in der City of Westminster gebracht, wo er zehn Wochen lang lebte. Während dieser Zeit genoss der Affe viel von dem, was Groos das Vergnügen nennen würde, eine Wirkung zu erzielen, und oft war diese Wirkung nichts anderes als Chaos.

Eintrag von Charlotte Romanes vom 21. Dezember:

»Ich merke, dass die Freude am Unfug in ihm sehr stark ist. Heute hat er sich ein Weinglas und einen Eierbecher besorgt. Das Glas schleuderte er mit aller Kraft auf den Boden und zerbrach es natürlich. Als er jedoch feststellte, dass der Eierbecher nicht zerbrechen würde, wenn er ihn hinwarf, suchte er nach einer harten Substanz, gegen die er ihn stoßen konnte. Da der Pfosten des Messingbettgestells für diesen Zweck geeignet zu sein schien, hob er den Eierbecher hoch über seinen Kopf und versetzte ihm mehrere kräftige Schläge. Als er völlig zertrümmert war, war er recht zufrieden.«[27]

Das Verlangen nach Spaß oder Sensation ist der unmittelbare Grund, warum wir Steine über Felsvorsprünge werfen und Kirschkerne unter unseren Füßen zertreten und warum Frau Romanes' Hausgast das Weinglas und den Eierbecher zerbrochen hat. Aber was ist der eigentliche Grund? Was ist der Anpassungsvorteil solcher Aktivitäten? Wir könnten annehmen, dass ein Grund der Antrieb zu lernen ist. Der Rabe, der Steine über einen Felsvorsprung fallen lässt und ihnen beim Fallen zusieht, lernt möglicherweise etwas über Schwerkraft, Aerodynamik und die Geschwindigkeit fallender Objekte. Der Haubenkapuziner könnte Kenntnisse über kinetische Kräfte, das

Gewicht von Gegenständen und die Festigkeit von Materialien erworben haben.

In einer ikonischen Szene in Stanley Kubricks *2001: Odyssee im Weltraum* sitzt ein Menschenaffe untätig in einem Feld von Tapirknochen. Er hat keine offensichtlichen Absichten; es interessiert ihn nur wenig zu sehen, was passiert, wenn Knochen auf Knochen trifft. Er spielt. Doch dann entdeckt er, dass ein Oberschenkelknochen, wenn er ihn mit ausreichender Kraft zu Boden bringt, andere Knochen zerbrechen und zertrümmern kann. Er hat eine plötzliche Offenbarung: Der Knochen könnte als Waffe verwendet werden.

Kultur ist wie Spiel, weil sie im Spiel beginnt

Die Szene aus *2001* legt nahe, dass das Spiel den menschlichen Werkzeuggebrauch und vielleicht auch die Technik zur Folge hat. Huizinga war davon ziemlich überzeugt und erklärte, der Einfluss des Spiels auf viele Kulturen sei tiefgreifend und wegweisend: »Der Kult entfaltete sich im heiligen Spiel. Die Dichtkunst wurde im Spiel geboren und erhielt immerfort aus Spielformen ihre beste Nahrung; Musik und Tanz waren reines Spiel.«[28] Angesichts des Fehlens historischer Aufzeichnungen über solche Ursprünge könnten diese Hypothesen schwer zu belegen sein. Doch in seinem Buch *Wonderland: How Play Made the Modern World* stellt Steven Johnson überzeugend dar, dass große Entwicklungen und Fortschritte in der Zivilisation nicht durch Notwendigkeit, sondern durch den Wunsch nach Neuem und neuen Spielweisen vorangetrieben wurden.

KULTUR IST WIE SPIEL

Für die Entwicklung einer Tierkultur aus dem Spiel gibt es einen gut dokumentierten Fall.[29] 1988 wurde ein weiblicher Tümmler namens Billie aus einer verschmutzten Bucht in der Nähe von Adelaide, Australien, gerettet und vorübergehend in einem örtlichen Meeressäugetierpark untergebracht. Dort leistete sie fünf anderen Delfinen Gesellschaft. Um öffentliche Auftritte absolvieren zu können, wurde den anderen das »Schwanzlaufen« beigebracht, bei dem sie den größten Teil ihres Körpers senkrecht aus dem Wasser hoben und diese Position durch kräftiges Pumpen ihrer Schwänze beibehielten. Billie erhielt nie eine entsprechende Ausbildung, aber sie beobachtete die anderen, während sie probten und auftraten. Einige Wochen nach ihrer Rettung wurde sie in die Wildnis zurückgebracht. Später wurde sie im offenen Meer gesichtet, als sie sich mit einem weiblichen Delfin namens Wave im Schwanzschritt bewegte. Auch andere Delfine in der Gruppe wurden beim Schwanzlaufen gesichtet. Da das Verhalten nicht funktionell und freiwillig war, sich durch wiederholte, aber unterschiedliche Bewegungen auszeichnete und die Ausführenden wohlgenährt, in Sicherheit und gesund waren, entsprach es Burghardts Definition von Spiel. Da es von anderen gelernt, immer wieder weitergegeben und Traditionen ausgebildet hat, entsprach es auch Whitens Definition von Kultur.

Die Forscher, die das Verhalten von Billie und Wave beobachteten und dokumentierten, erklärten: »Der erste Schwanzlauf in freier Natur wurde 1995 beobachtet.«[30] Aber eine Beobachtung wurde schon ein Jahrhundert zuvor gemacht, und zwar von niemand anderem als von Groos:

DAS SPIEL ALS WURZEL DER KULTUR

»Jeder Seemann ... freut sich immer wieder, wenn er eine sogenannte Schule oder Schaar von Delphinen sieht. In einem langen und verhältnismässig schmalen Zug geordnet, eilen die lustigen Reisenden durch die leicht bewegte See; mit hurtigen Sprüngen und einer Schnelligkeit, als gälte es ein Wettrennen, verfolgen sie ihren Weg. Ein bis zwei Meter weit schnellen sie die glänzenden Leiber in zierlichen Bogen durch die Luft, fallen kopfüber in das Wasser und schiessen von Neuem heraus, immer dasselbe fortzusetzen wiederholend. Die übermüthigsten der Schaar überschlagen sich in der Luft, indem sie in urkomischer Weise mit dem Schwanze wippen; andere lassen sich flach auf die Seite fallen; noch andere springen kerzengerade empor und tanzen, indem sie sich drei-, viermal mihilfe des Schwanzes vorwärtsschnellen, aufrecht stehend oder wie Sprenkel gebogen über die Oberfläche dahin.«[31]

Hier gibt es mehrere Lektionen. Da Delfine gelernt haben, mit dem Schwanz zu laufen, ohne dass sie von Menschen trainiert wurden, kann es sein, dass wir wiederum unsere Talente überschätzen und die der Tiere unterschätzen. Eine weitere Lektion ist die, dass glaubwürdige Berichte über das Verhalten von Tieren allzu oft übersehen werden und verloren gehen. Noch eine Lektion ist eine Erinnerung daran, dass es vieles gibt, was wir nicht sehen. Tiere zeigen regelmäßig Verhaltensweisen, die von Wissenschaftlern nicht beobachtet werden; einige davon, wie zum Beispiel das Schwanzlaufen der Delfine, dürften jedoch bemerkenswert sein.

DIE FÄHIGKEITEN VON FELDMÄUSEN

Die kulinarischen Fähigkeiten von Feldmäusen

Wie viele Bewohner Neuenglands heize ich mit einem Holzofen und finde dies in kalten Winternächten, wenn auch nicht unbedingt notwendig, so doch besonders angenehm. Als ich eines Abends nach Hause kam, nahm ich einen Geruch wahr, den ich vor allem in der Nähe des Ofens spürte, welcher noch warm vom Feuer der vergangenen Nacht war. Nicht unangenehm, es roch nach gebuttertem Popcorn. Neugierig und mehr als nur ein bisschen verwirrt nahm ich den Deckel ab und sah in einer Spalte neben der eisernen Heizplatte einen Vorrat mit zehn oder zwölf Pinienkernen, jede in einem schönen goldenen Farbton geröstet.

Ich hatte vermutet, dass sich irgendwo im Haus Mäuse aufhielten – in alten Bauernhäusern in Neuengland sind sie keine Seltenheit –, und war daher nicht überrascht, als ich feststellte, dass eine Tüte Pinienkerne in einem Küchenschrank aufgenagt worden war. Offenbar hatte eine Maus die Nüsse gefunden und sie einzeln oder mehrere gleichzeitig durch einige Räume zum Holzofen getragen, wo sie ein effizientes Mittel entdeckte – oder besser gesagt erfand –, um das Abendmahl für eine Winternacht zuzubereiten. Diese bemerkenswerte Leistung zeigte eine deutliche Vorliebe für gekochtes Essen gegenüber rohem. (Nicht dass die Maus das gewusst hätte, aber Kochen erhöht die aus Rohkost verfügbare Energie.) Sie erforderte auch Vorstellungskraft, Weitsicht, Planung und die nicht unerhebliche Selbstdisziplin, die notwendig ist, um rohe Nüsse in der Backentasche zu tragen und gleichzeitig der Versuchung zu widerstehen, sie zu fressen. Schließlich entsprach dieser Erfolg ein wenig der Sparsamkeit der Yankees. Der Einsatz von Feuer gilt seit Langem als Zeichen der Zivilisation und als Unterscheidungsmerkmal zwischen Tier und Mensch. Aber die Maus musste nicht alle Mühen auf sich laden, um sich das Feuer dienstbar zu machen. Sie hatte mich in Dienst genommen.*

Ich hatte die Pinienkerne vergessen, bis ich zufällig auf eine Studie der Forscher Felix Warneken und Alexandra G. Rosati aus dem Jahr 2015 stieß, die mit Schimpansen aus dem Tchimpounga-Schimpansenschutzgebiet in der Republik Kongo durchgeführt wurde. Den Schimpansen wurden zwei tupperwareähnliche Behälter zur Verfügung gestellt, in denen sie rohe Süßkartoffelscheiben aufbewahren konnten. Ohne dass die Schimpansen davon wussten, füllten die Forscher die rohen Kartoffelscheiben im ersten Behälter mit weiteren rohen Kartoffelscheiben auf, tauschten die rohen Scheiben im zweiten Behälter jedoch gegen gekochte Scheiben aus. Bald lernten die Schimpansen, ihre rohen Kartoffelscheiben im zweiten Behälter aufzubewahren, nachdem sie am ersten jegliches Interesse verloren hatten. Die Verhaltensanpassung der Schimpansen führte Warneken und Rosati zu dem Schluss, dass die zum Kochen notwendigen geistigen Fähigkeiten, »kausales Denken, Selbstbeherrschung und vorausschauende Planung«, nicht nur beim Menschen vorkommen.[32] Andere bestritten nicht, dass den Schimpansen die mentale Fähigkeit zum

---

* Ich kann nicht mit Sicherheit wissen, ob die Maus den Herd als Aufbewahrungsort gewählt hat, weil er die Nüsse erwärmt und geröstet hat, und ich habe kein kontrolliertes Experiment darüber durchgeführt. Das Haus bietet unzählige Lagermöglichkeiten, jedoch habe ich die Nüsse nirgendwo anders gefunden. Ich habe das geheime Lager zweimal entfernt; es wurde zweimal nachgefüllt, die Nüsse blieben nie lange genug, um anzubrennen. Wenn viele Tiere die Wahl haben, bevorzugen sie gekochtes Futter gegenüber rohem, und Mäuse sind dafür bekannt, dass sie planen (Sweis et al., »Mice learn to Avoid Regret«).

DIE FÄHIGKEITEN VON FELDMÄUSEN

Kochen fehlte (über die sie nichts wussten), sondern behaupteten, dass das Experiment dies nicht gezeigt habe. Es hatte sich lediglich gezeigt, dass Schimpansen lernen konnten, rohe Süßkartoffelscheiben gegen gekochte einzutauschen.[33]

Die Maus, die meinen Holzofen benutzte, schien den Schimpansen gegenüber im Vorteil zu sein. Auch sie demonstrierte »kausales Denken, Selbstbeherrschung und vorausschauende Planung«, aber während den Schimpansen die notwendigen Materialien zur Verfügung gestellt und sie zu einem Verhalten angehalten wurden, das das Kochen nachahmte, hatte die Maus ohne Anleitung oder Aufforderung erkannt, dass die Hitze vom Holzofen eine Möglichkeit bot, die Nüsse schmackhafter zu machen. Sie hatte eine Möglichkeit entdeckt oder erfunden, die Nüsse zu rösten, und anscheinend völlig verstanden, dass sie nicht rohe gegen gekochte Nüsse tauschte, sondern dass es sich bei den Nüssen, die sie in den Holzofen legte, um dieselben Nüsse handelte, die sie später daraus herausholen würde. Die Maus kochte nach den meisten Definitionen tatsächlich.

Als Ausdruck kreativer Fähigkeiten und Fantasie ist Kochen eine Kunst. Aber da es Kenntnisse in Thermodynamik und Chemie erfordert, ist es auch eine Wissenschaft. Wenn mehr als eine Maus die Nüsse zwischenlagern und wenn sie (oder viele Mäuse) das Verhalten von der ersten Maus, die zwischenlagerte, lernen würden, dann würden alle ein Verhalten zeigen, das den Definitionen von Kultur entspricht.

Vielleicht entwickeln wilde Mäuse, wenn sie nicht gerade geröstete Pinienkerne genießen, ihre Fähigkeiten weit außerhalb unserer Sichtweite in Mäuse-Kochschulen. Ich halte es jedoch für wahrscheinlicher, dass sich Tiere ständig auf erstaunliche Weisen verhalten, die wir einfach nicht bemerken und die niemand, zumindest niemand mit den richtigen Ressourcen, für erforschungswürdig gehalten hat.

Einige Ethnologen haben argumentiert, dass ein Verhalten, um als Kultur definiert zu werden, mehr sein muss als die Weitergabe von Verhaltenstraditionen, die durch soziales Lernen erworben wurden. Sie sagen, dass diese Traditionen über mehrere Generationen hinweg Verbesserungen oder Verfeinerungen aufweisen müssen. Selbst nach diesem anspruchsvollen Maßstab kann man sagen, dass viele Tiere Kulturen besitzen. In den letzten Jahren entdeckten Mitglieder des von Michael Haslam an der Universität Oxford geleiteten Primatenarchäologieprojekts Steinwerkzeuge an Fundorten in Westafrika, Brasilien und Thailand. Die Werkzeuge sind grob, und Sie und ich könnten sie mit gewöhnlichen zerbrochenen Steinen verwechseln. Aber sie sind insofern beachtlich – *erstaunlich* wäre kein allzu starkes Wort –, als sie weder von Menschen noch von menschlichen Vorfahren geschaffen wurden. Vielmehr wurden sie von Schimpansen, Kapuzineraffen und Makaken hergestellt und gehandhabt. Sie sind ein greifbarer Beweis dafür, dass nichtmenschliche Primaten Kulturen mit einer auf Steinen basierenden Technologie entwickelt haben. Mit anderen Worten: Diese Tiere sind in ihre eigene Steinzeit eingetreten.[34]

Haslam weist darauf hin, dass Schimpansen, Makaken und Kapuzineraffen möglicherweise noch nicht die Grenzen ihrer technologischen Fähigkeiten erreicht haben, aber da »kleinere Populationen komplexe Technologien nicht so gut verbreiten und aufrechterhalten können wie größere Gruppen«[35], indem wir ihre Zahl durch Jagd und Zerstörung von Lebensräumen schrumpfen ließen, haben wir Menschen dies möglicherweise für sie eingeschränkt.

DIE FÄHIGKEITEN VON FELDMÄUSEN

Angenommen, Schimpansen überleben die unzähligen Bedrohungen, die ihr Überleben gefährden, in einer halben oder einer Million Jahren. Könnten dann ihre Termitenfangwerkzeuge zu ebenso raffinierten Instrumenten werden wie die eines menschlichen Maschinenbauers? Könnten Walgesänge im Laufe der Evolution zu epischen Gedichten werden, die auf ihre Weise größer sind als alle von Menschen geschriebenen, oder zu Synfonien, angesichts derer Bachs *h-Moll-Messe* dürr und nüchtern klingen würde? Und was ist mit Laubenvögeln – deren Bauten so sorgfältig errichtet worden waren, dass die ersten europäischen Naturforscher, die ihnen begegneten, annahmen, sie seien von Kindern der Aborigines hergestellt worden? Könnten Laubenvögel in etwa einer halben Million Jahren Fähigkeiten entwickeln, die es ihnen ermöglichen würden, das Vogeläquivalent von Kathedralen zu entwerfen und zu bauen?

In einer Zeit, in der die Litanei der Umweltprobleme immer länger zu werden scheint, erscheint die Sorge, dass die Zerstörung tierischer Lebensräume durch den Menschen die Entwicklung der Tierkultur behindern könnte, als insgesamt zu hypothetisch, zu abstrakt und zu weit entfernt, als dass sie gerechtfertigt wäre. Vielleicht ist das so. Aber zumindest fordert es uns dazu auf, genau darüber nachzudenken, worüber wir uns Sorgen machen *sollten* und wo genau das positioniert werden soll, was Ethiker unseren »moralischen Horizont« nennen.*

---

* Obwohl wir keine nachhaltigen oder konzertierten Anstrengungen unternommen haben, um die Kultur der Vögel zu bewahren, könnte ein Vogel für einen kurzen Zeitraum einen Teil unserer eigenen Kultur erhalten haben. Darwin: »Das theilweise und vollständige Aussterben vieler Rassen und Unterrassen des Menschen sind historisch bekannte Ereignisse. Humboldt sah in Südamerika einen Papagey, welcher das einzige lebende Wesen war, das die Sprache eines ausgestorbenen Stammes noch kannte« (*Abstammung des Menschen*, Kap. 7, S. 203).

Und was das Tierspiel betrifft? Die Möglichkeit, dass dieses Spiel manche Tierkulturen prägen und andere hervorbringen könnte, ist ein weiterer Grund, warum es unsere Aufmerksamkeit verdient.

Natürliche Auslese, Spiel und Schönheit

Darwin bemerkte, dass die extravaganten Schwanzfedern eines Pfauenmännchens es dem Vogel erschweren oder unmöglich machen, Raubtieren zu entkommen. Er räumte ein, dass die natürliche Selektion die Entwicklung der Federn nicht erklären könne, und begründete sie damit, was bisweilen die *andere* Theorie Darwins genannt wird – seiner Theorie der *sexuellen Selektion*, der Selektion, die sich aus der Veranlagung eines Geschlechts einer Art für bestimmte Merkmale des anderen Geschlechts ergibt. Darwin postulierte, dass die sexuelle Selektion für einen Großteil der Schönheit der Natur verantwortlich sei.

Aber Darwins natürliche Selektion bringt ebenfalls Schönheit hervor. Wenn ein Insekt auf einer Orchidee landet und deren Nektar saugt, wird der Pollen der Orchidee auf das Insekt abgestreift. Das Insekt trägt den Pollen zu einer anderen Orchidee und streicht den Pollen auf die Narbe dieser Orchidee, und schließlich produziert die Orchidee Hunderttausende von Samen. Was das Insekt an Orchideen anzieht, sind in erster Linie Form, Symmetrie und Farbe ihrer Blütenblätter. Die Schönheit der Orchidee, der Anpassungsvorteil, der ihr die Fortpflanzung ermöglicht, ist ein Produkt natürlicher Selektion.

NATÜRLICHE AUSLESE, SPIEL UND SCHÖNHEIT

Somit können wir zu den Ähnlichkeiten zwischen natürlicher Auslese und Spiel noch eine weitere hinzufügen. Auch das Spiel der Vögel – von denen einige Kultur oder der Beginn einer Kultur sein können – erzeugt Schönheit. Der einsame Gesang der Walddrossel ist harmonisch. Das Objektspiel der tropfenfangenden Silbermöwen ist elegant. Das soziale Kampfspiel der australischen Elstern ist symmetrisch und ausgewogen. Und die exquisit koordinierte Nahrungsübergabe der Wiesenweihen in der Luft hat eine athletische Anmut, die für jeden erstaunlich ist, der das Glück hat, Zeuge dieses Vorgangs zu sein.

Kapitel 7

Meme und Träume: Träumen als Spielen ohne Körper

Die Tarnung eines Tintenfisches bewirkt, dass er von seiner Umgebung und seinem Hintergrund nicht zu unterscheiden ist. Die Veränderung geschieht schnell, ein Flackern über die Haut in Sekundenschnelle, und die Wirkung ist gleichsam jenseitig, halluzinatorisch. Der Tintenfisch erreicht dies durch die Erweiterung und Kontraktion von Chromatophoren, winzigen elastischen Pigmentsäckchen in seinen Hautzellen. Wie viel von dieser Aktivität absichtlich und kontrolliert erfolgt, ist unklar, aber sie scheint auch dann zu funktionieren, wenn der Tintenfisch bewusstlos ist. Peter Godfrey-Smith, hauptberuflich Wissenschaftsphilosoph und nebenberuflich Sporttaucher, schwamm in Gewässern vor Australien, als er auf einen schlafenden Tintenfisch stieß. Er war fast reglos, aber die Farbtöne seiner Haut veränderten sich ständig.

»Ich fragte mich, ob dies womöglich der Traum eines Tintenfischs sei, und erinnerte mich an Hunde, die im Traum ihre Pfoten bewegen und kleine Jauler von sich geben. Das Tier bewegte sich kaum, nahm lediglich kleine Ausrichtungen des Trichters und der Flossen vor, die es am Ort und in der Schwebe hielten. Abgesehen von der fortwährenden Fluktuation von Farben und Mustern auf seiner Haut schien er sich so wenig körperlicher Aktivität zu bemüßigen wie möglich.«[1]

Trotz der Arbeit von Ethologen und Neurowissenschaftlern und Studien an Hunderten von Arten bleibt vieles über das Spielen bei Tieren ein Rätsel. Aber es ist nicht das einzige Rätsel. Ethologen sind seit Langem fasziniert und oft verwirrt von einem anderen Verhalten, das Godfrey-Smith möglicherweise bei diesem Tintenfisch beobachtet hat und das auch bei Tieren weit verbreitet ist: dem Träumen. Wie wir sehen werden, sind Spiel und Träumen sehr ähnlich, so ähnlich, dass es nur geringfügig übertrieben ist zu sagen, dass man über lange Passagen dieses Buches hinweg das Wort »träumen« durch »spielen« ersetzen könnte, und beide Formulierungen wären gleich gültig.

Träumen ist schwer zu definieren, denn wie beim Spielen handelt es sich um eine Erfahrung mit verschwommenen Grenzen, die das eine Ende eines Verhaltensspektrums darstellt, während am anderen Ende Gedanken im Wachzustand und dazwischen unzählige, subtile Abstufungen des Umherschweifens von Gedanken und des Tagträumens liegen. Es ist vielleicht nicht verwunderlich, dass das Träumen ebenso wie das Spiel auf viele verschiedene Arten definiert wurde. Eine Erhebung zählte zwanzig Definitionen, die über einen Zeitraum von neun Jahren in derselben Zeitschrift erschienen.[2] Das Träumen ist schwer zu studieren, weil es wie das Spiel eine subjektive Erfahrung ist, die man nicht leicht beobachten kann und die sich methodischer Strenge, Präzision und Objektivität entzieht.

Die Spieltheorie des Träumens

Nachdem wir die Schwierigkeiten anerkannt haben, Träume zu definieren und zu studieren, und diese Schwierigkeiten nun außer Acht lassen, bleiben wir beim Träumen selbst und stellen fest, dass es viel mit dem Spiel gemeinsam hat. Die Ähnlichkeiten wurden von Psychologen und Kognitionswissenschaftlern schon lange festgestellt. Doch ein Forscher ist noch einen Schritt weitergegangen und hat diese Ähnlichkeiten einigermaßen streng aufeinander bezogen. Kelly Bulkeley ist Religionspsychologe und Leiter der *Sleep and Dream Database*, eines digitalen Archivs und einer Suchmaschine für die wissenschaftliche Erforschung von Träumen. Bulkeley glaubt, es sei kein Zufall, dass Träumen wie Spiel aussieht – er glaubt, dass es ein Spiel *ist*. Genauer gesagt handelt es sich um eine Art fantasievolles Spiel, das im Kopf des Subjekts inszeniert wird. Die Idee, die Bulkeley die *Spieltheorie des Träumens* nennt, basiert auf der menschlichen Psychologie und der Evolutionsbiologie. Besonders relevant für unser Thema ist, dass dieser Grundgedanke sich die Ideen von Gordon Burghardt zunutze macht. Mit nur geringfügigen Anpassungen, sagt Bulkeley, könne Burghardts Definition von Spiel genauso gut das Träumen beschreiben.

Burghardts Vorstellung von Spiel angewandt auf das Träumen

Burghardt bezeichnete das Spiel als nicht funktional. Da Träume kein direktes Wachverhalten hervorrufen, können sie auch keine direkte Überlebens- oder Fortpflanzungsfunktion erfüllen. Tatsächlich können sie auf keine direkte oder unmittelbare Weise irgendetwas außerhalb des Geistes des Träumers beeinflussen. Träumen ist dann ebenso wie Spielen funktionslos.

Burghardt bezeichnete das Spiel als freiwillig. Das Wort *freiwillig* kann Bewusstsein einschließen, und wir können uns jedes freiwillige Verhalten als eine bewusste Entscheidung vorstellen.

BURGHARDTS VORSTELLUNG

Ein träumendes Tier ist bewusstlos und wählt in seinen Träumen kein bestimmtes Erlebnis bewusst aus. Mehrere Neurowissenschaftler haben argumentiert, dass Träume – und damit die Erfahrungen, die sie hervorrufen – nichts anderes als das Produkt der zufälligen Aktivierung von Synapsen sind.[3] Diese Idee erinnert an Herbert Spencers Hypothese der überschüssigen Energie beim Spiel. Aber selbst wenn dieses Synapsenfeuern zufällig ist, handelt es sich dennoch um ein autonomes Verhalten, das aus dem Inneren des Tieres entsteht. Vielleicht hat es keine Wahl, aber es ist zumindest *wie* eine Wahl. Wenn andererseits das Bewusstsein keine Voraussetzung für die Wahl ist und auch ein unbewusster Geist wählen *kann*, dann könnte man sagen, dass das Träumen freiwillig ist, wobei das Wort *freiwillig* hier im üblichen Sinne gemeint ist.

Burghardt stellte fest, das Spiel sei durch wiederholte, aber unterschiedliche Bewegungen gekennzeichnet. Wenn es sich bei diesen Bewegungen um Bewegungen des Körpers handelt, gilt das Kriterium möglicherweise nicht für das Träumen. Aber wenn es sich bei den Bewegungen um solche handelt, die das Traumselbst im Traum erlebt, können wir möglicherweise ihr Äquivalent finden. Situationen innerhalb eines wiederkehrenden Traums wiederholen sich häufig, jedoch fast immer mit Variationen. Denken Sie an den sprichwörtlichen Albtraum eines Schauspielers, auf der Bühne festzustecken, ohne seinen Text zu kennen. Der Albtraum wiederholt sich, aber die Details ändern sich bei jeder Wiederholung – andere Zeilen, andere Aufführungen. Oder stellen Sie sich den Albtraum eines gewissenhaften Studenten vor: völlig unvorbereitet zu sein und zu spät zu einer Abschlussprüfung zu kommen. Auch dieser Albtraum wiederholt sich, aber mit jeder Wiederholung

TRÄUMEN ALS SPIELEN OHNE KÖRPER

ändern sich die Details – unterschiedliche Abschlussprüfungen in verschiedenen Räumen. In beiden Fällen fordern die wiederkehrenden Elemente das Traumselbst dazu auf, seine Antworten zu wiederholen, aber die für jede Wiederholung einzigartigen Details erfordern vom Traumselbst, sie zu variieren. Das Träumen ist also ebenso wie das Spiel durch Bewegungen gekennzeichnet, die sich in variierter Form wiederholen.

Burghardt sagte, dass es nur dann zum Spielen kommt, wenn das Subjekt satt, sicher und gesund ist. Da ein Tier, das krank, ängstlich oder hungrig ist, unter Schlafstörungen leidet, wird auch sein Träumen gestört. Träumen – zumindest ungestörtes Träumen – findet also nur statt, wenn die Person gesund, sicher und wohlgenährt ist.

Zu Burghardts Definition von Spiel – einem Verhalten, das nicht funktional, sondern freiwillig, dazu durch wiederholte, aber variierte Bewegungen gekennzeichnet ist und nur dann auftritt, wenn das Tier gesund, sicher und gut ernährt ist – können wir nun eine logische Konsequenz hinzufügen. Wenn diese wiederholten, aber unterschiedlichen Bewegungen nur im Kopf des Tieres stattfinden, beschreibt die Definition auch das Träumen.

»Ich vermute stark, dass Frettchen träumen«

Da Wissenschaftler Tierträume nicht sehen können, können sie sie nicht direkt untersuchen. Sie können das Träumen von Tieren jedoch studieren, indem sie die äußere Manifestation eines Traums beobachten: ein Verhalten, das Träume inszeniert. Ein schlafender Hund kann seine Beine bewegen, als würde er laufen, und dabei ein heiseres, halb unterdrücktes Bellen von sich geben. In *The Passions of Animals* bemerkte Edward Thompson: »Wenn die Eindrücke des Traums einen besonders kräftigen und deutlichen Charakter annehmen, wirken sie sich im Schlaf auf die Stimme und die Gliedmaßen aus und beweisen so am zufriedenstellendsten und deutlichsten, dass Tiere wirklich träumen.«[4] Er verwies auf Berichte über das Traumverhalten von Pferden, Elefanten und verschiedenen Vogelarten – darunter Störche, Kanarienvögel und Adler. Darwin kam, gestützt auf seine eigenen Beobachtungen und die anderer, zu dem Schluss: »Wahrscheinlich alle höheren Tiere ... haben lebhafte Träume, und das zeigt sich an ihren Bewegungen und ihrer Stimme.«[5] Und Romanes erklärte höchst einprägsam: »Ich vermute stark, dass Frettchen träumen.«[6] Aber wovon träumen Hunde, Pferde, Kanarienvögel und Frettchen wirklich? Um zu erfahren, was Menschen träumen, verlassen sich Forscher traditionell auf einen Bericht des Träumers beim Aufwachen, eine Praxis, die bei Probanden, die nicht in der Lage sind, einen solchen Bericht zu liefern, nicht durchführbar ist. Aber es kann auch andere Möglichkeiten geben.

Vögel, die im Schlaf sprechen

Menschliches Sprechen im Schlaf wird *Somniloquie* genannt. Deren kurzen Äußerungen und Satzfragmente sind oft zu unzusammenhängend, um als Bericht über einen Traum zu dienen, können aber dennoch Hinweise auf die Natur der Somniloquie geben. Somniloquie ist ein bemerkenswertes Verhalten und zudem eines, das wir der immer länger werdenden Liste

TRÄUMEN ALS SPIELEN OHNE KÖRPER

der Verhaltensweisen hinzufügen können, die nicht nur bei Menschen vorkommen. Die geschwätzigeren Vogelarten reden auch im Schlaf. Woher, könnte man fragen, weiß man, dass ein Vogel schläft? Obwohl er aufrecht bleibt und sich größtenteils still hält, bewegt ein schlafender Vogel seinen Kopf und macht leichte Bewegungen mit seinen Flügeln. Dieses Verhalten ist Menschen, die Vögel als Haustiere halten, gut bekannt, und viele YouTube-Videos zeigen, wie die Vögel im Schlaf reden. (Naturforscher berichten seit Langem über die Somniloquie der Vögel. Romanes schrieb über im Schlaf sprechende Papageien.) So wie die Somniloquie heute Einblicke in die Träume der Menschen bietet, könnte sie eines Tages auch Einblicke in die Träume der Vögel bieten.[7]

In mehreren Traumstudien wurde *Elektroenzephalografie* eingesetzt, die Messung und Aufzeichnung elektrischer Aktivitäten – sogenannte neuronale Aktivierungsmuster – in verschiedenen Teilen des Gehirns menschlicher Probanden. Eine solche Studie ergab, dass die neuronalen Aktivierungsmuster eines Probanden während des Schlafs – die als Manifestationen des Träumens gelten – häufig mit den neuronalen Aktivitätsmustern identisch sind, die während der Wacherlebnisse des Probanden kurz zuvor auftraten. Es wird daher vermutet, dass manche Träume aktuelle Erinnerungen reaktivieren oder wiedergeben. Wenn dies der Fall ist, bietet das Phänomen interessante Forschungsmöglichkeiten. Durch den Vergleich solcher Muster bei einem wachen respektive einem schlafenden Schimpansen könnten Neurowissenschaftler beispielsweise nicht nur herausfinden, dass der Schimpanse träumt, sondern auch, wovon er träumt.

Die Schwierigkeit bei einigen dieser Studien besteht darin,

dass sie von Natur aus unmenschlich sind und die Implantation eines Senders in das Gehirn erfordern. Jedes System, das das Elektroenzephalogramm frei beweglicher Tiere aufzeichnet, erfordert Läsionen. Aber für die Klasse der Weichtiere, zu der Kraken, Kalmare und Tintenfische gehören, könnten Traumstudien möglicherweise ohne solche Eingriffe durchgeführt werden – weil ihre neuronale Aktivität sichtbar ist. In einem Artikel aus dem Jahr 2001 heißt es: »Die von Kraken gezeigten Körpermuster könnten repräsentativ für Muster sein, die mit Wachaktivitäten zusammenhängen.«[8] Das Körpermuster eines wachen Kraken während der Paarung unterscheidet sich wahrscheinlich von seinem Körpermuster während der Nahrungssuche, ähnelt jedoch möglicherweise dem Körpermuster dieses Kraken, wenn er von der Paarung träumt. Kraken (und Tintenfische) könnten wie ein Buch gelesen werden – wenn wir nur die Sprache verstehen würden, in der es geschrieben ist.

Wenn Träumen eine Art Spiel ist, wie Bulkeley vermutet, dann folgt daraus, dass Träumen und Spielen möglicherweise die gleichen Anpassungsvorteile haben. Bevor wir diese Möglichkeit diskutieren, sollten wir uns mit der Natur des Verhaltens befassen, welches das Träumen ermöglicht.

Das Geheimnis des Schlafes

Da Tiere nur im Schlaf träumen, vermuten viele Neurowissenschaftler, dass Schlaf zum Träumen notwendig sein könnte. Evolutionsbiologen nehmen an, dass sich zunächst der Schlaf entwickelt hat und das Träumen ein Ableger dieses Verhaltens war. Sie sind sich nicht einig über die Anpassungsvorteile des

Schlafes, vermuten aber, dass der Schlaf sie aus den gleichen Gründen hat wie das Spielen. Einer dieser Gründe ist, dass dieses Verhalten in allen Taxa häufig und weit verbreitet ist und die natürliche Selektion deshalb das Träumen als eine sinnvolle Investition zu betrachten scheint. Der andere Grund sind die ziemlich auffälligen *Nachteile*. Bei vielen Tieren und sicherlich bei den meisten Säugetieren sind im Schlaf die Augen geschlossen, die Muskeln entspannt, das Nervensystem relativ inaktiv und das Bewusstsein ausgesetzt. Ein schlafendes Tier ist nicht in der Lage, die für sein Überleben notwendigen Aktivitäten auszuführen. Und es ist anfällig für Raubtiere.

Die Anpassungsvorteile des Schlafs

Evolutionsbiologen gehen davon aus, dass die natürliche Auslese bei so vielen Arten nicht den Schlaf selektiert hätte, wenn dessen Nachteilen nicht ebenso bedeutende Vorteile gegenübergestanden hätten. Vieles wurde vorgeschlagen, darunter die Aufrechterhaltung einer stabilen Gehirntemperatur, die Verarbeitung von Erinnerungen und die Förderung der Gehirnentwicklung. Der Schlaf von Tieren ist erstaunlich vielfältig und unterscheidet sich beispielsweise sowohl hinsichtlich seiner Dauer (Pferde schlafen nur drei Stunden am Tag, der Östliche Graukehl-Nachtaffe bis zu siebzehn Stunden) als auch hinsichtlich der Rolle von Teilen des Gehirns dabei (weibliche Fregattvögel können beim Fliegen schlafen, wobei eine Hemisphäre schläft und die andere wach ist). Wie Spinka und Kollegen anmerken: »Keine einzelne Hypothese erklärt vollständig die Vielfalt, in der sich Schlaf in verschiedenen taxonomischen

DIE ANPASSUNGSVORTEILE DES SCHLAFS

Gruppen manifestiert.«[9] Sie haben eine Hypothese, die diese Vielfalt teilweise erklärt – wenn auch nicht bei allen Tieren, so doch zumindest bei Säugetieren und Vögeln.

Die meisten Säugetiere und Vögel durchlaufen zwei Schlaftypen. Einer davon ist die schnelle Augenbewegung (REM, *Rapid Eye Movement*). Sie ist gekennzeichnet durch unregelmäßige Atem- und Herzfrequenzen, gelegentliche Muskelzuckungen, verringerten Muskeltonus, erhöhte Gehirntemperatur und, wie der Name schon sagt, schnelle Augenbewegungen unter geschlossenen Augenlidern. Der andere ist die nicht schnelle Augenbewegung (NREM), die durch eine verringerte Gehirntemperatur sowie im Vergleich zum Wachzustand langsamere und regelmäßigere Atem- und Herzfrequenz gekennzeichnet ist. Spinka und Kollegen gehen davon aus, dass die beiden Schlafzustände bei ihrem ersten Auftreten einen besonderen Anpassungsvorteil mit sich brachten – möglicherweise die Aufrechterhaltung einer hohen, stabilen Gehirntemperatur, die Verarbeitung von Erinnerungen oder die Förderung der Gehirnentwicklung. Was auch immer der Vorteil gewesen sein mag, Spinka und Kollegen glauben, dass er erheblich gewesen sein muss, da der Schlaf bis heute anhält. Er hat sich auch diversifiziert. Die Vielfalt der Schlaftypen, die Tiere unserer Zeit an den Tag legen – darunter Pferde, Östliche Graukehl-Nachtaffen und Fregattvögel –, ist ein Beweis dafür, dass der Schlaf seit dem Auftreten seines ursprünglichen Anpassungsvorteils viele weitere solche Vorteile weiterentwickelt hat.

Säugetiere und Vögel sind nicht die einzigen Arten, die schlafen. Die meisten Tiere erleben einen Zustand, bei dem sich Neurobiologen einig sind, dass es sich um Schlaf handelt. Reptilien, Fische und sogar Insekten zeigen sogenannte Schlafsignaturen, das heißt »Ruhe, eine bestimmte Schlafhaltung [und] verminderte Reaktionsfähigkeit«,[10] und Elektroenzephalogramme dieser Tiere zeigen eine verminderte Gehirnaktivität. Obwohl anscheinend nur Säugetiere und Vögel REM- und NREM-Schlaf erleben, haben Neurowissenschaftler auch bei einigen Reptilien und Fischen zwei Schlafzustände – und mögliche Korrelate von REM und NREM – identifiziert. Doch Schlaf ist nicht auf Wirbeltiere beschränkt: Fruchtfliegen, Honigbienen, Krebse und – was am bemerkenswertesten ist – Quallen scheinen ebenfalls zu schlafen. Letzteres ist eher eine Überraschung, da der Schlaf von einem zentralen Nervensystem gesteuert wird und Quallen über kein solches verfügen. Sie verfügen jedoch über Neuronen, und Quallen können schlafen, weil ihre Neuronen periodisch Phasen geringer Aktivität durchlaufen. Wenn auch das Land Nod [Anm. d. Ü.: aus der Genesis] einen äußeren Umriss hat, kann man dennoch nicht sicher sein, wo man dieses Land einzeichnen soll. Sogar Pflanzen haben zirkadiane Rhythmen.

Das breite Spektrum an Schlafformen, das sich seit ihrer Entstehung weiterentwickelt hat, lässt auf ein ebenso breites Spektrum an Anpassungsvorteilen schließen. Einer von ihnen – bei Tieren mit ausreichend komplexen Gehirnen – könnte das Träumen sein.[11] Wie Bulkeley in seiner Definition festhält, ermöglicht das Träumen einem Tier nicht in irgendeiner offensichtlichen Weise das Überleben oder die Fortpflanzung. Wie Spielen und Schlafen ist das Träumen offenkundig eher nachteilig: bestenfalls ein unvorsichtiger Umgang mit Zeit und Energie, im schlimmsten Fall ist es geradezu gefährlich. Doch da viele Tiere träumen, gehen Evolutionsbiologen davon aus, dass dies Anpassungsvorteile haben muss. Es gibt viele Vorstellungen darüber, worin diese bestehen könnten. Da das menschliche Träumen am einfachsten zu studieren ist, stand es für die meisten Forscher im Mittelpunkt.

Der Anpassungsvorteil von Träumen

Eine der derzeit am weitesten verbreiteten Theorien ist die *Bedrohungssimulationstheorie*, die im Jahr 2000 vom finnischen Forscher Antti Revonsuo aufgestellt wurde.[12] Sie weist Ähnlichkeit mit Groos' Praxishypothese über das Spiel und seinen verschiedenen Varianten auf, die davon ausgehen, dass der Anpassungsvorteil von Träumen, die beängstigende Elemente enthalten – etwa Träume, in denen das Traumselbst verfolgt oder angegriffen wird – Simulationen möglicher Bedrohungen im Wachleben sind und Übungsanlässe bieten für die kognitiven Mechanismen, die notwendig sind, um die Bedrohungen wahrzunehmen und zu vermeiden.

Eine andere Theorie über das Träumen ist die *soziale Simulationstheorie*, die einige Träume als »eindringliche raumzeitliche Simulation« erklärt. Oder, um es mit den Worten eines Artikels auszudrücken: »Eine Simulation der sozialen Realität des Menschen, die die sozialen Fähigkeiten, Bindungen, Interaktionen und Netzwerke simuliert, an denen wir uns im Wachleben beteiligen.«[13] Auch das kommt Ihnen vielleicht bekannt vor, denn es ähnelt der sozialen Bindungshypothese über das Spiel und seinen Varianten – dass Spielen soziale Kompetenz, soziales Verhandeln, soziales Beurteilen und soziale Manipulation fördert.

Träume als Training für das Unerwartete

Da Bulkeleys Spieltheorie des Träumens Anpassungsvorteile sowohl für Träume mit Bedrohungen als auch für Träume mit sozialen Situationen voraussetzt, ist sie umfassender als die Theorie der Bedrohungssimulation und die Theorie der sozialen Simulation. Die Training-für-das-Unerwartete-Hypothese von Spinka und Kollegen – eine Theorie der Anpassungsvorteile des Spiels – könnte noch mehr erklären. Denken Sie daran, dass Spinka und Kollegen davon ausgehen, dass Tiere das Unerwartete willkommen heißen und dass einige Tiere, die in ihrer gewohnten Umgebung nichts Unerwartetes vorfinden, möglicherweise ihr eigenes Unerwartetes erschaffen. Wir Menschen erschaffen in Träumen unser eigenes Unerwartetes. In einem Traum könnten wir eine Tür öffnen und überrascht sein, was sich dahinter verbirgt. Diese Tür und das Ding dahinter wurden im Traum von uns – oder genauer gesagt von unserem Unbewussten – erschaffen. In einem solchen Traum erzeugen wir sowohl die Überraschung als auch die Tatsache, dass wir von ihr überrascht werden.

Erinnern Sie sich auch daran, dass Spinka und Kollegen die Selbstbehinderung als wichtigstes Merkmal des Spiels formuliert haben. Diese kommt sicherlich in vielen Träumen vor. Der Traum des Schauspielers oder Studenten, dessen Traumselbst unvorbereitet ist, endet nicht mit dieser Erkenntnis. Oft beginnt der Traum erst dort. Er kann dann so weitergehen, dass das Traumselbst gezwungen ist, auf die Bühne zu gehen oder mit der Prüfung zu beginnen.

Wenn Träume tatsächlich als Probe für irgendeine Eventualität in unserem wachen Leben dienen, fragen wir uns vielleicht, warum viele Träume scheinbar so wenig mit diesem Leben zu tun haben. Welchen praktischen Nutzen hat eine Kindheitserinnerung an einen Ort, den wir nie wieder besuchen werden, oder ein Treffen mit einer längst verstorbenen Person? Was halten wir von einigen anderen Träumen, die scheinbar überhaupt nichts mit unserem Wachleben zu tun haben, weder in der Vergangenheit noch in der Gegenwart? Träume, die so bizarr, so absolut und kategorisch surreal sind, dass keine Eventualität denkbar ist, für die sie als Übung dienen könnten?

Träume, Spiel und Kreativität

Vielleicht sind manche Träume keine Proben. Vielleicht sind sie die Produkte eines Geistes, der von den Zwängen der Realität befreit ist und so in der Lage ist, frei zu forschen und sich etwas vorzustellen. In Träumen, sagt der Neurowissenschaftler Matthew Walker, »sind wir nicht länger darauf beschränkt, die typischsten und offensichtlichsten Verbindungen zwischen Gedächtniseinheiten zu erkennen«, und dieserart befreit »wird das Gehirn aktiv darauf ausgerichtet, nach den entferntesten, nicht offensichtlichsten Verbindungen zwischen Informationssätzen zu suchen«.[14] In Träumen fühlen wir uns von Abstraktionen, Neuheiten und Hyperassoziativität angezogen. Man könnte sagen, wir sind verspielter.

Diese Verspieltheit geht beim Aufwachen nicht verloren. Probanden, die aus dem REM-Schlaf (und damit vielleicht aus einem Traum) geweckt wurden, lösen Worträtsel schneller als

TRÄUMEN ALS SPIELEN OHNE KÖRPER

im völligen Wachzustand und offensichtlich mit weniger Überlegung und mehr Intuition. Erinnern Sie sich daran, dass Jaak Panksepp eines Morgens beim Aufwachen der Verdacht kam, dass Rattengezwitscher Lachen sei. (Übrigens war es Panksepp, der vermutete, dass sowohl Spiel- als auch Traumverhalten dieselben Nervenbahnen nutzen könnten.)[15] Man fragt sich, ob der Gedanke in einem Traum entstand. Wenn dies der Fall wäre, könnte es zu unzähligen Beispielen unbewusster Inspiration hinzugefügt werden. Paul McCartney kam im Traum auf die Melodie für »Yesterday«.[16]

Und was ist mit dem Träumen und der Kreativität bei Tieren? Es gibt Hinweise darauf, dass eine Spezies sich genauso inspirieren lässt wie der Bassist aus Liverpool. Zebrafinken singen, wenn sie schlafen. Eine Studie ergab, dass ihr Gehirn im Schlaf spontan die Aktivierungsmuster reproduziert, die sie tagsüber beim Singen erzeugen – ein Befund, der stark darauf hindeutet, dass sie vom Singen träumen. Erstaunlicher ist, dass ihre darauffolgenden Wachgesänge eher fortgeschrittene Lieder sind – das heißt verbesserte. Es scheint also, dass Zebrafinken im Schlaf nicht nur singen. Sie proben.[17]

* * *

Spielen bietet eine Möglichkeit, nicht nur sozialen und kulturellen Zwängen zu entkommen und diese zu überwinden. Für den Spieler ist es ein Mittel, physischen Zwängen zu entfliehen und sie zu überwinden – den Körper und sogar Raum und Zeit. Im Spiel kann diese Flucht eingeschränkt sein; in Träumen ist sie vollständig.

Ich vermute wahrscheinlich zu Recht, dass die meisten Fans

TRÄUME, SPIEL UND KREATIVITÄT

des Profiwrestlings sich darüber im Klaren sind, dass es sich bei jedem Kampf nicht um einen echten Kampf, sondern um eine Show handelt. Wenn sie jubeln und johlen, nehmen sie an dieser Show teil und sorgen so für ein gemeinsames Spiel. Die Wrestler und die Fans sind sich zweier Sachverhalte bewusst – eines realen und eines illusorischen –, und im Verlauf des Kampfes lenken sie dieses Bewusstsein vom Realen ins Illusionäre und wieder zurück. Groos stellt fest, dass viele Tiere zu demselben Verhalten fähig sind und sich diesem recht bereitwillig hingeben. In *Die Spiele der Thiere* schreibt er: »Viele Hunde spielen auch gern mit dem Fuss des Herrn oder der Herrin … und es ist hübsch anzusehen, wie sie ihrer Herrin mit der Pfote auf den Rock schlagen, der den Fuss verbirgt, bis er etwas vorgestreckt wird, und wie sie sich dann mit leidenschaftlichem Eifer darauf losstürzen, ohne doch empfindlich zu beissen – wieder ein Zeichen für das Bewusstsein der Scheinthätigkeit.«[18]

Aufgrund des doppelten Bewusstseins eines spielenden Tieres, wie etwa des Hundes, der vortäuscht, seinem Frauchen in den Fuß zu beißen, bleibt sich der Spieler immer der Welt außerhalb seines Spiels bewusst. Wie ein an eine Schnur gebundener Vogel, der nur so weit fliegen kann, wie die Schnur es erlaubt. Aber Träumen kann anders sein. Es stimmt, dass in Wachträumen ein duales Bewusstsein existiert, also in Träumen, in denen der Träumer weiß, dass er träumt. Es ist auch wahr, dass die wache Welt in Träume eindringen und diese beeinflussen kann, beispielsweise wenn ein Geräusch in einen Traum eingewoben wird, ohne ihn zu unterbrechen. Aber in den meisten Träumen bleibt die Welt draußen, die Schnur wird durchtrennt, der Vogel wird freigelassen.

TRÄUMEN ALS SPIELEN OHNE KÖRPER

Nach Bulkeleys Ansicht ist Träumen ein Spiel, das im Geiste stattfindet und vom Körper und somit von den Bedürfnissen und Einschränkungen des Körpers befreit wird. Eine überzeugende Ansicht, gewiss. Es kann lehrreich sein, sie auf den Kopf zu stellen oder – um sich ein Beispiel an dem selbstbehindernden Schimpansen einige Kapitel zuvor zu nehmen – uns selbst auf den Kopf zu stellen, dabei eine vorübergehende Orientierungslosigkeit zu erleben, aber den Vorteil einer neuen Perspektive zu gewinnen und noch einmal hinzuschauen. Wenn das Träumen ein körperloses Spiel ist, dann ist das Spiel vielleicht ein verkörpertes Träumen. Wenn wir im Traum ohne unseren Körper spielen, dann nutzen wir beim Spielen vielleicht unseren Körper zum Träumen.

Das Spiel findet in Träumen statt, und die natürliche Auslese findet an einem ebenso immateriellen Ort statt – im Bereich der Sprache. Darwin stellte fest, dass Wörter und grammatikalische Formen ums Überleben kämpfen, dass Sprachen Variationen aufweisen, sich vermischen und gegenseitig befruchten, sich weit verbreiten oder abnehmen und vom Aussterben bedroht sein können.[19] Die Idee ist weit verbreitet, wurde aber bis 2008 kaum untersucht, als Evolutionstheoretiker herausfanden, dass sich neue Sprachen ähnlich wie Organismen entwickeln – nicht durch langsame Veränderungen, sondern in plötzlichen Schüben.[20] Und so können wir eine weitere Ähnlichkeit zwischen Spiel und natürlicher Selektion feststellen. Beide können ohne materielle Form funktionieren.

Im letzten Kapitel von *Der Ursprung der Arten* bemerkte Darwin, dass wir gut daran täten, »wenn wir jede Hervorbringung der Natur als etwas mit einer langen Geschichte betrachten«.[21] Das Spiel der Tiere ist eine Hervorbringung der Natur und

TRÄUME, SPIEL UND KREATIVITÄT

hat eine Geschichte oder, wie wir sehen werden, mehrere Geschichten. Indem wir diese Geschichten nachverfolgen, können wir möglicherweise ein größeres, umfassenderes und ganzheitlicheres Verständnis des Spiels erlangen. Bisher haben wir uns mit drei von Tinbergens Fragen im Zusammenhang mit dem Spielen befasst: seinen möglichen Anpassungsvorteilen, seiner Entwicklung in einem einzelnen Tier und den für die Ausführung erforderlichen Merkmalen. Es ist Zeit, dass wir uns der vierten Frage widmen. Wie hat sich das Spiel entwickelt?

Kapitel 8

Die Evolution des Spiels

Charles Darwin hat keine Entwürfe von *Über den Ursprung der Arten* aufbewahrt, und von den wenigen Blättern, die uns vorliegen, haben seine Kinder die leeren Seiten als Zeichenpapier verwendet. Für Darwin war der Nutzen dieser Blätter nur von kurzer Dauer, und sobald er eine saubere Kopie des Manuskripts angefertigt hatte, brauchte er die Blätter nicht mehr. Sie konnten jedoch umfunktioniert werden: von seinen Kindern, damit sie damit spielen konnten. Darwins Sparsamkeit spiegelte die Theorie wider, für die er bekannt ist. Auch die natürliche Selektion ist sparsam. Angesichts des Evolutionsdrucks entsteht selten ein neues Design von Grund auf, sondern die natürliche Selektion ist eher die Überarbeitung eines bestehenden Designs. Darwin beschrieb diesen Prozess am Beispiel der Knochen in den Gliedmaßen eines Tieres: »[Die Knochen] einer Extremität können in jedem Ausmaß kürzer und flacher und zugleich in eine dicke Membran gehüllt werden, sodass sie als Flosse dienen; bei einer Hand mit Schwimmhäuten können alle oder nur bestimmte Knochen länger werden, wobei die Membran größer wird, sodass sie als Flügel dient.« Dennoch sei das grundlegende Muster unverändert, stellte er fest: »… doch neigen alle diese Modifikationen weder in der Struktur der Knochen noch in der Beziehung der Teile untereinander zur Veränderung.«[1]

Erinnern wir uns: Burghardts Theorie der überschüssigen Ressourcen besagte, dass sich das Spiel im Leben eines einzelnen Tieres auf eine Weise entwickelt, die auch ökonomisch ist. Das primäre Prozessspiel, das bei einem jungen Tier als

DIE EVOLUTION DES SPIELS

»überschüssige Stoffwechselenergie« auftritt, wird als sekundäres Prozessspiel umfunktioniert, das seine Physiologie verbessert, und dann erneut als tertiäres Prozessspiel, das Übungsmöglichkeiten für die innovativen Verhaltensweisen liefert, die Anpassungsvorteile bringen. Burghardt schlug vor, dass sich diese Entwicklung des »Spare-in-der-Zeit-dann-hast-du-in-der-Not« bei einem einzelnen Tier ebenfalls in der Entwicklung der Art manifestiert, zu der dieses Tier gehört. Burghardts Theorie postuliert Wendepunkte in dieser Entwicklung – einen Punkt, an dem das primäre Prozessspiel zum sekundären wird, und einen anderen, an dem das sekundäre Prozessspiel zum tertiären wird.

Stellen Sie sich einen neugeborenen Kapuzineraffen vor – keinen heutigen Kapuziner, sondern seinen entfernten Vorfahren. Sein Sichwinden und Zappeln war ein primärer Spielvorgang, ohne Funktion und ohne Nutzen für das Tier. Aber viele Generationen später begannen die Nachkommen dieses Kapuzineraffen, diese Aktivität zu kanalisieren und zu lenken und Spielkämpfe zu entwickeln. Es war zu einem sekundären Prozessspiel geworden und kam den Kapuzineraffen zugute, indem es deren motorische Koordination aufrechterhielt. Über noch weitere Generationen verfeinerten die Nachkommen dieser Kapuzineraffen ihr Kampfspiel nach und nach so weit, dass man es als tertiäres Prozessspiel bezeichnen könnte. Es kommt den heutigen Kapuzineraffen unter anderem dadurch zugute, dass es ihnen hilft, ihre Gegner einzuschätzen.

Was die natürliche Selektion angeht, ist die Theorie der überschüssigen Ressourcen ergebnisoffen. Sie geht nicht davon aus, dass das Spielen eine Übung zum Jagen oder zur Nahrungssuche sein muss. Sie besagt auch nicht, dass das Spiel eine

Einübung für Sex, Selbstmedikation, den Erwerb allgemeiner sozialer Kompetenz, die Entschärfung von Konflikten oder ein Training für das Unerwartete sein muss. Sie lässt jedoch zu, dass es vielleicht einige oder alle dieser Anpassungsvorteile sowie andere, noch undefinierte Vorteile mit sich bringt, die sowohl in ihrer Art als auch in ihrer Anzahl grenzenlos sein *können*.

Wie Burghardt vermuteten die Pellis, dass die Entwicklung eines Verhaltens bei einem einzelnen Tier die Evolutionsgeschichte dieses Verhaltens bei der Art selbst nachvollzieht. Sie dachten, die Entwicklung des Spiels bei einzelnen Ratten sei ein Palimpsest der Entwicklung des Spiels insgesamt bei dieser Art. Das war eine interessante und vernünftige Hypothese, aber die Pellis wussten, dass ihr Gültigkeitsbereich begrenzt war, da sie sich schließlich aus den Studien bei nur einem Tier ableitete. Sie wollten aber die Entwicklung des Tierspiels im Allgemeinen verstehen. Dazu müssten sie einen Schritt zurückgehen und einen viel umfassenderen Blickwinkel einnehmen.

Wenn Evolutionsbiologen die Entwicklung eines bestimmten Verhaltens- oder Körpermerkmals im Laufe der Zeit verfolgen möchten, betrachten sie zunächst dieses Merkmal bei einer Art und dann bei einer verwandten. Als Nächstes stellen sie die Hypothese auf, dass dieses Merkmal bei den mutmaßlichen Vorfahren beider Arten vorhanden ist, und zwar entlang des phylogenetischen Stammbaums, vom Zweig über den Ast zum größeren Ast, bis hin zum vielleicht hypothetischen, aber dennoch wahrscheinlichen Vorfahren beider Arten.

Bis zur Mitte des 20. Jahrhunderts gingen Evolutionsbiologen davon aus, dass je ähnlicher zwei Arten aussehen, desto enger sind sie miteinander verwandt und desto später haben sich ihre Entwicklungslinien getrennt. In letzter Zeit haben die Erfolge der Wissenschaftler bei der Sequenzierung des gesamten Genoms jedoch gezeigt, dass solche Äußerlichkeiten auch täuschen können. Schimpansen ähneln eher Orang-Utans als Menschen, sind aber näher mit uns verwandt. Forscher haben herausgefunden, dass Orang-Utans und Menschen etwa 97 Prozent ihrer DNA gemeinsam haben, Schimpansen und Menschen jedoch etwa 99 Prozent. Auf der Ebene der phylogenen Klassen gibt es weitere Überraschungen. Pilze ähneln eher Pflanzen als Tieren, sind diesen aber näher verwandt. Die Pilze in Ihrem Salat haben mehr mit Ihnen zu tun als mit der Petersilie, die sie garniert.

Die Verheißungen der Kladistik

Eine allgemeine Ähnlichkeit ist also kein verlässlicher Indikator für einen weniger weit zurückliegenden gemeinsamen Vorfahren. Evolutionsbiologen betrachten gemeinsame, messbare Merkmale (auch wenn sie nicht leicht zu erkennen sind) als aussagekräftigere Indikatoren und behaupten, dass je größer die Ähnlichkeit dieser Merkmale im Vergleich zu den Unterschieden im Gesamten zwischen zwei Arten ist, desto später haben sie sich aus einem gemeinsamen Vorfahren auseinanderentwickelt. Diese Annahme liegt dem Mittel zur Bestimmung der Abstammung zugrunde, das als Kladistik bezeichnet wird. Das Wort leitet sich aus dem griechischen *klados* (»Zweig«) ab. In der Kladistik bilden die direkten Nachkommen eines gemeinsamen Vorfahren sowie diese Vorfahren eine Klade, und die visuelle Darstellung einer bestimmten Klade oder einer

Ansammlung von Kladen – die Antwort der zeitgenössischen Evolutionsbiologie auf den Stammbaum – ist ein *Kladogramm*.

Die Pellis wollten ein Kladogramm erstellen, das die Entwicklung des Spielkampfs bei Ratten und ihren nahen Verwandten, allesamt Muriden, zeigt – einer Familie, zu deren Mitgliedern mongolische Rennmäuse, Präriewühlmäuse und Hausmäuse zählen. Sie begannen damit, jeweils die Spielkämpfe zu messen. Sie wussten, dass Ratten über ein breites Repertoire an spielerischen Kampfbewegungen verfügen, fanden aber heraus, dass Hausmäuse nur zwei davon kennen: angreifen und weglaufen. Eine Maus wird einen spielerischen Angriff auf die andere Maus ausführen, die entkommt und möglicherweise zum Gegenangriff zurückkehrt, vielleicht auch nicht. Das ist alles. Wenn das Spielen von Hausmäusen für Sie nicht nach viel Spaß klingt, würde eine Ratte dem wahrscheinlich zustimmen. Dennoch, so furchtbar ärmlich ihre spielerischen Kämpfe auch sind, sie sind besser als manch andere. Bestimmte Hüpfmäuse machen überhaupt keine Spielkämpfe, diese armen Dinger.

Als die Pellis das Spielverhalten von sechzehn Muriden-Arten verglichen, stellten sie fest, dass vier davon (auch die Hüpfmäuse) nicht spielerisch kämpften. Die zwölf, die dies taten (darunter auch Ratten), zeigten unterschiedliche Niveaus von Raffinesse. Der Spielkampf des Syrischen Goldhamsters gehörte zu den ausgeklügeltsten, mit allen Verhaltensweisen und Strategien von Ratten. Das Spiel Europäischer Wühlmäuse gehörte zu den am wenigsten ausgefeilten und beschränkte sich wie das Spiel der Hausmäuse auf Angriff und Flucht.

Die Pellis kartierten das Spielverhalten jeder der zwölf verspielten Muriden-Arten auf einem Kladogramm und ver-

DIE VERHEISSUNGEN DER KLADISTIK

folgten sie rückwärts vom Zweig über den Ast zum größeren Ast – und schließlich zu einem Muriden-Vorfahren, dem Ururgroßvater von ihnen allen. Das Kladogramm deutete darauf hin, dass dieser mehr als Hausmäuse und Wühlmäuse spielerisch gekämpft hatte, nicht jedoch so viel wie Ratten und Syrische Goldhamster. Wenn Sie auf dem Kladogramm das Spielverhalten dieses Muriden-Vorfahren entlang der einzelnen Zweige verfolgen würden, würden Sie sehen, dass es an manchen Stellen differenzierter wurde und an anderen ganz verschwand. Natürliche Auslese gibt also, aber sie nimmt auch. Das Kladogramm zeigte oder deutete zumindest noch etwas anderes an. Da die Muriden-Vorfahren kämpften und einige Hüpfmäuse dies nicht tun, muss es irgendwo auf dem Ast zwischen ihnen ein Nagetier gegeben haben, für das die Kosten des Spielkampfes die Vorteile überwogen und für das der Spielkampf keinen Anpassungsvorteil bot. Dieses besondere Tier, der Johannes Calvin der Muriden, hatte herausgefunden, dass Spielen keinen Nutzen bringt.

Spielerisch kämpfende Muriden greifen typischerweise die gleichen Stellen an und verteidigen sie, die sie auch bei ihrem Balzverhalten anvisieren und verteidigen. Bergwühlmäuse und Präriewühlmäuse greifen wie Ratten den Nacken an und verteidigen ihn entsprechend. Syrische Goldhamster knabbern an den Wangen, und Nördliche Grashüpfermäuse lecken und beschnüffeln die Schulter und die Seite des Halses.[2] Die unbestrittenen Titelverteidiger der Anbetungswürdigkeit unter den Muriden, die Dsungarischen Zwerghamster, versuchen, das Maul des anderen zu lecken, was Forscher als »Küssen« bezeichnen. Die meisten Kampfspiele von Muriden wie diesen sind tatsächlich sexueller Natur. Aber einiges davon ist

DIE EVOLUTION DES SPIELS

auch aggressiv. Für Forscher ist es praktisch, dass jeder Zug in einer Spiel-Kampf-Sequenz von anderen in dieser Sequenz unterscheidbar ist. Ein Angriff auf den Nacken kann leicht als sexuell identifiziert werden, ein Angriff auf eine Flanke als aggressiv.[3] Die Bewegungen gesunder Muriden sind so unterschiedlich, dass Forscher quantifizieren können, welcher Anteil ihrer Kämpfe sexuell und welcher aggressiv ist. Diese süßen Dsungarischen Hamster versuchen nicht immer zu küssen und sind nicht immer süß. Auf zehn sexuelle Bewegungen kommen immerhin drei aggressive.

Muriden, so faszinierend sie auch sind, umfassen nur eine einzige Unterordnung der Säugetiere, eine Abteilung von Nagetieren, die als *Mäuseverwandte* bezeichnet wird. Die beiden anderen Gruppen von Nagetieren sind die *Hörnchenverwandten* (zu denen wir das Grauhörnchen und das Afrikanische Borstenhörnchen zählen) und die *Meerschweinchenverwandten* (zu denen neben ihrem Namensgeber auch das nordamerikanische Stachelschwein und der Degu gehören). Während die spielerischen Kämpfe der Muriden meist sexueller Natur sind, sind die spielerischen Kämpfe der anderen Nagetiergattungen überwiegend aggressiv.

Die spielerischen Kämpfe von Degus zum Beispiel ähneln stark ihren echten Kämpfen. Die Ziele, die sie angreifen und verteidigen, sind die gleichen: die Schultern. Auch die Körperhaltungen sind gleich. Sie umklammern einander mit ihren Vorderpfoten und richten sich auf ihren Hinterpfoten auf, während sie sich die ganze Zeit von Angesicht zu Angesicht gegenüberstehen. Von dieser Position aus können sie leicht manövrieren, ihren Gegner mit den Hinterfüßen treten und ihn auf die Seite oder den Rücken werfen. Erinnern wir uns daran,

DIE VERHEISSUNGEN DER KLADISTIK

dass es bei den Spielkämpfen von Ratten um Körperhaltungen geht – die Verteidigung auf dem Rücken und das Festhalten mit allen vier Gliedmaßen –, die es dem Gegner ermöglichen, sich einen Vorteil zu verschaffen. Bei Degu-Spielkämpfen gibt es keine Verteidigung auf dem Rücken, kein Festhalten mit allen vier Gliedmaßen, überhaupt keine Selbstbehinderung. Wenn Degus spielerisch kämpfen, kämpfen sie, um zu gewinnen.

Was macht das dann zum Spiel? Zweierlei. Eines davon ist das Maß der Zurückhaltung. Angenommen, ein Degu wirft seinen Gegner um. In einem ernsthaften Kampf würde er fast umgehend einen Ausfallschritt machen und den Gegner in die Schulter beißen. Aber wenn derselbe Degu im Spiel kämpft, würde er entweder ganz aufhören, oder er würde stehen bleiben und sich ruhig verhalten, sodass der Gefallene wieder auf die Beine kommen und einen Angriff starten kann, um das Spiel am Laufen zu halten.[4] Das andere Merkmal, das es als Spiel kennzeichnet: Die Teilnehmer verbinden sich miteinander oder »bleiben Freunde«, wenn der Kampf vorbei ist.

Wenn wir aus dem Kladogramm der Entwicklung des Spielkampfs bei Muriden herauszoomen und ein größeres Kladogramm betrachten, das auch die hörnchenverwandten und meerschweinchenverwandten Nagetiere umfasst, würden wir etwas Interessantes sehen. Die spielerischen Kämpfe von Muriden und die von Degus haben unterschiedliche Entwicklungsgeschichten und unterschiedliche Anpassungsvorteile. Die meisten spielerischen Kämpfe der Muriden haben sich aus dem Balzverhalten entwickelt. Einer seiner Anpassungsvorteile ist das Üben der Balz. Die meisten Degu-Spielkämpfe haben sich aus echten Kämpfen entwickelt. Einer seiner Anpassungsvorteile ist die Übung für echte Kämpfe. Doch in keinem Fall ist die natürliche Selektion ganz abgeschlossen. Für beide Tiere bietet das Spielkämpfen noch *weitere* Anpassungsvorteile. Es hilft dabei, Fähigkeiten in den Bereichen soziale Kompetenz, soziales Ausloten und soziale Beurteilung zu entwickeln. Und es bietet Training für das Unerwartete.

Angenommen, wir wollten ein größeres Kladogramm erstellen. Ausgehend vom Kladogramm des Spiels aller Nagetiere würden wir weitere Linien nach außen ziehen. Einige würden parallel verlaufen, andere würden auseinandergehen, einige würden abrupt enden, und wieder andere würden sich immer wieder verzweigen und so die Netzwerke erzeugen, die Evolutionsbiologen *Radiationen* nennen. Indem wir immer mehr Pfade und immer größere Radiationen einbeziehen – von allen Säugetieren, dann allen Wirbeltieren und schließlich allen Tieren –, würden wir am Ende eine Karte erhalten, die ein umfassenderes, ganzheitlicheres und weitaus zufriedenstellenderes Verständnis der Evolution des Tierspiels ermöglichen würde. Ein solches Projekt wäre ehrgeizig. Angesichts der vermutlich vielen Tausend Arten von spielenden Tieren, die sich in den letzten 500 Millionen Jahren entwickelt haben, ist es unwahrscheinlich, dass es jemals abgeschlossen werden könnte. Aber es ist vielleicht nicht zu früh, sich vorzustellen, wie man damit anfangen könnte.

Man könnte beispielsweise damit beginnen, die Evolutionsgeschichte des Nagetierspiels mit der einer anderen Säugetierordnung zu vergleichen: der Primaten. Die Kategorie umfasst einige Arten, die wir bereits kennengelernt haben – Affen und Makaken –, und einige, denen wir hier weitere Aufmerksamkeit schenken werden: Lemuren, Gorillas und uns selbst – dem *Homo sapiens*.

Das komplizierte Balzverhalten von Pottos

Der spielerische Kampf der Primaten ist in ihr Paarungsverhalten verwoben und verkompliziert dieses Verhalten auf interessante Weise. Die Pellis gehen davon aus, dass für Tiere, die von Natur aus unabhängig und misstrauisch gegenüber Eindringlingen sind, Spielkämpfe ein notwendiger Schritt in der Balz sind, der einzig gangbare Weg zum Geschlechtsverkehr. Dies scheint bei Pottos der Fall zu sein, kleinen nachtaktiven Primaten, die in den tropischen Wäldern Afrikas heimisch sind. Sie sind äußerst unabhängig. Männliche und weibliche Pottos gehen alleine auf Nahrungssuche und schlafen im Allgemeinen alleine, und sie können andere Pottos angreifen, die in ihr Revier eindringen. Aber ein Potto-Männchen mit Liebesabsichten besucht durchaus ein Weibchen, dessen Reviere sich mit seinem eigenen überschneiden, und kommt mehrere Nächte lang wieder. Wenn sie sich an seine Anwesenheit gewöhnt, erlaubt sie ihm möglicherweise, ihr Fell zu pflegen, und er kann ihr ebenfalls erlauben, sich um sein Fell zu kümmern. Dann passiert etwas, das seltsam erscheinen mag. Die beiden Pottos, die kopfüber an ihren Füßen nahe beieinander hängen, beginnen spielerisch zu kämpfen – sie greifen und ziehen mit ihren Vorderbeinen aneinander. Nach mehreren Nächten kann es zur Kopulation kommen. Oder auch nicht. Pottos, so scheint es, können launisch sein.

Wir haben eine gemeinsame Abstammung mit Pottos, und es wäre nicht überraschend, etwas von uns selbst in ihnen zu sehen, oder umgekehrt. Beim Paarungsverhalten des Menschen geht es häufig um Spiel. In einer Studie heißt es: »Humor könnte als Indikator für Fitness fungieren, der mit größerer Begehrlichkeit einhergeht.«[5] Das bestätigt eine Binsenweisheit, die so offensichtlich ist, dass sie wohl nicht bestätigt werden musste. Auch menschliches Paarungsverhalten beinhaltet oft Elemente der Aggression. Das Paar auf der Leinwand, das sich in den ersten 85 Minuten eines Films wie die Pottos streitet und sich in den letzten fünf Minuten in den Armen liegt, ist das reinste Hollywood-Klischee einer romantischen Komödie. Und dann ist da auch noch der Tango.

Erweiterung der Suche

Ethologen haben viele Hundert Studien zum Spiel bei Nagetieren und Primaten durchgeführt. Sie haben auch das Verhalten von Wölfen, Kühen, Elefanten, Walen und Delfinen untersucht. Sie alle gehören zu einer Ordnung von Säugetieren, die Plazentatiere genannt wird, das heißt Säugetiere mit einer Plazenta, die sich während der Schwangerschaft entwickelt. Andere Plazenta-Säugetiere – wie Schuppentiere, Igel, Spitzmäuse und Maulwürfe – haben weniger Aufmerksamkeit erhalten, vielleicht weil sie nicht so charismatisch sind, vielleicht weil ihr Spiel weniger spektakulär ist. Für den ungeübten Beobachter könnte vieles davon so aussehen, als würde man im Laub stochern. Dennoch wurde gezeigt, dass solche Tiere bis zu einem gewissen Grad spielen oder zumindest etwas Ähnliches zeigen – was Burghardt und andere Ethologen vorsichtig als »spielartiges Verhalten« bezeichnen.

Alle Plazenta-Säugetiere stammen von einer Evolutionslinie ab, von der man annimmt, dass sie sich vor mindestens 100 Millionen Jahren von einer anderen Säugetierlinie abgespalten hat, aus der die Ordnung der Säugetiere namens Beuteltiere hervorgegangen ist. Im Gegensatz zu Plazenta-Säugetieren werden Beuteltiere nicht vollständig entwickelt geboren, sondern in vielen Fällen gesäugt und in einem Beutel auf dem Bauch der Mutter getragen. Zu den Mitgliedern dieser Ordnung zählen Kängurus, Wombats, Beuteldachse und Opossums. Von vielen ist bekannt, dass sie spielen, und einige kämpfen auf eine Weise, die den spielerischen Kämpfen ihrer plazentaren Cousinen sehr ähnelt. Spielend kämpfende Kängurus halten sich beispielsweise an ein Protokoll. Eines lädt ein anderes zum Kampf ein, das andere akzeptiert, und dann beginnen sie eine Reihe von Kämpfen, in denen eines oder beide sich selbst behindern können. Ihr Ziel besteht nicht darin, dem anderen Schaden zuzufügen – wie es in einem echten Kampf der Fall wäre –, sondern lediglich darin, das Gegenüber schubsend oder ringend aus dem Gleichgewicht zu bringen.[6]

Die Suche verfeinern

Die meisten Studien zum Tierspiel konzentrieren sich auf das Spiel von Plazenta- und Beuteltieren. Einer aktuellen Zählung zufolge gibt es ungefähr 6400 Säugetierarten, doch Schätzungen über die Gesamtzahl der Tierarten auf der Erde bewegen sich in einem erstaunlich weitgefassten Bereich, wobei einige fundierte Schätzungen diese Zahl sogar auf 7,7 Millionen beziffern.[7] Wenn wir unter dieser Zahl spielende Tiere finden möchten, wäre es ratsam, einen Weg zu finden, durch den wir – um hier einen Ausdruck aus einem anderen Bereich

DIE EVOLUTION DES SPIELS

zu übernehmen – unsere Suchparameter einschränken können. Burghardt hat einen solchen Weg vorgeschlagen. Da das Spielen durch bestimmte physiologische, Verhaltens- und Entwicklungsbedingungen ermöglicht wird, suchen wir am besten nach Tieren, die damit ausgestattet sind. Er hat fünf solcher Bedingungen identifiziert.

Spielen erfordert ein Übermaß an Energie, das über das hinausgeht, was ein Tier zum bloßen Überleben benötigt. Ein Tier, das über einen Überschuss an Energie verfügt, hat wahrscheinlich eine hohe Stoffwechselrate. Die meisten Tiere mit hoher Stoffwechselrate können Wärme aus ihrem eigenen Körper erzeugen und werden umgangssprachlich als Warmblüter oder, formaler, als endotherme Tiere bezeichnet. Ein Tier, das spielt, sagt Burghardt, sei wahrscheinlich endotherm.

Um die besagte Stoffwechselrate aufrechtzuerhalten, benötigt ein Tier ausreichend Kalorien. Ein Tier, das spielt, ist wahrscheinlich eines, das über nährstoffreiches Futter im Überfluss verfügt.

Tiere, die hungrig sind oder sich bedroht fühlen, spielen weniger, als sie es als entspannte Tiere tun, oder sie spielen gar nicht. Ein Tier wird aber auch nicht spielen, wenn es *zu* entspannt ist. Daher ist ein spielendes Tier wahrscheinlich entspannt, sucht aber dennoch nach Stimulation.

Wenn sich das primäre Prozessspiel – das Zappeln, Sichwinden und Sichschlängeln – zu einem komplexeren, anspruchsvolleren Spiel entwickeln soll, braucht das Tier Zeit, dies zu entwickeln. Daher hat ein spielendes Tier wahrscheinlich eine lange Jugendphase.

Ein Tier, das Spielbewegungen erfindet, erfindet sie nicht von Grund auf, sondern übernimmt sie von anderen Verhaltensweisen und passt sie zum Spielen an. Ein solches Tier verfügt über ein flexibles Verhalten, und je mehr Verhaltensweisen es besitzt, desto mehr Möglichkeiten zur Anpassung stehen ihm zur Verfügung. Daher verfügt ein spielendes Tier wahrscheinlich sowohl über Verhaltensflexibilität als auch über ein breites Verhaltensrepertoire.

Schauen, wo das Licht ist – und wo nicht

Burghardts Liste der Bedingungen lässt uns Vermutungen darüber anstellen, welche Tiere spielen, welche nicht und warum das so ist. Wenn beispielsweise alle anderen Faktoren gleich sind, ist es wahrscheinlicher, dass ein Tier mit einer höheren Stoffwechselrate spielt als ein Tier mit einer niedrigeren, und ebenso spielt ein Tier mit nährstoffreichem Futter im Überfluss eher als ein Tier ohne eine solche Nahrung. Da sowohl Säugetiere als auch Vögel über einen aeroben Stoffwechsel verfügen, der eine intensive Aktivität ermöglicht, und beide Klassen elterliche Fürsorge ausüben und zudem davon profitieren, ist es nicht verwunderlich, dass Mitglieder beider Klassen spielen, so unterschiedlich sie auch sind. Die Liste ermöglicht es uns auch, feinere Unterscheidungen zu treffen und nicht nur das Vorhandensein von Spielen, sondern auch deren Komplexität vorherzusagen. Da wir beispielsweise wissen, dass ein spielendes Tier wahrscheinlich eine lange Jugendperiode hatte, hätten wir vielleicht vorhersagen können, dass Ratten, deren Jugendperiode doppelt so lang ist wie die von Mäusen, ein weitaus anspruchsvolleres Spiel praktizieren würden. Und das ist ja auch der Fall.

Allerdings sind selten alle Dinge ebenbürtig, und Burghardt behauptet nicht, dass seine Liste endgültig sei. Wenn wir sie als unseren *einzigen* Leitfaden nutzen und nur bei Tieren, die diese Bedingungen aufweisen, nach Spielverhalten suchen, würden wir uns ein wenig wie der Mann benehmen, der unter einer Straßenlaterne nach Autoschlüsseln sucht, weil, wie es im Witz heißt, »hier das Licht ist«. Wenn wir beispielsweise unsere Suche auf endotherme Tiere mit hohem Stoffwechsel beschränken würden, würden wir Schildkröten außer Acht lassen.

Erholung bei Reptilien

Als ich an einem Flussufer entlangspazierte, bemerkte ich zuweilen etwas, das ich für ein Knäuel aus Treibholz hielt, erkannte dann aber, dass es sich um eine vollkommen ruhig dasitzende Dosenschildkröte handelte. Während man darauf wartet, dass sie sich bewegt, würde jeder vermuten, dass diese Art und vielleicht auch Reptilien im Allgemeinen einfach zu einzelgängerisch, zu uninteressiert und zu träge zum Spielen sind.

Während eines Großteils des 20. Jahrhunderts vertraten viele Verhaltensforscher solche Ansichten und gingen davon aus, dass das Spielen ausschließlich bei Säugetieren vorkommt.[8] Sie taten das, was bei Nichtsäugetieren wie Spiel aussah, entweder als Fehlfunktion der Instinkte oder als Fragmente von Entwicklungsprozessen ab. Diese Skepsis ist verständlich. Schließlich sind Reptilien ektotherm (wechselwarm) und verfügen nicht über die hohe Stoffwechselrate, die Burghardt zum Spie-

ERHOLUNG BEI REPTILIEN

len für nötig hält. Aber Reptilien stammen von denselben kleinen, zweibeinigen Dinosauriern ab, aus denen auch die Vögel hervorgegangen sind. Diese gemeinsame Abstammung hat einige Evolutionsbiologen zu der Ansicht veranlasst, dass die traditionellen phylogenetischen Kategorien neu gemischt und umbenannt werden sollten, dass Vögel ordnungsgemäß als Reptilien kategorisiert und dass Dosenschildkröten – zusammen mit Krokodilen, Eidechsen und ihren Verwandten – als Nicht-Vogel-Reptilien bezeichnet werden sollten.

Einige Reptilien genießen einige der Bedingungen, die laut Burghardt das Spielen von Vögeln ermöglichen: reichliches und nährstoffreiches Futter, erweiterte elterliche Fürsorge und ein vielfältiges Verhaltensrepertoire. Obwohl die meisten Reptilien ektotherm sind, können einige von ihnen durchaus Wege finden, zumindest für kurze Zeiträume relativ hohe Stoffwechselraten zu erzielen, indem sie sich beispielsweise in der Sonne erwärmen. Angesichts all dessen und auch der Tatsache, dass es Tausende von Reptilienarten gibt – Krokodile, Alligatoren und Gaviale, Wurmechsen, Schildkröten und Landschildkröten, Schlangen und Eidechsen –, könnten wir vermuten, dass zumindest einige von ihnen spielen. Viele Ethologen hegten solche Vermutungen, aber nur wenige haben dementsprechend gehandelt.

Ein Grund dafür ist, dass man das Spielen bei Reptilien nur schwer erkennen kann; es ist wie die Suche nach Schlüsseln im Dunkeln. Das Einzelspiel ist bei Tieren wie dem herumtollenden Pony aus den letzten Kapiteln leicht zu erkennen, aber bei Vögeln ist dies schwieriger, und noch viel schwieriger ist es bei Reptilien, bei Tieren also, deren Bewegungen langsam und bedächtig sind und deren Überschwang, sofern sie überhaupt darüber verfügen, sich in Grenzen hält. Daher die Herausforderung. Ethologen, die bei Reptilien nach dem Spielen suchen, müssen aufgeschlossen genug sein, um zu erkennen, wenn es vorhanden ist, aber nicht so aufgeschlossen, dass sie glauben, es sei vorhanden, wenn dies nicht der Fall ist. Sie benötigen eine eindeutige und unkomplizierte Definition, und viele haben Burghardts Definition verwendet, die in Kapitel 1 eingeführt und in Kapitel 7 auf das Träumen angewendet wurde und die es wert ist, kurz noch einmal erwähnt zu werden. Laut Burghardt ist Spiel ein Verhalten, das nicht funktional, dazu freiwillig ist, durch wiederholte, aber unterschiedliche Bewegungen gekennzeichnet und von einem gut genährten, in Sicherheit lebenden und gesunden Tier vollzogen wird.[9]

Einige anekdotische Berichte über das Verhalten von Reptilien entsprechen der Definition, mit Beispielen aus jeder der traditionellen Spielkategorien. Eine in Gefangenschaft lebende Waldschildkröte rutscht ein Brett hinunter ins Wasser, klettert langsam das Brett hinauf und rutscht wieder hinunter. Eine junge Unechte Karettschildkröte führt eine Meeresversion des Silbermöwen-Tropfenfangs aus: Sie schwimmt unter der Wasseroberfläche, lässt einen schwimmfähigen Plastikring in eine aufsteigende Wassersäule fallen, fängt ihn auf und lässt ihn wieder los. Ein besonders bemerkenswerter Fall von Spielen ist der von einer Schildkröte, die sich ein Becken mit einem Ammenhai teilte. Gelegentlich biss die Schildkröte sanft in den Schwanz des Hais. Versuchte der Hai wegzuschwimmen, hielt die Schildkröte sich einige Augenblicke fest, ließ sich vom Hai mitziehen und genoss so vielleicht eine Freifahrt.[10]

Mehrere gründliche Studien zur Entspannung von Reptilien betreffen Schildkröten. An einer solchen Studie, die

ERHOLUNG BEI REPTILIEN

von Burghardt und zwei Kollegen durchgeführt wurde, war ein ziemlich großer Bewohner des Washington National Zoo beteiligt, eine Nil-Weichschildkröte mit einem Gewicht von fast 27 Kilogramm.[11] Die Forscher konnten nicht sicher sein, ob die Schildkröte alleine spielte, stellten jedoch fest, dass sie oft schwamm, und zwar nicht, um irgendwohin zu gelangen, sondern anscheinend nur, um zu schwimmen. Da Schildkröten Sammler sind, die auf Entdeckungsreise gehen und forschen, ging das Team davon aus, dass sich ihr Forschungssubjekt leicht auf das Spielen mit Objekten einlassen würde. Also stellten sie ihr mehrere Gegenstände vor, von denen sie dachten, dass die Schildkröte sie als Spielzeug betrachten könnte – einen Basketball, einige große Stöcke und einen Reifen aus einem Gummischlauch. Die Schildkröte stupste, biss, kaute und manipulierte den Basketball und die Stöcke auf vielerlei Art und schwamm manchmal durch den Reifen. Wie die Kraken 7 und 8, diese vermeintlich verspielten Kopffüßer-Testobjekte von Mather und Anderson, schien die Schildkröte die Objekte nicht nur zu untersuchen, sondern herausfinden zu wollen, was sie mit ihnen anfangen konnte. Burghardt und Kollegen kamen zu dem Schluss, dass das Verhalten als Objektspiel gewertet werden könnte. Die Schildkröte beteiligte sich auch an sozialen Spielen, nicht mit Artgenossen (vielleicht weil keine verfügbar waren), sondern mit ihrem menschlichen Pfleger. Die Schildkröte schnüffelte, krallte und biss in den Schlauch, mit dem der Tierpfleger das Wasser in ihrem Becken auffüllte. Wenn der Tierpfleger am Schlauch zog, während die Schildkröte ein Ende im Maul hatte, biss sie, als würde sie Tauziehen spielen, fester in den Schlauch und schwamm rückwärts.

Ein verspielter Komodo-Waran

Burghardt untersuchte das Spiel eines anderen Einzelgängers des Zoos, eines weiblichen Komodo-Warans, die ihre Betreuer Kracken genannt hatten,[12] ein passender Ehrentitel für dieses Mitglied einer Art, das bis zu 145 Kilo wiegt und eine Länge von drei Metern erreicht und dessen bevorzugte Mahlzeiten Ziegen, Wildschweine und Hirsche sind.[13] Bei aller Wildheit sind Warane dafür bekannt, dass sie auch spielen. Und wie die Schildkröte stieß und biss Kracken verschiedene Gegenstände an, darunter eine Frisbee-Scheibe und einen Tennisschuh, und zwar auf eine Art und Weise, die über die rein spielerische Untersuchung hinauszugehen schien.

Warane haben die höchste Standard-Stoffwechselrate aller Reptilien, sind aber wie Schildkröten ektotherme Tiere. Für einen menschlichen (also einen endothermen) Beobachter mag ihr Spiel etwas ruhig wirken. Burghardt stellte jedoch fest, dass das, was für einen Endothermen als beruhigend gilt, für einen Ektothermen möglicherweise nicht beruhigend ist. Über zwei Jahre hinweg machten er und seine Kollegen mehrere Stunden Videoaufnahmen sowohl von der Schildkröte als auch von der Komodo-Echse. Als sie sich die Aufnahmen mit höherer Abspielgeschwindigkeit ansahen, kamen ihnen die Bewegungen der Tiere überraschend bekannt vor. Als Kracken in den Tennisschuh biss und ihn schüttelte, dachte Burghardt, er würde einem Hund sehr ähnlich sehen.

Soweit Burghardts Liste der Bedingungen, die das Spielen ermöglichen, eine Regel darstellt, sind das Spiel von Schildkröten und Komodo-Waranen eine der Ausweichmöglichkeiten der natürlichen Selektion – und ein weiterer Grund, den Einfallsreichtum zu bewundern und vielleicht erstaunt darüber zu sein, wozu sie fähig ist. Sie sind auch ein weiterer Beweis dafür, dass die Anpassungsvorteile des Spiels, welche auch immer das sein mögen, erheblich sind.

Beispiele für die Entspannung von Reptilien laden uns dazu ein zu fragen, wie sehr sich ein Tier von einem Säugetier unterscheidet, wie weit es vom Ast des Stammbaums, der Säugetiere trägt, entfernt sein und dennoch spielen kann. Bis vor Kurzem hielten die meisten Ichthyologen das Spielen von Fischen für unwahrscheinlich, wenn sie es überhaupt in Erwägung zogen. Doch es häufen sich Beweise dafür, dass Fische kooperieren, nachahmen und sogar täuschen. Wir könnten uns also berechtigterweise fragen: Gibt es Spaß bei Fischen? Highlife bei Heringen? Es wäre unklug, das zu verallgemeinern. Es gibt etwa dreißigtausend Fischarten mit einem beeindruckend breiten Spektrum von Stoffwechselvorgängen, vom Grad an elterlicher Fürsorge und von Verhaltensweisen – ein Spektrum, das so groß ist wie das der Säugetiere. Und vielen Fischarten werden zumindest einige der Bedingungen geboten, die das Spielen bei Säugetieren ermöglichen.

Spiel im Wasserbecken

Eine solche Bedingung ist eine hohe Stoffwechselrate. Da die meisten Fische ektotherm sind, könnte man annehmen, dass ihnen die überschüssige Energie zum Spielen fehlt. Allerdings variiert die Energie, die ein Tier zur Fortbewegung benötigt, stark und ist abhängig von dem Medium, auf dem, über oder durch das es sich bewegt. Ein Vogel, der eine bestimmte Distanz durch die Luft fliegt, verbraucht weniger Energie als eine gleich schwere Maus, die diese Distanz auf dem Boden zurücklegt. Ein Fisch, der diese Distanz absolviert, verbraucht weniger Energie als die beiden genannten Tiere. Wenn der Fisch nicht genau darauf achtet, wohin er sich bewegt, muss er überhaupt nicht viel Energie aufwenden. In den meisten Fällen ist er schwerelos und kann mit einem leichten Schlag seiner Flossen oder seines Schwanzes in eine Wassersäule schwimmen und weit nach oben getragen oder in eine Strömung eindringen und horizontal über eine große Distanz getrieben werden. An einem Ort angekommen, der ihm nicht gefällt, kann er mit ebenso wenig Aufwand wieder aufbrechen. Wenn die Stoffwechselrate eines Fisches also nicht hoch genug ist, um an Land zu spielen, ist sie möglicherweise mehr als hoch genug, um im Wasser zu spielen.[14]

Fische können sich auf eine entspannte Art des Einzelspiels einlassen, wie die Schildkröte im National Zoo, die nur schwimmt, um zu schwimmen. Man hat beobachtet, dass Fische vieler Arten alleine umherhuschen und schnelle Tauchgänge unternehmen, als würden sie jagen oder gejagt werden. In einer etwas veralteten Studie wurde spekuliert, dass sie auf imaginäre Spielkameraden reagieren.[15] Bei vielen Arten verhalten sich Individuen auf eine Art und Weise, die wie Neckerei aussieht. Ein Fisch stachelt einen anderen an, schießt dann davon, und der andere jagt ihn ein paar Sekunden lang. Es wurde beobachtet, dass Gruppen von zwei oder drei jungen Fischen plötzlich den größeren Schwarm, in dem sie geschwommen waren, verließen, sich einige Augenblicke lang gegenseitig jagten und dann zurückkehrten. Berichten zufolge wurden zwei

SPIEL IM WASSERBECKEN

Gurami bei einer Tätigkeit beobachtet, die wie ein »Fangspiel« aussah, wobei sie frisch abgelegte Eier vom einen zum anderen und wieder zurück spuckten.[16] Man hat beobachtet, wie gefangene Störe im Aquarium of the Pacific in Long Beach, Kalifornien, an die Oberfläche schwammen, Luft schluckten, auf den Boden des Beckens sanken, die Luft in Form von Blasen abgaben und dann wieder nach oben jagten.[17] Keine dieser Verhaltensweisen wurde eingehend untersucht, und es kann durchaus sein, dass es sich bei den genannten Verhaltensweisen um etwas anderes als Spiel handelt.

Manche Fische tun jedoch etwas, das höchstwahrscheinlich ihrer Erholung dient: Sie springen. Sie springen aus dem Wasser und wieder hinein. Nicht jedes Springen ist ein Spiel. Wenn fliegende Fische springen und mit ihren flügelartigen Brustflossen weite Strecken über die Wasseroberfläche gleiten, entkommen sie Raubtieren. Manche Fische springen, sodass beim Zurückfallen die Parasiten durch den Aufprall der Haut der Fische auf die Wasseroberfläche vertrieben werden. Fische, die in Gewässern mit besonders niedrigem Sauerstoffgehalt leben, können springen, um ihre Kiemenfäden vorübergehend der Luft auszusetzen, also gewissermaßen, um zu atmen. Es wurde jedoch zuverlässig berichtet, dass Nadelfische, Halbschnabelhechte, Heringe und Mondährenfische aus keinem dieser Gründe springen. Alle wurden dabei beobachtet, wie sie sprangen, und – das ist wichtig zu beachten – nicht nur einmal und nicht irgendwo, sondern wiederholt und über etwas, das auf der Wasseroberfläche schwamm – über Stöcke, Strohstücke und in einem Fall über eine schlafende Echte Karettschildkröte. Noch beeindruckender ist, dass es in mehreren Berichten heißt, wie eine Art von Halbschnäbeln eine

Art Stabhochsprung durchführt. Die Fische nähern sich einem schwimmenden Objekt, drücken ihren Kiefer dagegen und schwingen ihren Schwanz nach oben und vorne, wobei sie sich auf dem Kiefer drehen und mit dem Schwanz voran aus dem Wasser fliegen, über das Objekt hinweg, und auf dem Wasser dahinter wieder aufschlagen.[18]

In einem bemerkenswerten Bericht spielten Fische gesellig mit einem Mitglied unserer Art. Ein Mitarbeiter des Senckenberg Forschungsinstituts und Naturmuseums, der Steinbarsche und Rotfedern fütterte, brachte sie dazu, in seiner Hand zu ruhen, während er sie nahe der Wasseroberfläche hielt. Dann begann der Mitarbeiter die Fische aus dem Wasser zu heben und wieder hineinzuwerfen. Für die Fische war das Erlebnis sichtlich angenehm, denn die meisten schwammen zurück zur Hand des Mitarbeiters und ließen sich erneut von ihm ins Wasser werfen.[19]

Der verstorbene Verhaltensökologe Erich Ritter experimentierte mit einem Stück gefrorenem Fisch und einem großen schwimmenden Ball, der über der Seite eines Bootes hing. Einige Haie fraßen den Fisch, einige schoben den Ball herum. Als der Fisch wieder an Bord des Bootes gezogen wurde, stupsten die Haie weiter den Ball herum. Wenn sie zum Fressen kamen, blieben sie auch zum Spielen. Und sie schienen zu wissen, dass dieses Verhalten Risiken birgt. Haie greifen einander an, indem sie sich gegenseitig in die Kiemen beißen; sie schützen sich vor solchen Angriffen, indem sie ihre Kiemenspalten zusammendrücken. Die Haie, die Ritter beim Schieben des Balls beobachtete, hatten ihre Kiemenschlitze geschlossen. Das bedeutete seiner Meinung nach, dass sie wussten, dass sie beim Spielen eine Verletzung riskierten, doch sie spielten trotzdem.[20]

Säugetiere, Vögel, Reptilien und Fische sind Wirbeltiere, und ihre Gehirne, so unterschiedlich sie auch sein mögen, haben eine gemeinsame Abstammungslinie. Alle Gehirne von Wirbeltieren sind Variationen desselben Modells. Vergleichende Neurowissenschaftler können Teile eines menschlichen Gehirns identifizieren, die einem Teil eines Rattengehirns, eines Vogelgehirns, eines Reptiliengehirns und sogar eines Fischgehirns entsprechen. Die Gehirne von Kraken sind, wie so vieles andere auch bei ihnen, anders. Doch wie wir gesehen haben, spielen Kraken, wenn auch vielleicht nicht unsere Spiele und nicht nach unseren Regeln. Könnte das Spielen auch in einer anderen Klasse von Wirbellosen vorkommen?

Bienen tun es

Insekten gehören zu einer Klasse, von der wir annehmen könnten, dass sie kaum zum Spielen geeignet ist – ihr Gehirn ist zu klein, ihr Nervensystem zu einfach, ihr Verhalten zu starr. Solche Annahmen wurden von den herausragenden Entomologen Bert Hölldobler und Edward O. Wilson bekräftigt. In ihrer bahnbrechenden Studie *The Ants* aus dem Jahr 1990 schrieben sie:»Wir kennen kein Verhalten von Ameisen oder anderen sozialen Insekten, das als Spiel oder ein anderes soziales Verhalten ausgelegt werden kann, welches dem Säugetiertyp ähnelt.«[21]

Aber dann gibt es noch die Bienen. Wir wissen seit Jahrzehnten, dass Bienen kollektiv arbeiten und dass sie beim »Schwänzeltanz« eine symbolische Sprache verwenden, mit der sie den Standort ihrer Nahrung mitteilen. In jüngerer Zeit

DIE EVOLUTION DES SPIELS

haben wir gelernt, dass Bienen komplizierte Regeln befolgen, Muster unterscheiden und Formen und Farben auseinanderhalten können. Wir haben auch gelernt, dass sie über rudimentäre mathematische Fähigkeiten verfügen: Sie können zählen.

Im Jahr 2022 führte ein Wissenschaftlerteam der Queen Mary University of London eine Reihe von Experimenten durch, um festzustellen, ob Hummeln spielen.[22] Sie stellten 45 Bienen vor die Wahl: Es gab einen Bereich, den die Bienen durchlaufen konnten, um Nahrung zu erhalten, und einen weiteren, der mit bienengroßen Holzkugeln übersät war. Innerhalb von achtzehn Tagen registrierten sie 910 Fälle, in denen Bienen einen Ball rollten. Einige rollten Bälle nur einmal, andere taten es mehr als vierzig Mal an einem einzigen Tag. Nachdem das Team die Möglichkeit in Betracht gezogen hatte, dass es sich bei dem Verhalten um die Suche nach Nahrung, das Beseitigen von Unordnung oder die Suche nach einem Paarungspartner handeln könnte, tat es dies alles als unplausibel ab und kam zu dem Schluss, dass es sich nur um Spiel handeln könne. Wie sie feststellten, erfüllte es Burghardts Kriterien: Es war nicht funktional, freiwillig, durch wiederholte, aber unterschiedliche Bewegungen gekennzeichnet und wurde ausgeführt, als die Bienen satt, in Sicherheit und gesund waren. Darüber hinaus fanden sie zusätzliche Beweise für ihre Schlussfolgerung in zwei Verhaltensmerkmalen der Bienen, die dem Spiel von Säugetieren ähnelten: Männchen spielten mehr als Weibchen, und jüngere Bienen spielten mehr als ältere.

Mehr als eine Million Insektenarten wurden identifiziert und dokumentiert, und alle Indizien deuten darauf hin, dass die Gesamtzahl der Insektenarten auf der Erde weitaus größer ist. Doch die Arbeit der Forscher der Queen Mary University of London ist einer der wenigen ernsthaften Versuche, Spielen bei Insekten zu identifizieren.[23] Wenn man bedenkt, wie wenig wir über Insekten im Allgemeinen und über das Verhalten von Insekten im Besonderen wissen, lässt sich daraus kaum folgern, dass es dort kein Spiel gibt.

Ideen zu den Anfängen des Spiels

Das Spiel könnte in sehr vielen Evolutionslinien unabhängig voneinander begonnen haben und in der langen Geschichte des Lebens auf der Erde zu unterschiedlichen Zeitpunkten in der Evolution vieler Tierarten aufgetreten sein. Oder es kann einmal entstanden sein und sich über Stämme und Klassen hinweg immer wieder verzweigt haben.

Während des Ediacariums vor 543 Millionen Jahren waren die Landmassen der Erde unfruchtbar. Was es an Leben gab, lebte in den Ozeanen. Ein Film aus Mikroben bedeckte den Meeresboden, und die meisten Tiere waren Schwämme oder sich langsam bewegende Würmer. Das Leben verlief friedlich und ohne Eile. Nichts bewegte sich schnell, und die meisten Lebewesen bewegten sich überhaupt nicht. Dann, vor etwa 541 Millionen Jahren, endete diese lange Ruhe mit einer Diversifizierung der Lebensformen, die so dramatisch und weitreichend war, dass sie als *kambrische Explosion* bekannt wurde. In den Ozeanen wimmelte es nun von Leben. Es gab Trilobiten, Tausende von Arten. Brachiopoden mit muschelähnlichen Schalen. Würmer mit gefiederten Kiemen. Tausendfüßerähnliche Kreaturen mit Facettenaugen. Stromlinienförmige, schnell schwimmende Raubtiere – die Vorfahren von Fischen und

DIE EVOLUTION DES SPIELS

Aalen –, die Beute mit zahnbesetzten Kiefern fangen konnten. Und Kopffüßer, einer davon mit einem über fünf Meter langen, kegelförmigen Panzer und einem Kopf aus Muskelgewebe, aus dem Tentakel ragten.

Viele dieser Tiere verfügten über Gehirne und Nervensysteme, und einige hatten möglicherweise den zum Spielen erforderlichen Entwicklungsstand erreicht. Wir wissen nicht und werden höchstwahrscheinlich auch nie erfahren, welches Tier als Erstes gespielt hat. Dennoch ist es verlockend und vielleicht lehrreich, sich so etwas vorzustellen. Möglicherweise handelte es sich um *Myllokunmingia*, ein Mitglied des Stammes der Chordatiere, der vor etwa 518 Millionen Jahren im unteren Kambrium lebte. Paläontologen haben nur ein einziges Exemplar gefunden, ein im Sediment begrabenes Fossil in der Provinz Yunnan, China. Es ist ungefähr so groß wie ein Guppy, hat Skelettstrukturen aus Knorpel, einen ausgeprägten Kopf und einen Rumpf mit einer vorderen, segelartigen Rückenflosse – alles Merkmale, die darauf hindeuten, dass es frei umherschwamm. Wenn *Myllokunmingia* spielte, können wir einigermaßen sicher sein, dass sein Spiel von der rudimentärsten Art eines primären Prozesses gewesen wäre, ein Nebenprodukt »überschüssiger Stoffwechselenergie« und kaum mehr als ein Zucken oder Zappeln.

Oder das erste Tier, das spielte, war möglicherweise ein Mitglied des Stammes der Mollusken, der Weichtiere. Fossilien von einem Exemplar wurden auf der Avalon-Halbinsel in Neufundland entdeckt. Als wahrscheinlicher Vorfahre des heutigen Nautilus lebte es vor 522 Millionen Jahren. Wie der Nautilus schwamm es nicht, sondern passte seinen Gesamtauftrieb an, indem es Flüssigkeit in einen langen, in Kammern unterteilten Kegel hinein- und aus diesem herausdrückte.[24] Sein Spiel wäre, wie das von *Myllokunmingia*, einfach gewesen – vielleicht ließ es sich einfach von einer sanften Strömung mitreißen oder in einer steigenden Wassersäule emporheben.

So wie man sich viele Tiere vorstellen kann, die als Erste spielten, kann man sich auch viele Wege vorstellen, auf denen sich das Spiel weiterentwickelte und abwechslungsreicher gestaltete. Es könnte einmal während des Kambriums aufgetreten sein, als die Bedingungen günstig waren; es verzweigte sich, verzweigte sich immer weiter, verschwand in einigen Linien und tauchte in anderen wieder auf. Oder es ist viele Male entlang vieler Evolutionslinien aufgetaucht, wobei es sich in einigen nur bis zum primären Prozessspiel entwickelte, in anderen bis zum sekundären Prozessspiel und in einigen noch weiter bis zum tertiären Prozessspiel und seinen zahllosen Erscheinungsformen: dem Ballspringen von Kraken, den spielerischen Kämpfen von Kängurus, dem Fangen im Fall von Wiesenweihen und dem sanften Trillern einer Walddrossel.

Ein Kladogramm des gesamten Spielens

Erinnern Sie sich an die Bedingungen, die nach Burghardts Vorschlag das Spielen ermöglichen: ausreichend Stoffwechselenergie, ein angenehmes und stressfreies Leben, ein Bedürfnis nach Stimulation, eine lange Jugendzeit, Verhaltensflexibilität und ein vielfältiges Verhaltensrepertoire. Burghardt geht davon aus, dass dies vermutlich die Grundlage sei, auf der das Vorhandensein von Spiel bei einem bestimmten Tier vorhergesagt werden könne. Wenn alle Bedingungen gegeben sind, wird das Tier spielen; wenn keine oder nur wenige vorhanden sind, spielt das Tier nicht. Da diese Bedingungen in Abstufungen vorliegen und manche ausgeprägteren Bedingungen einige weniger ausgeprägte kompensieren, könnten wir sie uns als eine Reihe von Schiebereglern mit regulierbaren Einstellungen vorstellen. Solange der Durchschnitt aller Einstellungen innerhalb eines bestimmten Bereichs liegt, sind die Bedingungen für das Spielen erfüllt.

Man könnte die Hypothese anhand einer Radiation, einer Auffächerung, testen. Bei einigen Arten würden wir feststellen, dass das Spiel wie vorhergesagt abläuft, was unsere Hypothese bestätigt. Bei anderen Arten erscheint es möglicherweise nicht wie vorhergesagt, oder es trat vielleicht, wie im Fall von Kraken, tatsächlich auf, als es *nicht* vorhergesagt wurde.

Wenn wir tatsächlich Burghardts Bedingungen als unseren einzigen Leitfaden für das Spiel bei Tieren nehmen, würden wir vielleicht auf Kraken verzichten. Die meisten Arten leben nur drei oder vier Jahre, und keine hat eine lange Jugendperiode. Wir mögen uns also fragen, wie sie die Zeit haben, das Spielen zu lernen? Burghardts Antwort ist einfach, dass Langlebigkeit relativ ist. Er stellt fest: »Die Entwicklungszeit einer kurzlebigen Art, die sich dreimal in einem Jahr fortpflanzt, muss mit der einer Art verglichen werden, die sich möglicherweise nur alle zwei Jahre fortpflanzt.«[25]

Spielbedingungen, die den Kraken fehlen, können durch andere, die reichlich vorhanden sind, ausgeglichen werden. Kraken verfügen über eine ausgeprägte Verhaltensflexibilität und ein breites Verhaltensrepertoire, was beides bei Tieren zu erwarten ist, die in veränderlichen, gefährlichen Lebensräumen nach vielfältigen Nahrungsquellen suchen. Jennifer Mather weist darauf hin, dass jedes Lebewesen, das »in einer komplexen Umgebung nach Nahrung sucht, in der es sich mit vielen Arten von Beutetieren und Raubtieren auseinanderzusetzen hat«, ein breites Spektrum an Jagd- und Verteidigungsstrategien entwickeln muss.[26] Es sollte nicht überraschen, dass Kraken besonders gut darin sind, mit Objekten zu spielen.

Nachdem wir das Spielen dort erkannt haben, wo es nicht vorhergesagt wurde, müssen wir es neu bewerten, die Bedingungen auseinanderhalten, sie gegeneinander abwägen, die Schieberegler nach Bedarf neu anpassen und erneut testen.

Wie lässt sich vorhersagen, wie sich das Spiel des Tieres *nach* diesem Auftreten entwickelte? Sicherlich ist dies eine anspruchsvollere Vorhersage, aber die Wendepunkte von Burghardts Theorie der überschüssigen Ressourcen könnten hier einen Anfang darstellen. Der Zeitpunkt, zu dem diese Wendepunkte auftauchten, hing von bestimmten Merkmalen ab. Das sekundäre Prozessspiel des Vorfahren der Kapuzineraffen könnte beispielsweise durch die Entwicklung eines ausreichend ausgefeilten neuronalen Schaltkreises ermöglicht worden sein. Benennen Sie den Moment, in dem der Vorfahre der Kapuzineraffen hochentwickelte neuronale Schaltkreise entwickelte, und Sie haben möglicherweise einen Wendepunkt in der Evolutionsgeschichte seines Spiels identifiziert.

Gene und Mastergene

In *Über den Ursprung der Arten* räumte Darwin ein, dass mehrere Teile seiner Theorie »Schwierigkeiten« aufwiesen, darunter die Tatsache, dass sie keinen Mechanismus vorsähen, durch den die natürliche Selektion funktionierte. Er sollte nie erfahren, dass der mährische Mönch Gregor Mendel 1865, sechs Jahre nach der Veröffentlichung des *Ursprungs*, einen solchen Mechanismus postulierte und zeigte, dass Merkmale von den Eltern auf die Nachkommen durch Vererbungseinheiten übertragen werden, die später als Gene bekannt wurden. Im 20. Jahrhundert verstanden Evolutionsbiologen Gene als eine bestimmte Abfolge von Nukleotiden, die Teil eines Chromosoms sind. Die Wissenschaftler bestätigten auch Mendels Erkenntnis, dass Gene Spezialisten sind. Bei der Gestaltung des Auges beispielsweise liefert ein Gen Informationen zum Aufbau eines lichtempfindlichen Pigments, ein anderes Informationen zur Herstellung einer Linse und so weiter. Evolutionsbiologen haben lange geglaubt, dass Augen als Produkte der natürlichen Selektion viel dem Zufall zu verdanken haben, da die Zusammenstellung der für die Augenentwicklung notwendigen Gene ein größtenteils zufälliger Versuch-und-Irrtum-Prozess ist, der über einen längeren Zeitraum abläuft. In der Kategorie »Ehre, wem Ehre gebührt« stellt sich heraus, dass die Gene möglicherweise etwas Hilfe gehabt hatten.

In den 1970er-Jahren brachten Wissenschaftler die Molekulargenetik – also die Untersuchung von Vererbung und Variation auf molekularer Ebene – in die Embryologie, die Untersuchung von Embryonen und ihrer Entwicklung, ein. Das Ergebnis war ein wissenschaftliches Gebiet namens *evolutionäre Entwicklungsbiologie*, oder informeller: *Evo-Devo*. Die in diesem Fach Tätigen lernen, wie die Embryonalentwicklung auf molekularer Ebene gesteuert wird, wie die Entwicklung eines Individuums mit seiner Evolutionsgeschichte zusammenhängt und wie sich Entwicklungsprozesse selbst entfalten.

GENE UND MASTERGENE

Und diese Wissenschaftler haben bereits zwei Überraschungen erlebt. Erstens sind nicht alle Gene Spezialisten. Einige Gene – Mastergene – sind Generalisten, übergeordnete Administratoren, die die Aktivierung gewöhnlicher Gene auslösen und deren Funktionen koordinieren. Zweitens wurden Mastergene im Laufe der Zeit »hochkonserviert«, was bedeutet, dass sich ein bestimmtes Merkmal zwar über Hunderte von Millionen Jahren entwickelt hat, die Mastergene, die die gewöhnlichen Gene anstoßen, damit sie dieses Merkmal ausbilden, jedoch nicht.

Mastergene erklären einige Fälle der sogenannten *konvergenten Evolution*. Der gemeinsame Vorfahre von Kraken und Menschen hatte entweder kleine, lichtempfindliche Hautflecken oder war völlig blind. Die Darwinsche Evolution, die mit der gleichen Herausforderung konfrontiert war – wie man Beute und Raubtiere aus der Ferne erkennen kann –, gelangte mehr als einmal zur gleichen Antwort. Sowohl die Augen von Kraken als auch unsere eigenen sind mit einer verstellbaren Linse ausgestattet, die ein Bild auf der Netzhaut fokussiert. Wenn wir fünf gerade sein lassen, könnten wir das einen Anpassungsvorteil nennen, der so nützlich und schön ist, dass die natürliche Auslese ihn gleich zweimal ausgewählt hat.

Im Jahr 2014 fanden Wissenschaftler am Nagahama Institute of Bio-Science and Technology in Japan heraus, dass die Ähnlichkeit von Augen verschiedener Tierarten auf ein gemeinsames Mastergen zurückzuführen ist. Vor mehr als fünfhundert Millionen Jahren orchestrierte ein Mastergen namens PAX6 die Bildung eines Flecks lichtempfindlicher Zellen eines Tieres, das in den kambrischen Meeren lebte.[27] Seitdem hat sich an PAX6 nichts geändert, aber seine Aufgaben sind weitaus größer und vielfältiger geworden. Es kontrolliert nun die Entwicklung aller Arten von Augen – der Augen von Menschen und Kraken sowie der Facettenaugen von Blattschneiderameisen und der Teleskopaugen von Rotschwanzbussarden.

Die Rolle der Gene in der Evolution des Spiels

Gene bestimmen körperliche Merkmale – wie zum Beispiel die Augen. Spielen ist jedoch keine physische Funktion. Es ist ein Verhalten. Obwohl Gene ein Verhalten nicht direkt bestimmen können, können sie dennoch das Merkmal oder eine Reihe von Merkmalen bestimmen, die ein Verhalten ermöglichen – im Fall des Spiels vielleicht ein bestimmter neuronaler Schaltkreis. Wenn es in der Evolution des Tierspiels mehrmals ein erstes Auftreten gab, könnte jedes auf neue Mutationen oder neue gewöhnliche Gene zurückzuführen sein. Es ist aber auch möglich, dass jedes erste Auftreten dem gleichen Satz von Mastergenen zu verdanken ist, die entlang mehrerer Evolutionspfade auf der Lauer liegen, und wenn einem Tier die Bedingungen geboten werden, die das Spielen ermöglichen, werden diese Mastergene in Bewegung gesetzt. Sie aktivieren gewöhnliche Gene, diese aktivieren noch andere gewöhnliche Gene, und einige erzeugen die physischen Merkmale eines Tieres – wie zum Beispiel bestimmte neuronale Schaltkreise –, die das Spielen ermöglichen.

Derzeit wissen Evolutionsbiologen nicht, ob ein Mastergen das Spielen ermöglicht und orchestriert hat, geschweige denn, welches Mastergen das ist. Sie wissen auch nicht, wo oder wann das Spielen begann. Sie haben keine Karte, kein Kladogramm, das die Entwicklung allen Tierspiels darstellt. Aber sie wissen, dass das Spielen eine Geschichte hat, die Hunderte von Millionen Jahren zurückreicht, und dass seine Wurzeln, dieses hypothetische Set von Mastergenen, möglicherweise noch älter sind. Das Spiel hat die Bildung und Neubildung von Kontinenten, drei Eiszeiten und zwei Massenaussterben überstanden. Die Evolutionsbiologen – und wir – können uns also eines Aspekts des Spiels sicher sein. Was auch immer die Anpassungsvorteile sind, sie sind der Mühe wert. Die Natur nimmt das Spielen ernst.

In diesem Kapitel haben wir gezeigt, wie die natürliche Selektion das Spiel beeinflusst. Im nächsten Kapitel betrachten wir, wie das Spiel die natürliche Selektion beeinflusst.

Kapitel 9

Innovative Gorillas: Die überraschende Rolle des Spiels bei der natürlichen Selektion

Während viele spielerisch kämpfende Tiere – Ratten und Degus zum Beispiel – immer dieselben Körperteile angreifen beziehungsweise verteidigen, weiß man von Gorillas, dass sie nach Alternativen suchen. Ihr übliches Ziel ist die Schulter, aber gelegentlich ziehen sie es auch vor, anderen in den Mund oder sanft in den Fuß zu beißen. Die Pellis stellten fest, dass einige noch weitergehen könnten: »Nach wiederholten Angriffen auf die Schulter fasste ein Jungtier mit seinen Händen in den Schritt eines anderen Jungtiers. Die erschrockene Reaktion des Angegriffenen und der anschließende Luftsprung lassen vermuten, dass er genauso überrascht war wie wir!«[1]

Auch andere Primaten entwickeln ihr Spiel neu, und ihre Originalität kann Forscher überraschen. Als das Team von Milada Petrů fünf Affenarten untersuchte, beobachteten sie, dass einzelne Tiere routinemäßig immer das gleiche Spiel ausführten, und zwar so routinemäßig, dass die Forscher nicht besonders überrascht waren, als sie sahen, wie eine weitere Meerkatze noch einen Purzelbaum schlug oder wie ein weiterer Husarenaffe einen Hindernislauf vollführte. Sie waren jedoch überrascht, als sich eine Brazzameerkatze auf allen vier Gliedmaßen drehte und eine 360-Grad-Drehung machte und als eine Dianameerkatze einen Gegenstand über ihren Kopf hob und auf der Stelle hüpfte. Beide Affen spielten wie keine anderen in ihrer Gruppe auf eine Weise, die einzigartig, eigenwillig und innovativ war. Wenn dieser in den Schritt greifende junge Gorilla die Regeln alter und gut etablierter Spiele änderte – indem er, wie die Pellis es ausdrückten, als »Themenbrecher« fungierte –, erfanden die Affen neue Spiele von Grund auf. Sie spielten – auch hier eine Prägung der Pellis – »mit dem Spiel«.

Was ermöglicht Primaten Innovationen? Man könnte vermuten, dass es an ihrem Gehirn liegt. Die Gehirne von Primaten sind sowohl in absoluten Zahlen als auch im Verhältnis zum Körpergewicht erheblich größer als die Gehirne anderer Säugetiere. Im Allgemeinen neigen Säugetierordnungen mit größerem Gehirn dazu, mehr zu spielen, wobei der Mensch am verspieltesten ist. Aber in kleineren taxonomischen Einheiten, wie etwa Familien innerhalb einer Ordnung, gilt diese Regel nicht. Die Pellis vermuten, dass die Innovation der Primaten wahrscheinlich nicht ihrem Gehirn, sondern ihren Erziehungspraktiken zu verdanken ist. Diese Praktiken lassen sich am besten am Verhalten eines kleinen baumbewohnenden und nachtaktiven Primaten veranschaulichen, der in den Wäldern Sri Lankas, Indiens und Südostasiens lebt – des Faulaffen.

Das Spiel der Faulaffen

Normalerweise bringt eine Faulaffen-Mutter jeweils ein Junges zur Welt, seltener zwei. An den meisten Abenden bedeckt sie ihr Kind mit allergenem Speichel, einem Gift, das Raubtiere abschreckt. Dann versucht sie, es an einem Ort zu verstecken, den sie für sicher hält, und macht sich auf den Weg, um in der Nacht nach Nahrung zu suchen. So ist das Kind über längere Zeiträume allein und hat nur ab und zu eine Spielgefährtin – seine Mutter. Die Faulaffen unserer Zeit stammen von einem

DIE ÜBERRASCHENDE ROLLE DES SPIELS

entfernten Vorfahren ab, dessen Abstammungslinie sich immer wieder verzweigte und Linien hervorbrachte, die schließlich zu allen heute lebenden Primaten führen sollten: den Menschenaffen, Affen, Makaken und uns. Primatologen vermuten, dass das Mutter-Kind-Spiel dieses Vorfahren bei den heutigen Faulaffen geblieben ist und sich kaum verändert hat. Sie vermuten, dass es auch in anderen Primatenlinien vorkommt. Das ist zum Beispiel bei Gorillas ganz offensichtlich. Gorillamütter stillen und beschützen ihre Kinder nicht nur und kuscheln mit ihnen und pflegen ihr Fell. Sie spielen auch mit ihnen. Sie schaukeln sie hin und her, machen mit ihnen Versteckspiele und verwöhnen sie, wie viele erfreute menschliche Beobachter bestätigen können, mit den kinetischen Vergnügen eines »Flugzeugs«. Die Mutter liegt auf dem Rücken, stützt und balanciert ein Kind mit einem ausgestreckten Bein, wobei ihr Fuß gegen die Brust des Kindes gedrückt wird, um ein gewisses Maß an Stabilität zu gewährleisten, während der andere Fuß einen Fuß des Kindes hält und es sanft lenkt.

Die meisten Säugetiere erleben zum ersten Mal längere Spielphasen als Jungtiere und mit anderen Jungtieren. Aber der Gorilla bekommt, wie viele andere Primaten, im Säuglingsalter eine Art Spiel-Vorschule, in der er von seiner Mutter lernt, wie es sich anfühlt, wenn man ihn anrempelt, anstupst und aus dem Gleichgewicht bringt. Wenn er ein Heranwachsender wird und anfängt, mit Altersgenossen zu spielen, ist er in der Lage, feine Abstufungen einzuschätzen und, was vielleicht am wichtigsten ist, zu experimentieren und Innovationen zu entwickeln.

Die Innovationen des Primatenspiels, das »Spielen mit dem Spiel«, ziehen sich wie ein roter Faden durch die größere Erzählung des Tierspiels. Es könnte auch wie ein Faden auf der Innenseite eines Handschuhs sein. Sie ziehen daran und stellen dann fest, dass er nicht locker ist und nicht kaputtgeht. Sie ziehen so lange, bis Sie feststellen, dass Sie den Handschuh unbeabsichtigt auf links gedreht haben. So ist es, oder könnte es auch sein, wenn Innovation im Spiel ist – der rote Faden ist die Innovation und der Handschuh nichts Geringeres als die Theorie, die unserem Verständnis allen Lebens auf der Erde zugrunde liegt: die natürliche Auslese. Mehrere Ethologen, von denen wir einige bereits besprochen haben, glauben, dass innovatives Spielen ein Mittel sein könnte, mit dem ein Tier ein gewisses Maß an Kontrolle über seine eigene Entwicklung erlangt.

Die Hypothesen (und Kontroversen) der Evolution

In der zweiten Hälfte des 19. Jahrhunderts hatten viele Wissenschaftler, vielleicht sogar die meisten, akzeptiert, dass sich Organismen im Laufe der Erdgeschichte entwickelt und diversifiziert hatten. Aber wie genau sie das geschafft hatten, war Gegenstand einer nicht geringfügigen Kontroverse – oder vielmehr mehrerer Kontroversen, da vier oder fünf große Schulen jeweils eine andere Hypothese vertraten. Die Orthogenetiker waren der Ansicht, dass Entwicklungsgesetze und die inneren Kräfte von Organismen die Evolution in bestimmte Richtungen trieben. Die Mutationisten argumentierten, dass die Evolution im Großen und Ganzen das Produkt von Mutationen sei, die in einem einzigen Schritt neue Formen oder Arten hervorbrächten. Von den beiden heute bekanntesten Gruppen schlugen die Lamarckianer vor, dass erworbene Eigenschaften vererbt werden könnten, und die Darwinisten postulierten, dass sich Arten entwickelten, weil Organismen, die sich besser an ihre Umwelt angepasst hatten, dazu neigten, zu überleben und mehr Nachkommen zu zeugen.

Die Debatte ruhte nie lange. Als neue Beweise auftauchten und ältere Beweise diskreditiert wurden, änderten einige Wissenschaftler ihre Position. Der Harvard-Botaniker Asa Gray (der daran arbeitete, die natürliche Selektion mit dem Christentum in Einklang zu bringen und Gott als Quelle allen evolutionären Wandels ansah) verglich die Kontroversen selbst mit der natürlichen Selektion. Sie seien Teil eines Prozesses, sagte er, »durch den die mittels Fakten am meisten begünstigten Ansichten entwickelt und getestet werden ... die schwächeren wurden zerstört ... und auf lange Sicht überleben allein die stärksten.«[2]

Als ob das nicht schon kompliziert genug wäre, änderten sich die Namen dieser Schulen im Laufe der Zeit und unterschieden sich von Ort zu Ort. Da Darwin selbst die Lamarcksche Evolution gelten ließ, war er streng genommen kein Darwinist. Zu denen, die sich *tatsächlich* zu den Darwinisten zählten, gehörte Alfred Russel Wallace, dessen unabhängige Entdeckung des Prinzips der natürlichen Selektion Darwin dazu veranlasste, den *Ursprung* früher als geplant zu veröffentlichen; ferner der englische Biologe Thomas Henry Huxley, Darwins überzeugtester und kämpferischster Verfechter; sowie Charles Lyell, aus dessen *Principles of Geology* (1830; dt.: *Lehrbuch der Geologie*, 1832–1835) Darwin sein Verständnis für die riesigen geologischen Zeiträume, die seine Theorie erforderte, ge-

NATÜRLICHE AUSLESE

wann. Sie alle unterschieden sich hinsichtlich bestimmter Aspekte der natürlichen Selektion, wie sie in *Ursprung* und seiner Fortsetzung *Die Abstammung des Menschen und die geschlechtliche Zuchtwahl* von 1871 dargestellt worden war. Lyell vertrat beispielsweise die Ansicht, dass höhere Fähigkeiten des Menschen ein Produkt göttlichen Eingreifens zu sein schienen; er konnte nicht, wie er es selbst einprägsam ausdrückte,»den ganzen Orang gehen«.[3] Aber alle hielten die natürliche Auslese für den Hauptantrieb der Evolution.

Heutzutage wird viel auf die Theorie der natürlichen Auslese hingewiesen, sie wird jedoch so oft missverstanden, dass es sich lohnt, hier eine kurze Zusammenfassung zu geben.

Natürliche Auslese

Diese Theorie basiert auf zwei Beobachtungen, die beide allgemein als selbstverständlich gelten. Die erste ist, dass, da mehr Individuen einer bestimmten Art geboren werden, als die Ressourcen möglicherweise ernähren können, diese Individuen um diese Ressourcen konkurrieren müssen. Der zweite Grund besteht darin, dass Merkmale eines Individuums von den Eltern an die Nachkommen weitergegeben werden und einige dieser Merkmale von denen der Eltern abweichen. Während die meisten Variationen kaum Konsequenzen haben und einige schädlich sind, bieten andere einen Vorteil. Ein Individuum mit einer vorteilhaften Variation ist »fitter«, das heißt besser an seine Umgebung angepasst, und daher ist es wahrscheinlicher, dass es lange genug überlebt, um sich fortzupflanzen, im Gegensatz zu denen, denen eine solche Variation fehlt. Wenn sich dieses Individuum fortpflanzt, kann es seine vorteilhafte Variante an seine Nachkommen weitergeben. Einige dieser Nachkommen können noch andere vorteilhafte Variationen aufweisen, diese zu denjenigen hinzufügen, die sie geerbt haben, und beide Sets von Varianten an ihre Nachkommen weitergeben. Und so weiter an die nächste Generation und die nächste. In Darwins Worten: Variationen, »... wie gering auch immer und gleich wodurch ausgelöst ... so sie den Individuen einer Art nur irgend nützen, zur Erhaltung solcher Individuen, und sie werden gemeinhin an ihre Nachkommen weitervererbt«.[4]

Der von Darwin beschriebene Prozess gilt heute wenn nicht sogar als der einzige, so doch sicherlich als der wichtigste Treiber der Evolution.[5] Doch im Jahr 1896, dem Jahr, in dem Groos *Die Spiele der Thiere* veröffentlichte, fast vierzig Jahre nach der Veröffentlichung von *Über den Ursprung der Arten*, war der endgültige Triumph der Theorie noch nicht ausgemacht. Wie Groos bemerkte: »Der Evolutionsgedanke selbst ist ja mit der Zeit immer mächtiger und sicherer geworden, was dagegen die speciell Darwin'schen Evolutionsprincipien betrifft, so macht sich da für den Unterrichteten doch eine leise Fin-de-Siècle-Stimmung bemerklich.«[6]

Die Neo-Lamarckianer

Bei allen Verteidigungsmaßnahmen für die natürliche Selektion, die die Darwinisten (und Darwin selbst) anführen konnten, wurden sie durch mehrere konkurrierende Evolutionstheorien und damit verbundene Schulen gut gestützt.

Der vielleicht beeindruckendste und offenherzigste Kon-

DIE NEO-LAMARCKIANER

kurrent der Darwinisten war eine lose verbündete Gruppe, die sich nach dem französischen Naturforscher Jean-Baptiste Lamarck Neo-Lamarckianer nannte. Lamarck war ein Deist und vertrat die Auffassung, dass Gott bei der Schöpfung einen göttlichen Plan aufgestellt und danach nicht mehr eingegriffen hatte. In seinem Werk *Philosophie Zoologique* aus dem Jahr 1809 behauptete Lamarck, dass dieser Plan durch die Evolution in die Tat umgesetzt wurde, einen Prozess, den er für ausgesprochen fortschrittlich hielt, wobei Organismen im Laufe der Zeit auf einer metaphorischen Leiter von Stämmen, ausgehend von Würmern, durch immer komplexere Formen hindurch über Weichtiere bis hin zu Wirbeltieren sich nach oben entwickelten. Seine Theorie besagte auch, dass sich Organismen an verschiedene Umgebungen anpassten und vielfältiger wurden, indem sie im Laufe ihres Lebens Anpassungen entwickelten und diese Anpassungen an ihre Nachkommen weitergaben. In Lamarcks bekanntem Beispiel greifen Giraffen nach Blättern in den oberen Ästen der Bäume, strecken ihre Hälse und Vorderbeine und erwerben so Eigenschaften – längere Hälse und Vorderbeine –, die ihre Nachkommen geerbt haben. Darwinisten würden sagen, dass eine Giraffenpopulation über viele Generationen hinweg viele Variationen aufweisen würde, von denen nur einige vorteilhaft seien. Zu den vorteilhaften Varianten gehörten längere Hälse und Vorderbeine, und nachfolgende Generationen würden mehr Individuen mit diesen Eigenschaften hervorbringen.

Viele aktuelle Lehrbücher deuten darauf hin, dass kaum oder gar keine Beweise die Behauptungen von Lamarck und Neo-Lamarckianern stützen. Diese Darstellung der Geschichte kommt unserem Wunsch nach Einfachheit entgegen, ist aber leider falsch. Denn Lücken im Fossilienbestand deuten auf schnelle Veränderungen hin, die mit der Lamarckschen Evolution vereinbar sind, ganz im Widerspruch zu den von den Darwinisten postulierten allmählichen und schrittweisen Veränderungen.[7] Heutige Lehrbücher behaupten auch fälschlicherweise, Neo-Lamarckianer seien naiv gewesen. Dies ist ein gewaltiger Irrtum. Sie waren als Wissenschaftler hoch angesehen; zu ihren Mitgliedern zählten unter anderem der amerikanische Paläontologe Edward Drinker Cope, der britische Botaniker George Henslow und der deutsche Zoologe Theodor Eimer. Ihre Position erhielt ein wenig Unterstützung von Darwin selbst. Im *Ursprung* bemerkte er:»Ich bin der Überzeugung, dass die natürliche Selektion das wichtigste, jedoch nicht das alleinige Mittel der Modifikation ist«,[8] und obwohl er jede der fünf auf die erste Auflage folgenden Auflagen umfassend überarbeitete, behielt er unverändert eine Passage bei, die Fälle zuließ, bei denen erworbene Merkmale oder deren Fehlen (zum Beispiel »der flügellose Zustand so vieler Käfer auf Madeira«)[9] vererbt werden könnten.

In den letzten Jahrzehnten des 19. Jahrhunderts konnten die Neo-Lamarckianer den Darwinisten Fall für Fall, Beispiel für Gegenbeispiel antworten. Doch ihrer Theorie fehlte, wie sie sehr wohl wussten, ein wichtiger Teil. Es wurden nicht genau die Mittel identifiziert, mit denen erworbene Merkmale vererbt werden könnten. Dann, im Jahr 1893, behauptete der deutsche Biologe August Weismann, dass es keine solche gäbe und auch keine möglich wären.[10] »Komplexe, mehrzellige Organismen«, sagte Weismann, »bestehen aus zwei Arten von Zellen: Fortpflanzungszellen und somatischen Zellen. Fortpflanzungszellen können Erbinformationen an die Nachkommen weitergeben, aber keine Eigenschaften erwerben.« Somatische Zellen können Eigenschaften erwerben, aber keine Erbinformationen an die Nachkommen weitergeben. Darüber hinaus verhinderte das, was später als Weismann-Barriere bezeichnet wurde – eher eine Kluft als eine Wand –, dass somatische Zellen die von ihnen erworbenen Eigenschaften (oder Informationen über diese Eigenschaften) auf Fortpflanzungszellen übertragen konnten. Die Weismann-Barriere bedeutete, dass ein komplexer, mehrzelliger Organismus weder Merkmale, die er im Laufe seines Lebens erworben hatte, an seine Nachkommen weitergeben konnte, noch konnte ein solcher Organismus Merkmale von seinen Eltern erben, die diese im Laufe *ihres* Lebens erworben hatten.

Die Natur der Natur

Während Weismanns Werk allgemein großes Ansehen genoss, widersetzten sich die Neo-Lamarckianer seiner Schlussfolgerung nicht nur, weil sie ihrer Behauptung widersprach, dass erworbene Eigenschaften vererbt werden könnten, sondern auch, weil es eine Auffassung von der Natur bedrohte, auf der ihre Theorie beruhte. Mitte des 19. Jahrhunderts waren mehrere Wissenschaftler, die Hypothesen zur Evolution aufstellten, davon ausgegangen, dass Gott direkt daran beteiligt war. In den 1890er-Jahren waren sich die meisten jedoch einig, dass die wissenschaftliche Forschung, selbst wenn sie alle ihre Ressourcen an Hypothesen, Experimenten und Analysen zusammenbrachte, die Existenz Gottes nicht beweisen konnte, schon gar nicht den Charakter Gottes. Wenn die Wissenschaft

DIE ÜBERRASCHENDE ROLLE DES SPIELS

jedoch schon keinen Entwerfer vorweisen könnte, so erwarteten viele, dass sie doch wenigstens einen Entwurf enthüllen würde. Die neo-lamarcksche Evolutionstheorie und die Theorien der Darwinisten, Mutationisten und Orthogenetiker hatten jeweils eine Art metaphysische Untermauerung, eine Reihe von Überzeugungen und Voraussetzungen bezüglich dieses Entwurfs – was wir die Natur der Natur nennen könnten.

Darwins Vorstellung von der Natur der Natur nahm nach und nach Gestalt an, als er die Beweise sammelte und das Denkgebäude organisierte, das schließlich den *Ursprung* hervorbringen sollte. Darwin nannte das Buch eine »einzige lange Beweisführung«[11]. Es handelt sich also um eine Tour de Force. Es ist auch eine Tour, eine Reise zu vielen anderen Themen, darunter der Zellbildungsinstinkt der Bienen, die Flora Neuseelands, die Samen, die zu Koralleninseln gelangten, und das plötzliche Aussterben der Trilobiten. Auf den letzten Seiten scheint Darwin innezuhalten, um Atem zu schöpfen und die ihn umgebende Aussicht wahrzunehmen, als ob er auf einem Berggipfel angekommen wäre. Als würde er es zum ersten Mal erkennen, stellt er fest: »In dieser Sicht des Lebens liegt Erhabenheit.«[12] Die meisten würden dem zustimmen. Aber es war nicht die Art von Erhabenheit, die sich die Neo-Lamarckianer gewünscht hätten. Sie fanden Darwins Theorie aus zwei Gründen beunruhigend. Einer davon war, dass die darin beschriebene Entwicklung (in Darwins eigenen Worten) »kein notwendiges und universelles Gesetz des Fortschritts oder der Entwicklung«[13] beinhaltete, sondern stattdessen völlig vorläufig war und auf die Bedingungen eines bestimmten Ortes und einer bestimmten Zeit reagierte. Und die Neo-

Lamarckianer waren ebenfalls beunruhigt über die Implikation, dass die Natur deterministisch sei. Ein einzelnes Tier, sagen wir ein Mitglied unserer eigenen Spezies, kann glauben, dass es einen freien Willen hat, dass seine Gedanken und Handlungen unabhängig von Kräften außerhalb seiner selbst sind oder zumindest sein können. Die natürliche Auslese implizierte etwas anderes – dass alle seine Gedanken, ob tiefgründig und trivial, und alle seine Handlungen, ob effektiv oder ineffektiv, letztendlich und nur von den Bedürfnissen nach Überleben und Fortpflanzung angetrieben und geformt werden.

Im letzten Jahrzehnt des 19. Jahrhunderts brachte ein Naturforscher einen bescheidenen Vorbehalt und eine Anmerkung zu Darwins Theorie vor und deutete an, dass natürliche Selektion und freier Wille nicht im Widerspruch stünden – zumindest nicht immer.

Baldwins organische Selektion

Die englischsprachige Ausgabe von Groos' *Die Spiele der Thiere*, herausgegeben und mit einem Vorwort versehen vom amerikanischen Gelehrten James Mark Baldwin, erschien 1898, zwei Jahre nach dem deutschen Original. Es war Baldwins Vorwort, das das Wort *Praxis* erstmals mit Groos' Hypothese verknüpfte.[14] Aufgrund des Einflusses und des Rufs von Baldwin wurde die Verwendung schnell weithin akzeptiert und bevorzugt. Groos hätte sich kaum eine bessere Bestätigung wünschen können. Mit der Zeit wurde Baldwins »stufenweise« Theorie der kognitiven Entwicklung, die davon ausgeht, dass ein Kind Verhaltensweisen in separaten und identifizierbaren

Schritten lernt, vom Schweizer Psychologen Jean Piaget übernommen und zu dem weiterentwickelt, was heute besser als Stufentheorie bekannt ist. Aber selbst im Jahr 1898, als Baldwin erst 37 Jahre alt war, also in einem Alter, in dem viele Akademiker noch nach ihrem Weg suchen, galt er bereits als Autorität auf den aufstrebenden Gebieten der geistigen Entwicklung bei Kindern, der Entwicklungspsychologie und der Evolutionspsychologie. Er war Präsident der American Psychological Association, Autor von Büchern zu verschiedenen Themen, Mitbegründer des *Psychological Review* und gründete zwei der ersten Laboratorien für experimentelle Psychologie – eines an der University of Toronto und das andere in Princeton, wo er eine besondere Professur innehatte.

Baldwin war, in den Worten eines Biografen, »ein ziemlich störrischer Charakter ... arrogant [und] sehr zu Kontroversen geneigt«.[15] Doch nichts davon ist in Baldwins Vorwort zu Groos' Werk erkennbar. Es tat, was die meisten Vorworte tun: Es lieferte eine kurze Zusammenfassung Kapitel für Kapitel und schloss mit einem Lob ab. Groos erwiderte diese Gunst. Sein Buch enthielt einen vollständigen Anhang von Baldwin und bestätigte sein älteres Werk in Fußnoten. Offensichtlich waren die beiden Männer intensiv mit den Interessen des jeweils anderen beschäftigt und halfen sich gegenseitig, Aspekte des menschlichen und tierischen Verhaltens und ihre Rolle beim Instinkt, bei der Nachahmung und vor allem bei der Evolution zu verstehen.

Baldwin hielt wenig vom Neo-Lamarckismus. Er nannte diese Theorie spekulativ und behauptete, dass es keine Beweise dafür gebe, dass Eigenschaften, die ein Tier im Laufe seines Lebens erworben habe, weitergegeben oder vererbt

BALDWINS ORGANISCHE SELEKTION

werden könnten und dass kein Mechanismus denkbar sei, nach dem die neo-lamarcksche Evolution funktionieren könnte.[16] Obwohl Baldwin von Darwins Theorie überzeugt war – er war tatsächlich einer ihrer Verfechter –, akzeptierte er nicht die These, dass sie Fortschritt und freien Willen in jedem Fall ausschließe. Im Jahr 1896 argumentierte er, dass es Fälle gebe – geben müsse –, in denen ein Tier sich von den Kräften der natürlichen Auslese befreien und, was vielleicht noch überraschender ist, sie in gewissem Maße tatsächlich steuern könne.

Er erweiterte diese Hypothese im Vorwort zu *The Play of Animals*. (In einer Art konvergenter Gedankenentwicklung schlugen zwei andere Forscher, der amerikanische Paläontologe Henry Fairfield Osborn und der britische Ethologe C. Lloyd Morgan, im selben Jahr unabhängig voneinander und von Baldwin nahezu dieselbe Idee vor.) Baldwin nannte den Prozess *organische Selektion*.

Angenommen, wir könnten die Anfänge eines bestimmten Verhaltens beobachten, das heute bei zwei Tieren häufig vorkommt. In einer Kapuzineraffenkolonie sehen wir einen Affen, der Nüsse mit zwei Steinen knackt, von denen einer als Hammer und der andere als Amboss dient. Nehmen wir außerdem an, dass in einer Population von Florida-Waldkaninchen ein Individuum seinen Fressfeinden entkommt, indem es im Zickzackkurs rennt, dem die Raubtiere, die nicht so schnell die Richtung ändern, nur schwer folgen können. Bei beiden Verhaltensweisen handelt es sich um das, was die Neo-Lamarckianer erworbene Eigenschaften nannten (in diesem Fall solche des Verhaltens, keine physischen), was Baldwin adaptive Modifikationen nannte und was Genetiker heute Phänotypen nennen. Wir lassen die Kapuzineraffen und Kaninchen mehrere Generationen lang unbeobachtet, und bei unserer Rückkehr stellen wir fest, dass alle Kapuziner der Kolonie Nüsse mit Steinhämmern und Steinambossen öffnen und alle Kaninchen der Population ihren Fressfeinden entkommen, indem sie im Zickzack laufen. Darüber hinaus stellen wir fest, dass sowohl die Zahl der Kapuzineraffen als auch die der Kaninchen zugenommen hat.

Was ist passiert?

Beide Verhaltensweisen boten eindeutig einen Anpassungsvorteil: Der eine verschaffte den Kapuzineraffen Zugang zu einer Nahrungsquelle, der andere verhinderte, dass die Kaninchen selbst zu einer Nahrungsquelle wurden. Wir wissen nicht, wie der erste Kapuzineraffe lernte, Nüsse mit Steinen zu öffnen, oder wie das erste Kaninchen lernte, im Zickzack zu laufen, und für unsere Zwecke spielt das auch keine Rolle. Entscheidend ist hier, dass es sich bei beiden Verhaltensweisen um komplexe Verhaltensweisen handelt, die wahrscheinlich nicht vererbbar sind. Nehmen wir an, dass dies tatsächlich nicht der Fall ist. Wäre die Zunahme der Population beider Tiere nur auf die natürliche Auslese zurückzuführen, würden die einzelnen Tiere die Verhaltensweisen durch Versuch und Irrtum erlernen, und die physischen oder verhaltensbezogenen Merkmale, welche auch immer es ihnen ermöglichten, die Verhaltensweisen zu erlernen, wären ausgewählt worden. Wenn die Verhaltensweisen auch von anderen erlernt und nachgeahmt würden, dann würden sie schneller verbreitet werden. In jedem Szenario (oder in einer Kombination der Szenarien) hätte die Zunahme der Anzahl viele Generationen in Anspruch genommen und wäre mit erheblichen Kosten verbunden gewesen, da in

BALDWINS ORGANISCHE SELEKTION

jeder Generation viele oder die meisten Individuen, die nicht in der Lage waren, die Verhaltensweisen zu erlernen, aussortiert worden wären.

Klicken wir auf »Wiederholen« und stellen uns dieses Mal die gleiche evolutionäre Entwicklung vor, wenn Baldwins organische Selektion im Spiel gewesen wäre. Bedenken Sie zunächst, dass nicht alle Kapuzineraffen und Kaninchen gleich geschaffen sind. Einige sind mit vererbten Eigenschaften ausgestattet, die es ihnen ermöglichen, leichter zu lernen und nachzuahmen als andere. Diese Merkmale können physischer Natur sein, beispielsweise ein spezieller neuronaler Schaltkreis. Oder sie könnten verhaltensbedingt sein, etwa ein Nachahmungstrieb. Nehmen wir hier an, dass das vererbte Merkmal Verhaltensflexibilität oder »Plastizität« ist und dass es durch einen bestimmten neuronalen Schaltkreis ermöglicht wird. Nehmen wir außerdem an, dass dieser neuronale Schaltkreis vererbbar ist. Dies würde bedeuten, dass die Kapuzineraffen und Kaninchen, die dies geerbt haben, im Durchschnitt eher dazu in der Lage sind, die neuen Verhaltensweisen schnell und einfach zu erlernen, und somit wiederum im Durchschnitt eher überleben und sich fortpflanzen können. In jeder Generation wäre Plastizität bei immer mehr Individuen vorhanden. Mit jeder Generation würde diese sich auch verbessern, sodass – wiederum im Durchschnitt – die Individuen, die die neuen Verhaltensweisen erlernt hätten, dies einfacher und schneller tun würden.

Dies wirft die Frage auf: Hat sich die natürliche Selektion für eine größere Plastizität und die neuronalen Schaltkreise entschieden, die die zweite Ereignissequenz ermöglichten? Ja. Aber – und hier kommt die organische Selektion ins Spiel –

DIE ÜBERRASCHENDE ROLLE DES SPIELS

diese Selektion wurde durch andere Selektionen vorgeschrieben. Der erste Kapuzineraffe wählte seine Nussknacktechnik, und das erste Kaninchen wählte sein Fluchtverhalten. Die organische Selektion könnte dann als eine Version der natürlichen Selektion und in mancher Hinsicht als eine stark verbesserte Version betrachtet werden. Sie beschleunigt die Evolution und macht sie effizienter, was zu einer vorteilhaften Anpassung in weniger Generationen und mit weitaus weniger vorzeitigen Todesfällen von Individuen führt.

Manche Tiere können (zu manchen Zeiten) ihre eigene Evolution steuern

Im Gegensatz zur natürlichen Selektion beinhaltet Baldwins organische Selektion eine tatsächliche, wörtliche Selektion, bei der ein Selektor (hier der Kapuzineraffe oder das Kaninchen) eine Wahl trifft. Der Kapuzineraffe könnte andere Mittel gewählt haben, um diese Nüsse zu öffnen, so wie das Kaninchen andere Mittel gefunden haben könnte, um dem Raubtier zu entkommen, und jedes dieser Mittel hätte Anpassungsvorteile gehabt. Auch diese Verhaltensweisen wären von Tieren mit größerer Plastizität leichter erlernt und nachgeahmt worden, und auch sie hätten zu einer Zunahme der Zahl geführt.»Keines der oben genannten« ist ebenfalls eine Wahl, und Kapuzineraffen und Kaninchen haben möglicherweise überhaupt kein neues Verhalten gewählt. In diesem Fall gäbe es nichts zu lernen und nachzuahmen. Da Plastizität keinen Vorteil hätte, würde sie nicht durch natürliche Selektion selektiert werden, und nachfolgende Generationen würden im Durch-

TIERE KÖNNEN IHRE EIGENE EVOLUTION STEUERN

schnitt nicht mehr Individuen mit ihr hervorbringen als ohne sie. Die Zahl der Kapuzineraffen und Kaninchen würde nicht zunehmen und könnte durchaus sinken. Indem sie eine Wahl treffen (oder eben keine Wahl treffen), stellen der Kapuzineraffe und das Kaninchen die Weichen für die Entwicklung ihrer Nachkommen.

Im Sinne des »Gesamtbildes« – ihrer Vorstellung von der Natur der Natur – überschnitten sich Baldwins organische Selektion und die neo-lamarcksche Evolution. Die neo-lamarcksche Evolution ging davon aus, dass Fortschritt und freier Wille der Evolution aller Organismen innewohnten, die organische Selektion hingegen davon, dass sie nur in bestimmten Fällen wichtig seien.[17] Obwohl einige Naturforscher die organische Selektion als einen Kompromiss zwischen den Darwinisten und Neo-Lamarckianern bezeichneten, war dies nicht wirklich der Fall. Während sie der neo-lamarckschen Vorliebe für eine natürliche Welt entsprach, die sowohl Fortschritt als auch freien Willen ermöglichte, berief sie sich als Evolutionsmechanismus auf die natürliche Selektion. Im Kern war die organische Selektion durch und durch und entschieden darwinistisch.[18]

Im Jahr 1908 lehrte Baldwin an der Johns Hopkins University, wo er zum Mittelpunkt eines Skandals beziehungsweise potenziellen Skandals und zum Rücktritt gezwungen wurde.[19] Wie begründet das Verfahren gegen ihn war, ist unklar, aber es ist deutlich, dass die Psychologie in ihren Anfängen einer ihrer originellsten Stimmen beraubt wurde. Mit seiner Frau und seinen beiden Töchtern wanderte Baldwin nach Paris aus, wo er weiterhin schrieb und veröffentlichte. Da er dies jedoch mit einem angeschlagenen Ruf und ohne akademische Zu-

DIE ÜBERRASCHENDE ROLLE DES SPIELS

gehörigkeit tat, wurden viele seiner neuen Arbeiten übersehen, und selbst seine bestehenden Arbeiten bekamen zunehmend weniger Aufmerksamkeit. 1942 zitierte Julian Huxley die Hypothese der organischen Selektion in seiner Synthese der natürlichen Selektion und der Mendelschen Vererbung,[20] ansonsten wurde sie jedoch ignoriert. Erst 1953, fast sechzig Jahre nach ihrer Einführung, erlangte sie wieder Aufmerksamkeit, als ein Artikel in der Zeitschrift *Evolution* sie als »Baldwin-Effekt« bezeichnete, einen Namen, den sie seitdem beibehalten hat.[21] In den 1980er-Jahren nutzten Forscher im Bereich der menschlichen Kognition und des Lernens den Baldwin-Effekt für ihre Erkenntnisse, doch Evolutionsbiologen und Theoretiker machten weiterhin einen großen Bogen drum herum. Sie behaupteten, dass er nur selten auftrete oder nicht existent sei, und in beiden Fällen hielten sie ihn großer Aufmerksamkeit für unwürdig. Im ersten Jahrzehnt dieses Jahrhunderts entdeckten Wissenschaftler jedoch Hinweise darauf, dass Vogelarten Verhaltensweisen erlernt hatten, die es ihnen nicht nur ermöglichten, ihr Verbreitungsgebiet und ihre Anzahl erheblich zu vergrößern, sondern die auch eine Veränderung eines vererbten Merkmals hervorriefen.

Winterammern sind in mehreren Gebirgszügen Kaliforniens beheimatet, und einige überwintern an der Küste Südkaliforniens, einem Gebiet mit weitaus milderem, mediterranem Klima. In den frühen 1980er-Jahren, als der Frühling begann, kehrten einige nicht in die Berge zurück und richteten ihren ständigen Wohnsitz auf dem Campus der University of California in San Diego (UCSD) ein. Im Jahr 2004 stellten die Forscher Pamela Yeh und Trevor Price fest, dass die Brutsaison der dortigen Ammern ausgedehnter war als die ihrer Verwandten im Hochland; während die Bergammern zweimal brüteten, konnten diejenigen an der UCSD bis zu viermal brüten. So wurde die Verhaltensflexibilität – oder Wahlmöglichkeit – der Ammern, die das ganze Jahr über in Küstennähe blieben, mit einem Wachstum der Population belohnt.

Auch diese Population erfuhr eine physische Veränderung. Bei Revierkämpfen und beim Werben um Partner hebt ein Ammermännchen seinen Schwanz, fächert ihn auf und zeigt weiße Federn; es hat sich gezeigt, dass Weibchen Männchen bevorzugen, die mehr Weiß im Schwanz haben. Über mehrere Generationen hinweg wurden die Schwänze der männlichen Winterammern aber deutlich weniger weiß. Yeh und Price vermuteten, dass diese Veränderung zustande kam, weil der Einsatz der Eltern aufgrund der längeren Brutsaison wichtiger wurde als der Wettbewerb um Partner. Weibchen, die in einer Saison viele Bruten hervorbringen konnten, neigten weniger dazu, sich mit Männchen mit auffälligen Schwanzfedern zu paaren, sondern eher dazu, sich mit Männchen zu paaren, die sich als fähige Versorger für ihre erste Brut erwiesen haben.[22] Folglich brachten Vereinigungen von Männchen mit weniger weißen Schwänzen mehr Nachkommen hervor, und im Laufe der Generationen nahm das Weiß in den Schwanzfedern der gesamten Population immer mehr ab.[23] Daher führte die Entscheidung einiger Winterammern, die Küste Südkaliforniens zu ihrem ständigen Wohnsitz zu machen, zu einer längeren Brutsaison, was gleichzeitig zu einer physischen Veränderung eines vererbten Merkmals führte.

Viele Wissenschaftler heute, allen voran vielleicht der Evolutionstheoretiker Daniel Dennett, halten den Baldwin-Effekt für gut belegt und wichtig.

DIE ÜBERRASCHENDE ROLLE DES SPIELS

Der Baldwin-Effekt und die Wertschätzung von Musik

Der Baldwin-Effekt könnte in unserer eigenen Entwicklung eine Rolle gespielt haben – also in Ihrer und meiner. Der Musikwissenschaftler Piotr Podlipniak vermutet, dass dadurch die Entwicklung der *Musikalität*, der Fähigkeit, Musik zu erkennen, zu lernen und aufzuführen, erklärt werden könnte. Musikalität hat offensichtliche adaptive Vorteile. Es erleichtert die Mutter-Kind-Bindung, fördert die Gruppenkonsolidierung und erhöht die sexuelle Attraktivität; sie hat uns Schlaflieder, Schulkampflieder und Rockstar-Groupies beschert.

Aber was ist sie? Man kann sagen, dass jedes Musikwerk ein Produkt der Kultur ist, aus der es hervorgegangen ist. Reggae beispielsweise entstand aus Ska und anderen jamaikanischen Variationen von Calypso und Rhythm and Blues. Musikalität geht jedoch über die Kultur hinaus. Dies ermöglicht es einem Reggae-Musiker, der zum ersten Mal eine Polka hört, sie nicht als bloßen Klang wahrzunehmen, sondern als das, was Podlipniak als »eine syntaktisch organisierte Struktur basierend auf Tonhöhenklassen und rhythmischen Einheiten, die in Bezug auf einen musikalischen Takt gemessen werden«, bezeichnet.[24] Dass Musikalität allen Menschen gemeinsam ist, bedeutet, dass sie durch spezifische neuronale Schaltkreise ermöglicht wird. Wenn dem so ist, sagt Podlipniak, dann nimmt jedes Musikstück bei seiner Entstehung eine Existenz außerhalb und unabhängig von seinem Schöpfer und unabhängig von uns allen an. Dann verdoppelt es sich und stimuliert die Entwicklung einer Region in unserem Gehirn und Nervensystem. Beim Schaffen von Musik haben wir unbeabsichtigt, aber sehr effektiv, unsere eigene Entwicklung gesteuert.

Der Handschuh von innen nach außen gedreht

Was ist mit dem Baldwin-Effekt und dem Spiel? Kurioserweise stellte eine Gruppe von Ethologen erst 2001 den Zusammenhang her, den Groos und Baldwin nicht erkannt hatten. Wir haben sie bereits getroffen: Spinka, Newberry und Bekoff. In demselben Aufsatz, in dem sie behaupteten, dass ein wichtiger Anpassungsvorteil des Spiels das Training für das Unerwartete sei, verknüpften sie den Baldwin-Effekt mit dem Spielen.

Ein Tier, das funktionelle Verhaltensweisen ausübt – etwa Nahrungssuche und Jagd –, konzentriert sich auf bestimmte Aufgaben, und bis diese Aufgaben erledigt sind, ignoriert es Hindernisse und Unterbrechungen oder widersetzt sich ihnen. Es legt mit Sicherheit keine Selbstbehinderung an den Tag. Ein spielendes Tier hingegen, das Hindernissen und Unterbrechungen nachgibt und diese sogar akzeptiert, wird mit größerer Wahrscheinlichkeit eigenwillige und innovative Handlungen hervorbringen als ein Tier mit funktionalem Verhalten. Da der Baldwin-Effekt durch solche Aktionen ausgelöst wird, schreiben Spinka, Newberry und Bekoff, ist es wahrscheinlicher, dass er eher durch ein spielendes Tier in Gang gesetzt wird als durch ein Tier, das etwas anderes tut.

Der Baldwin-Effekt wird wahrscheinlich auch aus einem anderen Grund beim Spiel zum Tragen kommen. Tiere einer bestimmten Population jagen, suchen nach Futter und säugen ihre Jungen auf die gleiche Weise. Aber spielende Tiere

DIE ÜBERRASCHENDE ROLLE DES SPIELS

spielen oft anders. Darüber hinaus werden Innovationen – neue Bewegungen, neue Spiele – durch einzelne Tiere in die Population eingeführt. Die von Petrůs Team beobachteten 360-Grad-Wendungen wurden nur von einer Brazzameerkatze ausgeführt, und das Springen auf der Stelle mit einem Gegenstand auf dem Kopf war ebenfalls nur eine Freizeitbeschäftigung einer einzigen Dianameerkatze. Innovationen im Spiel von Hunden und Seehunden scheinen ebenfalls von einzelnen Individuen eingeführt zu werden.[25] Das bedeutet, dass eine Population spielender Tiere nicht nur wahrscheinlich mehr Innovationen hervorbringt als eine Population von Tieren, die sich ernsthaft verhalten; es ist auch wahrscheinlicher, dass dadurch mehr *Arten* von Innovationen hervorgebracht werden.

Spielen lädt mehr als jedes andere Verhalten zu Innovationen ein, und über mehrere Generationen hinweg wurden alle vererbten Merkmale ausgewählt, die es einem Tier ermöglichen, diese Innovationen schneller und einfacher zu erlernen. Innovation erzeugt den Baldwin-Effekt, und der Baldwin-Effekt beschleunigt die natürliche Selektion. Dadurch wird der Handschuh von innen nach außen gedreht. Die Evolution führt zum Spiel, und in manchen Fällen gibt das Spiel oder vielmehr das Tier, das durch das Spiel die erste Innovation hervorgebracht hat, eine Richtung für seine eigene Entwicklung vor.

Kapitel 10

Tier spielen

Die Völker, die an den zerklüfteten Küsten der Äußeren Hebriden Schottlands, an der Westküste Irlands und auf den Inseln im Färöer-Archipel leben, erzählen Geschichten über das Robbenvolk oder die *Selkies*. Kalsoy ist eine Insel im Färöer-Archipel, die sich durch einen zentral gelegenen Berggrat auszeichnet, der sich über eine Länge von fast fünfzehn Kilometern erstreckt und ihr das Aussehen eines halb überfluteten Bergrückens verleiht. Kalsoy ist ein einzigartiger Ort und hat passenderweise seine eigene Selkie-Geschichte.

Ein junger Fischer aus dem Dorf Mikladalur wagt sich an die raue Westküste, wo er Robben sieht, die aus der Brandung auftauchen und sich auf den Felsvorsprüngen bewegen. Eine Robbe fängt an, gegen den Felsen zu stoßen, ihr dunkles und glänzendes Fell platzt, und eine Gestalt windet sich heraus, schlägt die Haut beiseite und steht auf. Es ist eine Frau, nackt und blass in der Spätsommersonne. Die anderen Tiere machen das Gleiche und breiten ihre Häute zum Trocknen aus. Bald lachen sie und beginnen zu singen und zu tanzen.

Der Fischer achtet sorgfältig darauf, verborgen zu bleiben. Er weiß jetzt, dass er Selkies beobachtet. Der Legende nach verbindet die abgeworfene Haut der Selkies sie mit dem Meer. Wenn der Fischer die Haut von einer Selkie fernhalten kann, kann sie nicht ins Meer zurückkehren und muss seine Frau werden. Er bewegt sich schnell und hält sich außerhalb der Sichtweite der Selkies, nimmt die Haut der ersten Selkie und wartet. Als die Sonne den Horizont berührt und die Luft kühl geworden ist, beenden die Selkies ihre ausgelassene Feier. Die

TIER SPIELEN

erste Selkie stellt fest, dass ihre Haut fehlt, und beginnt zu weinen. Die anderen trösten sie, aber sie wissen genau wie sie, dass sie nicht mit ihnen zurückkehren kann. Sie schlüpfen langsam in ihre Haut, und eine nach der anderen rutschen sie vom Felsvorsprung in die Brandung, bis die letzte Selkie nackt und zitternd allein auf den Felsen zurückbleibt. Der Fischer nähert sich ihr, unbeholfen und ungeschickt. Er hält ihre Haut unter seinem Arm gefaltet, bietet ihr aber seinen Mantel an, und sie nimmt ihn.

Jahre vergehen. Der Fischer und seine Selkie-Frau führen eine erträgliche Ehe. Jeden Tag bringt er den Teil seines Fangs nach Hause, der nicht verkauft werden kann. Sie kocht, flickt seine Kleidung, fegt ihr kleines Haus und tut alles, was man von einer Fischerfrau erwarten kann. Aber sie reden wenig, lachen und singen nicht, und er bemerkt, dass sie manchmal ihre Hausarbeiten unterbricht und minutenlang auf das Meer blickt. Der Fischer bewahrt ihre Haut in einer Truhe auf und trägt den Schlüssel bei sich. Doch eines Morgens, als er abreist, beschäftigen ihn andere Gedanken – vielleicht ein schlechter Fang am Vortag, Gerüchte über einen Sturm oder die Kosten für die Reparatur seines Bootes. Er ist meilenweit von der Küste entfernt, als ihm klar wird, dass er den Schlüssel vergessen hat. Als er zurückkommt, findet er die Truhe offen und leer vor. Also durchquert er die Insel und weiß, was er finden wird. Dort, auf dem Felsvorsprung, wo er sie zum ersten Mal sah, liegen die ordentlich gefalteten Kleider seiner Frau.

Der Fischer isst alleine. Er schläft alleine. Er lässt sich nicht trösten. Bald betrachtet er das Meer als Feind und wird halb verrückt. Er beginnt, die Robben zu töten, die auf den Felsvorsprüngen spielen. Er weiß nicht, welche Robben Selkies sein könnten, und vielleicht ist es ihm auch egal. Er kann nicht wissen, dass seine Selkie-Frau einen Selkie-Ehemann genommen und Selkie-Kinder geboren hat. Eines Tages tötet er unwissentlich ihren Mann und ihre beiden Söhne. Die Selkie-Frau schwört dem Fischer Rache und belegt ihn und alle Männer von Mikladalur mit einem Fluch. Einer wird auf dem Meer sterben, ein anderer durch einen Sturz von einer Klippe, dann noch einer und noch einer, bis so viele tot sind, dass sie, würden sie aufstehen und sich mit den Armen gegenseitig unterhaken, die Insel einkreisen würden.

In vielen Kulturen gibt es Geschichten über Menschen, die Tiergestalt annehmen: Navajo-Fellwanderer, die sich in Bären verwandeln, mesoamerikanische Schamanen, die die Gestalt von Jaguaren annehmen, und, was vielleicht am berühmtesten ist, osteuropäische Männer und Frauen, die sich in Wölfe verwandeln. Alle diese Figuren werden von Mythologieforschern als Therianthropen bezeichnet, abgeleitet von den griechischen Begriffen *therion* für »wildes Tier« und *anthropos* für »Mensch«. Geschichten über Metamorphosen in die andere Richtung – Tiere werden zu Menschen – sind wahrscheinlich ebenso weit verbreitet, und in vielen dieser Geschichten, wie auch in den Selkie-Mythen, werden die verwandelten Tiere Ehefrauen von Menschen. In Korea beispielsweise gibt es Traditionen von Schneckenfrauen, in Japan und Russland Froschfrauen. Wie in Geschichten über Therianthropen ist die Transformation zwangsläufig unvollständig, das Wesen der Frauen bleibt herausfordernd tierisch. Dies ist einer der Gründe dafür, warum nur wenige Tierfrauengeschichten glücklich, viele dagegen in Gewalt enden. Die Gewalt, die die Geschichte der Kalsoy-Selkie-Frau beendet, ist jedoch von erschreckend größerem Ausmaß. Und so wohl auch der Verlust, der dazu geführt hat.

Man stellt sich den Fischer in dem Moment vor, in dem er ihre Kleidung findet. Er schaut auf die Brandung, die sich unten an den Felsvorsprüngen bricht, und auf das offene Meer dahinter in der Spätnachmittagssonne, dessen graue Oberfläche weiß gesprenkelt ist. Er weiß, dass sich darunter eine Welt befindet, die viel größer ist als seine eigene. Im Gegensatz zu seiner Insel ist sie grenzenlos. Vielleicht erlaubt er sich also, sich ein anderes Ende der Geschichte vorzustellen. Durch Glück oder Zauber findet er ein Robbenfell, schlüpft hinein und rutscht vom Felsvorsprung in die Brandung. Irgendwo in diesem großen Ozean findet er sie. Sie versöhnen sich. Sie zeigt ihm ihre Welt und ihre Geheimnisse, und mit der Zeit lernt er sie kennen, als wären es seine eigenen.

Aber das ist nur ein Traum von etwas, das er niemals erfahren und niemals haben kann. Und genau das verliert er auch.

Eine Kinderfrage

Man vermutet, dass sich Menschen schon immer vorgestellt haben, solange es Menschen und Tiere gibt, wie es ist, ein Tier zu sein, oder wie es für ein Tier ist, ein Tier zu sein. Es scheint eine natürliche Übung der Vorstellungskraft zu sein, insbesondere der Vorstellungskraft von Kindern. Ein Kind, das einen Seehund beim Tauchen sieht, einen Spatz, der zwischen Ästen umherflattert, oder einen Goldfisch, der gegen das Glas seines Aquariums stößt, fragt sich oft, wie es sich anfühlt, der Seehund, der Spatz, der Goldfisch zu sein. Es ist eine grundlegende Frage, und wie viele grundlegende Fragen bleibt sie oft unbeantwortet. Niemand sagt es direkt, aber die Reaktion auf das Kind ist subtiler Themawechsel oder Schweigen. *Du bist kein Seehund, kein Spatz und kein Goldfisch. Denk an etwas anderes.* Aber manche Kinder entscheiden sich anscheinend dafür, an nichts anderes zu denken. Als Wissenschaftler bei einem Treffen von Ethologen im Jahr 1991 gefragt wurden, warum sie sich entschieden haben, ein bestimmtes Tier zu untersuchen, antworteten die meisten, dass sie wissen wollten, wie es sei, dieses Tier zu *sein*.[1]

Eine Ergänzung zu Tinbergen

Erinnern Sie sich daran, dass Burghardt und die Pellis in Anlehnung an Tinbergen behaupteten, man müsse, um das Spiel eines Tieres vollständig zu verstehen, seinen oder seine Anpassungsvorteil(e), seine Entwicklung im Laufe des Lebens, die physischen Merkmale des Tieres, die das Spiel ermöglicht haben, und seine Evolution über die Zeiten hinweg berücksichtigen? Burghardt fügte dem hinzu, dass man, wenn man das Spiel eines Tieres vollständig verstehen wolle, auch wissen müsse, wie das Tier dies erlebte.[2] Man müsse die Frage des Kindes beantworten. Aus Achtung vor der Entschlossenheit von Kindern, die eines Tages Ethologen wurden, wollen wir um des Arguments willen und im Geiste einer aufgeschlossenen (und spielerischen) Forschung die Möglichkeit erkunden, ob man wissen *kann*, wie es ist, ein Tier zu sein.

Wie Burghardt selbst zugab, würde diese Erkenntnis nicht leicht zu erlangen sein. Es wäre eine Abkehr von und sogar

EINE ERGÄNZUNG ZU TINBERGEN

eine Rebellion gegen die jahrhundertealte Vorstellung, dass jeder Versuch, das innere Erleben eines Tieres zu verstehen, sinnlos sei – aus dem einfachen Grund, dass es wenig zu verstehen gebe. Mehrere einflussreiche Philosophen und Theologen – Sankt Ambrosius und der heilige Augustinus im 4. und 5. Jahrhundert sowie der heilige Thomas von Aquin im 13. Jahrhundert – vertraten die Auffassung, dass Tiere sich von Menschen dadurch unterschieden, dass ihnen zwei Eigenschaften fehlten. Eine davon war die Fähigkeit, vernünftig zu denken. Damit folgten sie Aristoteles, der den Menschen als »das rationale Tier« definiert und damit implizit alle anderen als irrational bezeichnet hatte. Das andere, eher metaphysische und aus der Heiligen Schrift abgeleitete Attribut war die Seele. Sie betrachteten diese Attribute als miteinander verbunden: Die Vernunft definierte die Seele.[3]

Sie und ich könnten vermuten, dass ein Schaf, das vor einem Wolf flüchtet, den es noch nie zuvor gesehen hat, aus Instinkt handelt, aber diese Philosophen hatten keine Vorstellung von Instinkt als solchem. Sie vertraten die Auffassung, dass ein Schaf, da es keine Vernunft besitzt, aus früheren Erfahrungen nicht schließen kann, dass der Wolf eine Bedrohung darstellt. Einige erklärten das Verhalten der Schafe – oder besser gesagt versuchten es zu erklären –, indem sie ein Attribut erfanden, das wie Vernunft aussah, aber etwas anderes war. Das Schaf rannte, weil es die tödlichen Absichten des Wolfes durch eine Art sechsten Sinn wahrgenommen hatte, den sie *Estimativa* nannten.[4]

Im 17. Jahrhundert formulierte der französische Philosoph René Descartes, dass der »Geist« vom materiellen Universum getrennt und das Mittel sei, durch das der Mensch mit dem

TIER SPIELEN

Geist Gottes verbunden sei. Tiere, die keine solche Verbindung hätten, wären Automaten ohne Seele, Verstand oder – Geist. Nicht alle stimmten dem zu. Der schottische Philosoph David Hume entgegnete, dass solche Ideen auf apriorischen Annahmen beruhten, losgelöst von Alltagserfahrungen seien und kaum in Betracht zögen, wie Tiere tatsächlich seien. Im Jahr 1739 verwarf er diese Vorstellungen rundheraus und erklärte: »Keine Wahrheit erscheint mir offensichtlicher als die, dass Tiere genauso gut mit Gedanken und Vernunft ausgestattet sind wie der Mensch.« Er fuhr fort: »Die Beweisgründe dafür liegen so klar am Tage, daß sie« – hier folgt eine rhetorische Rakete, die direkt auf Descartes gerichtet zu sein scheint – »den Beschränktesten und Unwissendsten nicht entgehen können.«[5]

Im späten 19. Jahrhundert war Humes vernünftige Ansicht weit verbreitet. Edward Thompson war 1851 in seinen Schriften davon überzeugt, dass Tiere das besaßen, was er »einen inneren Sinn analog zur Fähigkeit der Seele« nannte.[6] Viele Naturphilosophen vertraten die Ansicht, dass Tiere über einen Geist und innere Erfahrungen verfügten, sodass Darwin 1871 die Frage als geklärt proklamierte: »Ich glaube, es ist nun gezeigt worden, dass der Mensch und die höheren Thiere ... einige wenige Instincte gemeinsam haben ... Alle haben dieselben Sinneseindrücke und Empfindungen, ähnliche Leidenschaften, Affecte und Erregungen, selbst die komplexeren, wie Eifersucht, Verdacht, Ehrgeiz, Dankbarkeit und Großherzigkeit. ... Sie fühlen Verwunderung und Neugierde; sie besitzen dieselben Kräfte der Nachahmung, Aufmerksamkeit, Überlegung, Wahl, Gedächtnis, Einbildung, Ideenassociation, Verstand, wenn auch in sehr verschiedenen Graden.«[7] In seinem Werk *The Expression of the Emotions in Man and Animals* (dt.: Der Aus-

druck der Gemütsbewegungen bei dem Menschen und den Tieren) von 1872 ging er noch einen Schritt weiter und argumentierte ausführlich, dass das Verhalten vieler Tiere nur durch die Anerkennung ihrer Gedanken und Gefühle verstanden werden könne. Ein Buch, das ihre Entwicklung nachzeichnete, wäre eine logische Fortsetzung von *Abstammung* und *Gemütsbewegungen* gewesen, aber in den späten 1870er-Jahren richtete Darwin sein Interesse auf sein letztes Buch, *The Formation of Vegetable Mould through the Action of Worms* (dt.: *Die Bildung der Ackererde durch die Tätigkeit der Würmer*, 1881). Er vertraute seine Ideen und Notizen zur Entwicklung des tierischen Geistes einem anderen an – seinem Kollegen und Schützling, dem kanadisch-englischen Naturforscher George Romanes.

George Romanes und Personen, »die dem Ruhm unbekannt sind«.

Wie Darwin vertrat Romanes die Ansicht, dass es »eine psychologische, nicht weniger als eine physiologische Kontinuität gebe, die sich über die gesamte Länge und Breite des Tierreichs erstreckt«[8], und er machte sich an Arbeiten, die diese Kontinuität beweisen sollten. Er begann damit, Berichte von weit entfernten Korrespondenten zu sammeln, und plante, nur solche von bekannten und angesehenen Naturforschern oder Personen zu akzeptieren, die auch andere Naturforscher als glaubwürdig ansahen. Doch schon bald stellte er fest, dass es schwierig war, das Thema »Verstand der Tiere« mit solcher Genauigkeit zu behandeln. Empirische Tests waren selten, doch es gab jede Menge interessante Anekdoten. Und die faszinierendsten dieser Anekdoten stammten von Laien – oder wie er es ausdrückte: »Personen mit Namen, die dem Ruhm mehr oder weniger unbekannt sind«.[9] Romanes vermutete, dass einige Berichte einen echten Aussagewert hatten, und befürchtete, dass er etwas Wichtiges übersehen könnte, wenn er sie einfach pauschal abtat. Also übernahm er einen redaktionellen Standard. Von den faszinierendsten Berichten würde er nur diejenigen akzeptieren, die das Verhalten »besonders ausgeprägt und unverkennbar« beschreiben, die den Anschein erwecken, korrekt und unvoreingenommen zu sein, und die durch ähnliche Berichte bestätigt werden könnten.

Das Ergebnis, sein Werk *Animal Intelligence* aus dem Jahr 1882, ist voller Anekdoten: ein Pavian, der sich rächt, ein Elefant, der einen Diebstahl verheimlicht, Vögel, die Piraterie betreiben, und Schwäne, die eheliche Treue demonstrieren. Ein faszinierender Bericht folgt dem anderen, und der Leser ist verblüfft, umso mehr, weil die meisten Berichte glaubwürdig sind; manche sind Auszüge aus den Schriften angesehener Naturforscher aus der Zeit von Romanes, andere wurden von späteren Ethologen bestätigt. Dennoch kritisierten viele seiner Zeitgenossen das Buch, nicht weil sie die Berichte zweifelhaft fanden, sondern weil sie die Methode, mit der er sie zusammentrug, für kurzsichtig hielten. Er schien die Möglichkeit nicht in Betracht gezogen zu haben, dass seine Quellen nur über die Verhaltensweisen berichtet hatten, die Intelligenz zu demonstrieren schienen, und alle anderen ignoriert hatten. Darüber hinaus machte er keine Angaben zur Häufigkeit der bemerkenswerteren Vorfälle und ließ es somit offen, ob sie selten oder sogar nur Einzelfälle waren.

Die Unzulänglichkeiten von Romanes' Arbeit – Anekdoten, die als Beweise präsentiert wurden, und ein allgemeiner Mangel an Genauigkeit – waren der Fluch vieler wissenschaftlicher Bereiche. Aber das Verhalten von Tieren wurde auch von einem anderen, ganz eigenen Dilemma geplagt. In den 1890er-Jahren waren viele Naturforscher besorgt, weil einige ihrer Kollegen – darunter Romanes – den Tieren menschliche Eigenschaften zuschrieben und sich damit einer Denkweise und Praxis widmeten, die man Anthropomorphismus nennt. Der Begriff war damals entschieden abwertend gemeint und beinhaltete eine implizite Kritik an den betreffenden Kollegen, die als unwissenschaftlich markiert wurden.

Die Affäre Kluger Hans

Die Gefahr, Tieren menschliche Qualitäten zuzuschreiben, und die Notwendigkeit sorgfältiger Studien zum Verhalten von Tieren sollten sowohl den Wissenschaftlern als auch – da die Bedenken nicht nur akademischer Natur waren – der breiten Öffentlichkeit bald auf dramatische Weise deutlich vor Augen geführt werden. Einige Mitglieder dieses Publikums interessierten sich besonders für die Darbietungen eines russischen Trabrennpferdes namens *Kluger Hans*. Anfang der 1890er-Jahre trat Hans auf Ausstellungen in Berlin auf. Mit Hufklopfen oder Kopfnicken antwortete er auf Fragen seines Trainers und der Zuschauer. Er schien in der Lage zu sein, mathematische Probleme zu berechnen, Deutsch zu verstehen und Notenschrift zu lesen. Einige Mitglieder der kleinen Gruppe von Wissenschaftlern, die sich für die Intelligenz von Pferden interessierten, vermuteten, dass die Sache ohne Hand und Huf sei. Sie waren

TIER SPIELEN

mit ihrer Meinung nicht allein. Das öffentliche Interesse an den Auftritten des Klugen Hans war so groß, dass eine deutsche Schulbehörde eine Kommission – bestehend aus einem Psychologen, zwei Schullehrern, einem Zirkusdirektor, zwei Zoologen und einem Pferdetrainer – mit der Untersuchung dieser Auftritte betraute. Die Kommission beobachtete die Leistung von Hans, fand keine Ausrede und kam zu dem Schluss, dass die Intelligenzbekundungen des Pferdes echt waren. Ihre Aussage überzeugte viele. Aber nicht alle.

Oskar Pfungst, Student am Psychologischen Institut der Universität Berlin, blieb skeptisch. Mit Erlaubnis und Kooperation des Trainers führte Pfungst seine eigene Testreihe durch. Er stellte fest, dass Hans Fragen nur dann richtig beantworten konnte, wenn die Fragesteller die Antwort kannten und wenn der Trainer oder die Fragesteller für Hans sichtbar waren. Pfungst bemerkte auch, dass die Fragesteller und der Trainer, während sie auf Hans' Antwort warteten, eher steif dastanden, und als Hans die richtige Antwort fand, unbewusst ihre Haltung entspannten. Pfungst erkannte, dass die Fragesteller und der Trainer dem Pferd unabsichtlich Signale gaben, auf die das Pferd reagierte. Diese Episode wurde zum abschreckenden Beispiel für diejenigen, die Anekdoten über das Verhalten von Tieren unkritisch Glauben schenkten; Pfungsts Beobachtungsmethode hingegen wurde in ihrer Genauigkeit und Liebe zum Detail später ein Vorbild für die Gestaltung von Versuchen.

Die *Affäre Kluger Hans* machte deutlich, dass die Erforschung des Verhaltens von Tieren eines leitenden Prinzips bedarf. Im Jahr 1894 lieferte der Psychologe C. Lloyd Morgan ein solches: »Auf keinen Fall dürfen wir eine Handlung als Ergebnis der Ausübung einer höheren psychischen Fähigkeit interpretieren, wenn sie als Ergebnis der Ausübung einer auf der psychologischen Skala niedriger stehenden Fähigkeit interpretiert werden kann.«[10] Angesichts der Auswahl an Erklärungen für das Verhalten eines Tieres sei die einfachere zu bevorzugen, sagte Morgan. Er hatte Ockhams Rasiermesser auf die wilden Hypothesen des Fachgebiets angewendet; mit der Zeit fand sein Prinzip weit verbreitete Anwendung und wurde als Morgans Kanon bekannt.

Methodischer Behaviorismus

Das anthropomorphe Denken war jedoch nicht leicht zu unterdrücken und belastete weiterhin die sich neu herausbildende Disziplin des Studiums des Tierverhaltens. Groos kritisierte in einem Schreiben aus dem Jahr 1898 eine seiner Quellen [Anm. d. Ü.: gemeint ist *Brehms Tierleben*], sie leide »… an dem Fehler, dass [sie] die thierischen Handlungen allzusehr vermenschlicht«.[11] Als Korrektiv beschränkten einige Wissenschaftler ihren Anwendungsbereich auf beobachtbare Reize und Verhaltensweisen, eine Praxis, die als methodologischer Behaviorismus bezeichnet wird. Das hatte seine Vorzüge. Es vereinfachte und verdeutlichte die Forschungsmethoden und ermöglichte die Quantifizierung der Ergebnisse. Es erleichterte den Forschern auch, ihre eigenen Gedanken und Gefühle aus ihren Ergebnissen auszuschließen. In der ersten Hälfte des 20. Jahrhunderts war diese Praxis der Leitfaden vieler Forschungsvorhaben zum Verhalten von Tieren. Doch in der zweiten Hälfte des Jahrhunderts wurde einigen Forschern zunehmend bewusst, dass diese Praxis der Aufgabe nicht ganz gewachsen war. Das Verhalten von Tieren hatte einen Reichtum und eine Komplexität, die der methodologische Behaviorismus nicht erklären konnte.

In einem 1976 erschienenen Buch mit dem Titel *The Question of Animal Awareness* berief sich der Zoologe Donald Griffin auf immer häufiger auftretende Beweise aus neurologischen und Verhaltensstudien, die zeigten, dass Tiere über Bewusstsein (ihrer selbst) verfügten, und er tadelte die wissenschaftliche Kultur, die diese Beweise nicht berücksichtigte. Wissenschaftler, die das Tierbewusstsein leugneten, sagte er, waren unfähig, bestimmte Eigenschaften von Tieren zu erkennen, und zwar aus keinem anderen Grund als dem, dass Menschen diese besitzen. Er glaubte, dass ihre Haltung ein Hindernis für den wissenschaftlichen Fortschritt und genauso engstirnig und unwissenschaftlich wie die Zuschreibung menschlicher Qualitäten an Tiere sei. Er nannte es *Mentophobie*. Wäre diese Kritik von einem weniger bedeutenden Wissenschaftler gekommen, so wäre sie möglicherweise ignoriert worden. Aber Griffin hatte die Echoortung bei Fledermäusen entdeckt. Unter anderem deshalb war er bekannt und respektiert. Sein Buch überzeugte viele davon, dass ein Umdenken überfällig sei. Schon bald inspirierte es ein neues Fachgebiet, die *kognitive Ethologie*, die Untersuchung der mentalen Zustände von Tieren auf Grundlage ihrer Interaktionen mit ihrer Umwelt.

Dennoch wurde der methodologische Behaviorismus nicht völlig aufgegeben. Noch im späten 20. Jahrhundert empfahl ein vielbeachtetes Lehrbuch: »Man ist gut beraten, das Verhalten zu studieren, anstatt zu versuchen, an irgendeine zugrunde liegende Emotion heranzukommen.«[12] Es gibt weiterhin Widerstand gegen die Anerkennung des Innenlebens von

Tieren und gegen Versuche, dieses Leben zu studieren. Dieses Erbe wurzelt in der Philosophie und Theologie – und damit in den kulturellen Traditionen – Westeuropas. Doch andere kulturelle Traditionen messen Tieren und ihrem Innenleben einen höheren Stellenwert zu und erkennen keinen nennenswerten Unterschied zwischen ihrem und unserem Geist an. Der Buddhismus behauptet beispielsweise, dass eine menschliche Seele im Körper eines nichtmenschlichen Tieres wiedergeboren werden kann. Dass dieser Glaube einem Großteil der japanischen Kultur zugrunde liegt, hat es einem in dieser Kultur lebenden Wissenschaftler – dem japanischen Ökologen und Anthropologen Kinji Imanishi – möglicherweise leichter gemacht zu erkennen, dass Primaten kulturelle Unterschiede innerhalb einer Art aufweisen.[13] Als Imanishi seine Entdeckung zum ersten Mal vorstellte, hielten einige Primatologen sie für verdächtig. Der Grund, so sagte der Primatologe Frans de Waal, sei, dass sie immer noch unter der Knechtschaft der westeuropäischen Traditionen stünden, einer Denkweise, die er als *Anthropodenial* bezeichnete. [Anm. d. Ü.: Blindheit gegenüber menschenähnlichen Eigenschaften anderer Tiere]

Burghardts Mittelweg

Als die Vorstellungen, dass das Verhalten von Tieren und Menschen gemeinsame Wurzeln haben könnte – Vorstellungen, die lange dem Bannfluch ausgesetzt waren –, einer Neubewertung unterzogen wurden, traf dies auch auf die Aussagekraft anekdotischer Beweise zu. In den 1990er-Jahren gelangte Burghardt, der solche Beweise lange Zeit kritisiert hatte, zu der Überzeugung, dass sie für die Erforschung des Tierspiels nützlich, wenn nicht sogar unverzichtbar seien. Es gab mehrere Gründe. Erstens könnten Anekdoten, wenn sie mit Bedacht eingesetzt werden, dazu beitragen, die qualitativen Daten zu verdeutlichen und zu beleuchten, die andernfalls in den Diagrammen und Balkendiagrammen verloren gehen könnten. Zweitens: Während eine einzelne Anekdote beispielsweise über eine Täuschung bei Primaten von zweifelhaftem Wert sein könnte, könnten Sammlungen von Anekdoten über das Verhalten einer strengen quantitativen Analyse unterzogen werden. (Diese Praxis hat sich bereits bewährt. Der Biologe und vergleichende Psychologe Louis Lefebvre interessierte sich für innovatives Verhalten von Vögeln, über die die meisten Berichte anekdotischer Natur waren. Er durchsuchte 75 Jahrgänge Vogelverhaltens- und Ökologiezeitschriften nach Wörtern wie »neuartig« oder »ungewöhnlich« und fand 2300 Beispiele für innovatives Verhalten bei Hunderten von Arten.)[14] Der dritte Grund war, dass eine einzelne Anekdote zwar an sich von geringem Wert sein, Wissenschaftler jedoch dazu veranlassen könnte, nach Verhaltensweisen zu suchen, die sie sonst nicht gefunden hätten. Und viertens hielt Burghardt Anekdoten für nützlich, weil sie oft die einzigen verfügbaren Daten waren.

In jüngerer Zeit hat Burghardt angedeutet, dass Ethologen nicht anders könnten, als sich vorzustellen, dass Emotionen, die ihr eigenes Verhalten bestimmen, auch dasjenige eines Tieres leiten und dass für jeden, der den Geist von Tieren verstehen möchte, der Anthropomorphismus die Standardausgangsposition sein könnte. Burghardt sagt, das sei nicht unbedingt schlecht. Bei umsichtiger und maßvoller Anwendung könnte ein solcher Ansatz echte Erkenntnisse liefern. Er schlägt vor, dass Ethologen mithilfe einer Technik, die er *kritischen Anthropomorphismus* nennt, ihre Intuitionen untersuchen und sie mit denen anderer Ethologen vergleichen könnten. Gemeinsame Intuitionen wären weniger wahrscheinlich Projektionen eines einzelnen Ethologen und würden eher die tatsächliche Erfahrung des Tieres widerspiegeln. Diese Intuitionen seien es wert, ernst genommen zu werden, und könnten zur Entwicklung von Hypothesen und zur Ausrichtung weiterer Fragestellungen genutzt werden.

Eiseley und die Krähe

Eine ernst zu nehmende Intuition stammt von dem Anthropologen und Autor Loren Eiseley. Von seinen zahlreichen Berichten über Begegnungen mit der Natur ist einer für unser Anliegen besonders relevant. Eiseley ging in dichtem Nebel eine Landstraße entlang, als plötzlich eine große Krähe ein paar Meter über seinen Kopf flog und ein lautes Krächzen ausstieß. Das Geräusch war so durchdringend, dachte Eiseley, dass es sich nur um einen Schrei völligen Entsetzens handeln konnte. Die Krähe, die im Nebel desorientiert war, musste geglaubt haben, sie sei einem Mann begegnet, der mitten in der Luft ging, und so etwas war, um es mit Eiseleys eindringlichen Worten auszudrücken, »das größte Übel, das sich ein Krähengeist vorstellen konnte«.[15]

Wir könnten annehmen, dass ein Moment des Einblicks in den Geist eines Tieres genau so sein sollte – verblüffend, sogar schockierend. Eiseleys Intuition *scheint* richtig zu sein. Aber war sie das wirklich? Oder bildete er sich nur das ein, was er sich vorstellen wollte? Wir können es nicht wissen. Aber wenn wir den von Burghardt empfohlenen Ansatz wählen – indem wir in diesem Fall die Erfahrungen anderer mit kreischenden, desorientierten Krähen miteinander vergleichen –, könnten wir daraus den Schluss ziehen, dass Eiseley einer Sache auf der Spur war.

Die »Umwelten« von Jakob von Uexküll

Bei Versuchen, die Art der Erfahrung eines Tieres zu bestimmen, wäre der kritische Anthropomorphismus – das heißt eine Untersuchung, die auf Hypothesen basiert, welche aus der Intuition abgeleitet wurden – ein logischer Ausgangspunkt. Aber eben auch nicht mehr. In den 1920er-Jahren hatte ein Forscher eine Möglichkeit vorgeschlagen, auf diesen Intuitionen aufzubauen, sie zu erweitern und zu testen. Es war ein in Estland geborener Deutscher namens Jakob von Uexküll, und seine wissenschaftlichen Interessen könnten als philosophische Biologie bezeichnet werden.

Uexküll behauptete, dass ein Tier, jedes Tier, die Welt durch Zeichen wahrnimmt, die es für interessant hält, und gegenüber allen anderen unempfindlich ist oder sie nicht wahrnimmt. Ein Habicht bemerkt möglicherweise eine leichte Bewegung des Grases auf einer Wiese, die auf die Anwesenheit einer Feldmaus hinweisen könnte, achtet jedoch nicht auf frisch blühenden Rotklee in der Nähe. Eine Biene würde den Klee bemerken, aber vielleicht nicht die Bewegung im Gras. Man kann sagen, dass jedes Tier in einer Blase seiner eigenen Wahrnehmungen lebt. Uexküll nannte eine solche Blase eine

Umwelt. Diese Auffassung führt zu einer schwindelerregenden Vorstellung vom tierischen Leben auf der Erde als Blasen völlig unterschiedlicher Größe. Die Umwelt einer Amöbe ist möglicherweise nur geringfügig größer als ihr Körper, während eine Küstenseeschwalbe, die über das offene Meer fliegt und sich an fernen Sternen orientiert, eine Umwelt mit einem Radius von Hunderten von Lichtjahren haben könnte. Da sich Umwelten mit ihrem Subjekt bewegen und sich oft gegenseitig durchdringen, gleiten jederzeit unzählige Umwelten über, unter und zwischen jeweils andere, und jede hat ein Tier im Mittelpunkt.

Uexküll entwickelte diese Idee im Laufe seiner Karriere weiter, und spätere Formulierungen mit zwei Schichten von Umwelten – Rezeptoren, die Informationen empfangen, und Effektoren, die darauf reagieren – waren so komplex, dass ihre vollständige Erklärung mehr als siebzig Fachbegriffe erforderte. Diese Idee beeinflusste die Erforschung von Zeichen und Symbolen, was Semiotik genannt wird. Sie nahm auch Konzepte der Informationsverarbeitung vorweg, die heute in den Bereichen Robotik und künstliche Intelligenz weit verbreitet sind.

Anthropomorphismus durch Unterlassung

Umwelten sind wohl nützlich, können jedoch auch irreführen. Wenn wir uns vorstellen, dass unsere eigene Umweltblase sich mit einem Teil derjenigen eines Tieres überlappt, sehen wir nur unsere Blase und den Teil unserer Blase, der sich mit derjenigen des Tieres überlappt. Man könnte sich leicht vorstellen, dass diese Überschneidung die gesamte Erfahrung des Tieres

TIER SPIELEN

darstellt, aber uns würde der potenziell große Teil der Umwelt des Tieres entgehen, der außerhalb unserer eigenen Umwelt liegt, der Teil, den der englische Dichter William Blake »eine unermessliche Welt des Entzückens« nannte, »euch mit euren fünf Sinnen verschlossen«. Wenn wir die *gesamte* Erfahrung des Tieres, diese unermessliche Welt des Entzückens, nicht anerkennen, würden wir in eine andere Art von Anthropomorphismus verfallen – nicht indem wir Attribute auferlegen, die nicht vorhanden sind, sondern indem wir die vorhandenen Attribute nicht (an)erkennen. Wir würden damit genau das begehen, was Burghardt als *Anthropomorphismus durch Unterlassung* bezeichnet. Das war eben der Fehler, den das Publikum des Klugen Hans gemacht hatte. Es maß Hans' Intelligenz anhand seiner eigenen Maßstäbe für Intelligenz: Zahlen- und Sprachkenntnisse. Hans beherrschte weder das eine noch das andere. Allerdings war er ziemlich geübt darin, die *Körper*sprache zu erkennen, und diese Art von Intelligenz fehlte dem Trainer und dem Publikum eindeutig.

Die Gehirne der meisten Tiere sind im Großen und Ganzen einfacher als unseres. Daraus sollte jedoch nicht folgen, dass ihre Sinneserfahrung schlechter ist. Aufgrund der Organe, mit denen sie diese Erfahrung vermitteln, kann sie viel reichhaltiger sein. Ein Falke kann eine Maus aus einer Entfernung von bis zu einer Meile sehen. Einige Tiere, wie zum Beispiel Panksepps Ratten, haben Ohren, die Ultraschallfrequenzen wahrnehmen. Die »Nase« des Sternnasenmaulwurfs ist ein Tastorgan, es verfügt über fünfmal so viele Berührungsrezeptoren wie eine Hand. Elefanten können durch ihre Füße und ihren Rüssel einen Widerhall in fünfzehn Kilometern Entfernung erkennen und durch den Vergleich subtiler Unterschiede, was

ANTHROPOMORPHISMUS DURCH UNTERLASSUNG

jeder einzelne Fuß empfindet, durch Triangulation die Quelle ausmachen. Und dann ist da noch der Geruch. Im Vergleich zu vielen Tieren sind wir nahezu anosmatisch, quasi ohne Geruchsempfinden. Unsere Nase hat vielleicht sechs Millionen Geruchsrezeptoren, die Nase eines Hundes hingegen kann bis zu dreihundert Millionen aufweisen. Ein Seidenraupenspinner kann Pheromone aus einer Entfernung von mehr als zehn Kilometern aufspüren.

Obwohl das Sehvermögen eines Falken, der Tastsinn eines Maulwurfs und der Geruchssinn einer Motte viel ausgeprägter sind als die Gegenstücke in unseren »fünf Sinnen«, handelt es sich im Wesentlichen um die gleichen Sinne. Einige Tiere verfügen über ein weitaus größeres Sinnesrepertoire. Grubenottern haben Membranen, eine unter jedem Nasenloch, mit denen sie Infrarotlicht sehen können. Ein Hai kann in trübem Wasser jagen, weil ein Netzwerk von Poren in seinem Kopf mit Lorenzini-Gelee gefüllt ist, einem biologischen Stromleiter, der es dem Hai ermöglicht, kleine Unterschiede zwischen der elektrischen Ladung der Beute und der des Wassers um sie herum zu spüren. Honigbienen können das Erdmagnetfeld mithilfe von Methoden erkennen, die Wissenschaftler noch nicht vollständig verstehen, vielleicht mithilfe eines magnetischen Minerals, das die Zellen in ihrem Bauch auskleidet. Wenn die Bienen fliegen, sammeln sie eine kleine positive Ladung an. Da die Haare an ihren Beinen auf die Anziehungskraft zwischen dieser Ladung und der negativen Ladung einer Blüte reagieren, können die Bienen die Haare nutzen, um sich zu einer Blüte führen zu lassen. Sobald eine Biene zu Besuch kommt, ändert sich die Ladung der Blüte. Und wenn Sie sich das schon je gefragt haben: Genau so erkennt eine nachfolgende Biene, die zu einer Blüte fliegt, dass der Nektarvorrat dieser Blüte aufgebraucht ist, und sie kann weiterfliegen. Solche Sinne können durch Virtual-Reality-Systeme simuliert werden. Eines davon ermöglicht es Menschen, mithilfe von Fledermaus-Echoortungsgeräuschen in einer virtuellen Umgebung zu navigieren.[16] Bei diesen Geräuschen handelt es sich um Ultraschallgeräusche, und das System lässt die Probanden diese Geräusche nicht direkt hören, sondern wandelt sie vielmehr in niedrigere Frequenzen um, die für das menschliche Ohr hörbar sind. Panksepps umgestalteter Fledermausdetektor funktionierte auf die gleiche Weise. Ebenso können wir mit Nachtsichtbrillen das Infrarotlicht nicht so sehen, wie es eine Grubenotter tut, sondern wir sehen es umgewandelt in einen für uns sichtbaren Bereich.[17] Diese Technologien, so beeindruckend sie auch sind, vermitteln uns nicht so sehr die Erfahrung eines Tieres, sondern übersetzen diese Erfahrung in eine Erfahrung, die wir Menschen verstehen können. Man kann mit Sicherheit sagen, dass in diesen »Übersetzungen« viel verloren geht.

»Des Menschen Auge hat's nicht gehört, des Menschen Ohr hat's nicht gesehen«

Es ist eine Sache zu wissen, wie es sich anfühlt, ein Tier zu sein. Es ist etwas ganz anderes, dieses Gefühl zu beschreiben. In Shakespeares *Sommernachtstraum* (Akt IV, Szene 1) verbringt Zettel die meiste Zeit des Stücks mit seinem in einen Eselskopf verwandelten Kopf. Als er in seinen völlig menschlichen Zustand zurückgekehrt ist, ruft er aus: »Des Menschen Auge

DES MENSCHEN AUGE HAT'S NICHT GEHÖRT ...

hat's nicht gehört, des Menschen Ohr hat's nicht gesehen, des Menschen Hand kann's nicht schmecken, seine Zunge kann's nicht begreifen und sein Herz nicht wieder sagen, was mein Traum war.« Zettels Synästhesie – Augen, die hören, Ohren, die sehen, und Hände, die schmecken – könnte eine Nachwirkung der Erfahrung sein, da seine Sinne immer noch durcheinander und verwirrt sind. Es könnte auch darauf hindeuten, dass die Erfahrung, ein Tier zu sein, die Beschreibungskraft der Sprache übersteigt.

Dennoch versuchen viele Werke der Literatur, diese Erfahrung darzustellen. Zu den bekannteren zählen die Erzählung *Der Leinwandmesser*, die Geschichte eines Pferdes, von Leo Tolstoi aus dem Jahr 1886 und *Flush: Eine Biographie* von Virginia Woolf über das Leben (wie Woolf es sich vorgestellt hat) von Elizabeth Barrett Brownings Cockerspaniel. Zu den neueren Werken gehört die Sammlung *Unleashed: Poems by Writers' Dogs*, eine Gedichtsammlung über Hunde verschiedener Autoren, die eine Komposition eines irischen Setters enthält, deren einzige prägnante Zeile lautet: »Blätter – ich dachte, sie wären Vögel.« Nicht alle, die solche literarischen Übungen unternehmen, sind Dichter, aber viele, die das tun, sind mit der Vorstellungskraft eines Dichters ausgestattet. Margaret Floy Washburn war eine amerikanische Psychologin und 1921 die zweite Frau, die als Präsidentin der American Psychological Association fungierte. In ihrem Buch *The Animal Mind: A Textbook of Comparative Psychology* stellt sie sich vor, wie es ist, eine Amöbe zu sein, ein Geschöpf, dessen Geist, sofern man ihn denn überhaupt so nennen kann, nicht durch Erinnerungen belastet ist: »Die bewusste Erfahrung der Amöbe mag eher eine Reihe von ›Blitzen‹ sein als ein stetiger Strom ... Jeder

Moment des Bewusstseins ist, als ob es keine Welt jenseits, davor oder danach gäbe.«[18] Eine Wissenschaftlerin, die neuere Untersuchungen zum Geist von Tieren durchgeführt hat – insbesondere zu *Canis familiaris,* dem Haushund –, ist Alexandra Horowitz, deren wunderbares Werk *Inside of a Dog: What Dogs See, Smell, and Know* (dt.: *Was denkt der Hund? Wie er die Welt wahrnimmt – und uns*) die Erfahrung des Hundes in all seiner Fremdartigkeit und Wunderbarkeit beschreibt.

Wenn wir einem Tier Empfindungsvermögen und Emotionen zugestehen und seine gesamte Umwelt anerkennen, dazu bei Bedarf unterstützende Technologien einsetzen und unsere Vorstellungskraft durch kritischen Anthropomorphismus zügeln, dann könnten wir einen Einblick in seine tierischen Erfahrungen gewinnen. Aber ist das genug Einsicht? Können wir wirklich wissen, wie es ist, ein Tier zu sein? Der Philosoph Thomas Nagel sagte: Nein. Tatsächlich fasst das seinen weithin gelesenen und viel zitierten Artikel aus dem Jahr 1974 mit dem Titel »What Is It Like to Be a Bat« (dt.: »Wie ist es, eine Fledermaus zu sein?«) zusammen. Nagel vertrat die Auffassung, dass die Erfahrung, eine Fledermaus zu sein, nichts anderes als die Summe der Sinneseindrücke der Fledermaus ist, von denen einige, wie die Echoortung, ganz andere Erfahrungen sind als unsere eigenen, und sie werden von einem Geist interpretiert, der ebenfalls ganz anders ist als unser eigener. Diese Erfahrung, sagte Nagel, sei von unserer durch eine große und unüberbrückbare Kluft getrennt. Selbst wenn Sie alle Ressourcen Ihrer Vorstellungskraft aufbieten, stellen Sie vielleicht eine Hypothese auf, wie es für *Sie* sein könnte, eine Fledermaus zu sein, aber Sie können sich nicht vorstellen, wie es für eine *Fledermaus* ist, eine Fledermaus zu sein.

Dennoch könnte man es versuchen. Um die Erfahrungen eines Tieres von innen heraus zu verstehen, müsste man so viel wie möglich *wie* dieses Tier leben. Jeder, der dies tut oder versucht, wäre mit Neugier, einer seltenen geistigen Freiheit und einer ungewöhnlichen Art von Mut ausgestattet.[19] Oder vielleicht einfach ein bisschen exzentrisch.

Der Mann, der eine Ziege war

Thomas Thwaites ist Absolvent des Londoner Royal College of Art und beschreibt sich selbst als »einen (eher spekulativen) Designer, der sich für Technologie, Wissenschaft und Zukunftsforschung interessiert«. Eines Tages vor einigen Jahren ging er mit dem Irish Terrier seiner Nichte spazieren. Er selbst durchlebte gerade eine Zeit existenzieller Ängste, und als er beobachtete, wie der Hund Gras schnüffelte und den Wind spürte, wurde ihm klar, dass dieses Tier frei von allen Sorgen war, die die menschliche Existenz plagten.* Thwaites war neidisch.

Viele von uns hatten ähnliche Gedanken. Aber Thwaites, getreu seinem wagemutigen Charakter, handelte auch danach. Er erfand ein Experiment, bei dem er sich durch das Leben als Tier – was bedeutete, so weit wie möglich in die Erfahrung des Tieres eintauchen – zumindest vorübergehend von exis-

---

* Thwaites' Gedanken über die Vorteile eines unkomplizierten Lebensstils haben einen literarischen Präzedenzfall. In May Kendalls drolligem *Lay of the Trilobite* (1885) wird der menschliche Sprecher des Gedichts, wie er es sich vielleicht selbst vorgestellt hat, von einem fossilen Trilobiten davon überzeugt, dass dessen Existenz möglicherweise glücklicher gewesen sein könnte als seine eigene.

tenziellen Ängsten befreien könnte. Zuerst musste er sich für ein Tier entscheiden. Eine erste Option war ein Elefant, aber er besuchte eine Schamanin in Kopenhagen, die ihm riet, dass ein Engländer nicht versuchen solle, ein Tier zu sein, dessen natürlicher Lebensraum seinem eigenen so unähnlich sei.

»Sie sagte mir, ich solle versuchen, eine Ziege zu werden«, sagte Thwaites. »Ich denke, sie hatte völlig recht.«[20]

Thwaites ging die Herausforderung systematisch an. Um zu lernen, die Welt als Ziegenbock wahrzunehmen, begann er, Philosophie zu lesen. Als Thwaites Martin Heideggers *Sein und Zeit* beendet hatte, beschloss er, kognitive Gewohnheiten aufzugeben, von denen er nicht gewusst hatte, dass er sie überhaupt besaß. Er musste einen Stuhl sehen, ohne an Sitzen zu denken, ein Wort sehen, ohne es zu lesen, und eine Ziege nicht als Ziege, sondern als eine andere Person sehen. Um zu lernen, sich wie eine Ziege zu bewegen, beauftragte er einen Hersteller von Gliedmaßenprothesen mit der Anfertigung von Verlängerungen für seine Arme und Beine. Da das Fressen einen Großteil des Wachlebens einer Ziege einnimmt, ist es ein besonders wichtiger Aspekt des Ziegenlebens. Doch die Ernährung einer Ziege stellte Thwaites vor eine besondere Herausforderung – er konnte kein Gras verdauen. Also erlaubte er sich einen Kompromiss. Tagsüber kaute er Gras, spuckte es in einen Behälter und bewahrte es für die Nacht auf, um es durch Schmoren in einem Schnellkochtopf verdaulich zu machen.

Das Experiment begann mit der Erlaubnis eines zuvorkommenden und gut gelaunten Hirten inmitten einer Ziegenherde auf einem Berg in der Schweiz. Thwaites trug Ziegenprothesen an Händen und Füßen, eine Gore-Tex-Jacke und einen Fahrradhelm. Am ersten Morgen, als die Ziegen weiter unten am Berghang auf die Weide getrieben wurden, hatte er Mühe, mit ihnen Schritt zu halten. Die Anstrengung war erschöpfend und, da der Hang steil und mit Felsbrocken übersät war, manchmal auch furchteinflößend. Aber nach ein paar Tagen gewöhnte er sich an das Gelände und an seine Wiederkäuergefährten. Über eine bestimmte Ziege sagte er: »Ich gehe ihr nach, wenn sie sich auf ein anderes Grasstück bewegt.« Die Freundlichkeit wurde erwidert. »Und auch wenn ich weggehe, ist sie nicht weit hinter mir.«[21]

Ein Dachs, ein Otter, ein Stadtfuchs, ein Rothirsch und ein Mauersegler

Ein weiterer kürzlicher Versuch, sich mit der Erfahrung von Tierhaftigkeit zu befassen, wurde von dem britischen Tierarzt, Autor und zeitweiligem Bewohner von Dachssiedlungen, Charles Foster, unternommen. Seine Motivation war eher das Gegenteil von der von Thwaites. Während Thwaites der menschlichen Erfahrung entfliehen wollte, sehnte sich Foster danach, in die tierische Erfahrung einzutreten. In seinem bezaubernden Buch *Being a Beast* (dt.: *Der Geschmack von Laub und Erde. Wie ich versuchte, als Tier zu leben*) erzählt Foster von einer Reihe von Versuchen, die Erfahrungen eines Otters, eines Stadtfuchses, eines Rothirschs, eines Mauerseglers und eines Dachses zu erfassen. Wie Thwaites ging Foster die Herausforderung mit Logik an. Er argumentierte, dass wir eine soziale Spezies sind und wie die meisten sozialen Spezies über eine gut entwickelte *Theory of Mind* verfügen und daher ungewöhnlich gut gerüstet sind, uns die Weltanschauung eines anderen vorzustellen, selbst wenn dieser andere kein Mensch ist. Er argumentierte weiter, dass vieles von dem, was ein Tier erlebt, nicht so sehr von der Summe des Inputs seiner Sinne abhängt, sondern davon, welchen Teil dieses Inputs es beachtet. Und er konnte durch Studium herausfinden, welcher Teil das sein könnte.

Foster wusste, dass ein Dachs in einer Welt voller Gerüche lebt. Foster gab zu, dass sein eigener Geruchssinn im Vergleich vermutlich stumpf war, arbeitete aber daran, ihn zu verbessern, indem er es sich zur Gewohnheit machte, an der schmutzigen Wäsche seiner Kinder zu schnüffeln, bis er erkennen konnte, wer was getragen hatte. Einige Zeit später, als er durch das hohe Gras der walisischen Landschaft kroch, wurde seine Mühe belohnt. Er entdeckte »die zitrusartige Pisse von Wühlmäusen im Gras; die schwache Andeutung von Meer in der Schleimspur einer Nacktschnecke, wie ein winterlicher Gezeitentümpel; den zermahlenen Lorbeer eines Frosches; die Staubigkeit einer Kröte; den scharfen Moschus eines Wiesels; den dumpferen Moschus eines Otters«.[22] An kalten, trockenen Morgen bemerkte er, dass Gerüche den Boden umhüllen und in der Nähe ihrer Quellen bleiben. Wenn der Tag wärmer wird, steigen sie auf und schwellen an. Er vermutete, dass Düfte für einen Dachs eine Form haben. Eine Hainbuche an einem heißen Tag hat »die Spiralform eines Geruchswirbels, der Staub in ihr Blätterdach hinaufzieht«; an einem kühlen Tag ist sie »ein niedriger Hügel aus säuerlicher Flechte mit einem undefinierbaren Kamin«.[23] Er aß, was ein Dachs frisst, und genoss so viele Regenwürmer, dass er bald zum Feinschmecker von Ringelwürmern wurde. Er bemerkte, dass einige muffig sind und nach Fäulnis und gesplittertem Holz schmecken, während andere, wenn sie gekaut werden, einen langen, mineralischen Abgang haben.

Da Dachse größtenteils nachtaktiv sind, unternahm Foster die meisten seiner Geruchs- und Geschmacksaktivitäten nachts und verbrachte seine Dachstage in Begleitung seines unerschrockenen und hilfsbereiten achtjährigen Sohnes, der in einem Graben schlief, der als provisorischer Dachsbau an einem Hang gegraben wurde. Foster wusste genau, dass das Unterfangen donquichottisch, ein bisschen bekloppt und möglicherweise zum Scheitern verurteilt war. Seine Erzählung ist nicht ohne Humor. Eines Nachmittags brachte ihnen sein Freund Burt, dessen Bagger den Graben ausgehoben hatte, Fischpasteten. Foster nahm die Stücke an und versicherte seinem Sohn, seinem Freund Burt und dem imaginierten und vielleicht mahnenden Leser, dass er die Authentizität des Experiments in keiner Weise gefährdet habe, da kein vernünftiger Dachs die Pastetenstücke ablehnen würde. Dennoch verspürte Burt ein anhaltendes Schuldgefühl. Um es zu lindern und Foster die Chance zu geben, die verlorene Glaubwürdigkeit bei dem Dachs wiederzuerlangen, bot Burt an, seine Hunde auf Foster loszulassen oder zu versuchen, ihn mit seinem Lastwagen zu überfahren.

Als menschliche Verhaltensweisen waren die Bemühungen von Thwaites und Foster ungewöhnlich. Wie könnten wir sie kategorisieren? Unser erster Gedanke könnte sein, sie als Erkundung und Untersuchung zu betrachten. Aber das ist nicht ganz richtig. Erkundung und Untersuchung sind die Antwort auf unmittelbare Überlebensbedürfnisse oder langfristige Fortpflanzungsbedürfnisse und haben klar definierte Endpunkte. Thwaites und Foster reagierten nicht auf ein unmittelbares oder langfristiges Bedürfnis, und während Thwaites' Abenteuer in der »Ziegenwelt« sechs aufeinanderfolgende Tage dauerte und Fosters Abenteuer in verschiedenen »Tierwelten« mit Unterbrechungen sich über mehrere Jahre hinzogen, hatte keines von ihnen ein vorherbestimmtes Ende. Ihr Verhalten entsprach jedoch Burghardts Definition von Spiel – es war nicht funktionell, freiwillig, durch wiederholte, aber unterschiedliche Bewegungen gekennzeichnet und wurde durchgeführt, wenn der Akteur gut genährt, in Sicherheit und gesund war. Da Thwaites und Foster sich darüber hinaus in nachteilige und sogar gefährliche Positionen brachten, erforderten ihre Bemühungen ein Selbsthandicap, das Spinka und Kollegen für wesentlich bei vielen Spielen halten. Wir könnten weiter vermuten, dass der Grund für ihr Verhalten im Kern der gleiche war, warum Welpen in den Schnee springen und Husarenaffen Parkour laufen: weil es interessant und aufregend ist. Wir könnten die Aussage wagen, dass die natürliche Selektion ihr Verhalten aus demselben Grund selektiert hat, aus dem sie auch das Verhalten der Welpen und Affen selektiert hat – um ihnen zu ermöglichen, etwas Neues zu lernen.

Was haben Thwaites und Foster gelernt? Thwaites stellte fest, dass »die Art und Weise, wie wir die Welt wahrnehmen, sowohl fest als auch flexibel ist«[24]. Er empfand einen Stuhl immer noch als einen Gegenstand, auf dem man sitzen konnte. Aber als er sich vier Beine anschnallte, konnte er seine Hände nicht benutzen, sodass sein Mund zu seiner »Schnittstelle zur Welt« wurde.[25] Foster hatte keine einzige Offenbarung, erlebte aber mehrere kleine. Eine davon ereignete sich an einem Abend, als er in einer Gasse im Osten Londons im Müll wühlte, ein notwendiger Teil der Erfahrung, ein Stadtfuchs zu sein. Er sah die schimmernden Lichter der Fernseher in fast jedem Haus. Für Foster – oder besser gesagt Foster als Fuchs – waren sich die Menschen in diesen Häusern ihres Platzes nicht bewusst: Sicher lebten sie, aber sie lebten vor allem im Nirgendwo. Die Füchse in der Nachbarschaft, dachte er, seien die wahren Bewohner. Sie wussten, »dass unter der Veranda von Nummer 17a Mäuse nisten und Hummeln neben der Zedernholzterrasse von Nummer 29b«.[26] Als seine Bemühungen scheiterten, lernte Foster auch Demut. Um einen Mauersegler zu verstehen, entwickelte er ein Bewusstsein für Luftströmungen und studierte Flugrouten. Aber dieses Wissen gab nur einen Hinweis darauf, wie es sein muss, ein Mauersegler zu sein. Auf dem Zug in ihre Winterquartiere fliegen die Vögel bis zu dreihundert Tage und Nächte ununterbrochen über das offene Meer – eine unglaubliche Leistung und damit ein Erlebnis weit jenseits seines Vorstellungsvermögens. Was die Rolle eines Mauerseglers betrifft, schrieb er: »Ebenso gut könnte ich versuchen, Gott zu sein.«[27]

Spiel zwischen den Arten

Elisabetta Palagi, Professorin an der Universität Pisa, war besonders neugierig auf das Spiel zwischen den Arten. Sie und ihr Forschungsteam untersuchten Videos von Hunden und Pferden, die miteinander spielten, einander neckten, knabberten, sich für einen Moment zurückzogen und dann wieder zum Necken zurückkehrten. Ihr Team stellte fest, dass sich beide Tiere bei solchen Interaktionen selbst behinderten, den Kopf schüttelten und sich auf den Rücken rollten. Bemerkenswerterweise war die Selbstbehinderung maßgeschneidert. Jeder hielt sich zurück und spielte seine eigenen Vorteile nicht aus, um dem anderen entgegenzukommen – die Hunde knabberten, anstatt zu beißen, und die Pferde, die den Vorteil der Körpergröße hatten, senkten Kopf und Schultern und legten sich manchmal hin.

Viele Tiere zeigen ihr Spiel mit einem Gesichtsausdruck, der als entspannte Zurschaustellung mit offenem Maul bezeichnet wird. Das Maul ist nur leicht geöffnet; bei Tieren mit Eckzähnen nicht so weit, dass diese Zähne sichtbar sind. Das Verhalten wird seit Langem bei einer Reihe von Säugetieren beobachtet, darunter Primaten, Ottern, amerikanischen Schwarzbären und Pferden. Doch bis zu Palagis Arbeit mit Hunden und Pferden wurde das Verhalten nur bei Tieren derselben Art untersucht. Sie und ihr Team haben etwas Neues herausgefunden. Hier spielten Mitglieder zweier Arten – eine aus einer evolutionären Abstammungslinie von Raubtieren, die andere von Beutetieren – zusammen. Ebenso überraschend war, dass jeder die entspannte Zurschaustellung mit offenem Maul nutzte, um seine Absichten zu signalisieren. Einer zeigte: »Ich spiele immer noch«, und der andere ahmte das in einem Verhalten namens schnelle Gesichtsmimikry sofort nach, als wollte er sagen: »Ich weiß.« Palagi und ihr Team kamen zu dem Schluss: »Trotz der Unterschiede in der Größe, der phylogenetischen Distanz und der Unterschiede im Verhaltensrepertoire spielen Hunde und Pferde zusammen.«[28]

Spielen bietet die Möglichkeit, die Kluft zwischen den Arten zu überbrücken. Im Spiel wird sich jedes Tier der Fähigkeiten des anderen bewusst. Um sich selbst angemessen zu behindern – das heißt als Reaktion auf die Schwachstellen eines

Spielpartners –, muss jeder diese Schwachstellen erkennen. Um die Bewegungen eines Spielpartners vorherzusagen und auf diese Vorhersagen zu reagieren, muss jeder eine *Theory of Mind* anwenden; jeder muss also den Standpunkt des anderen verstehen und ihn vielleicht für kurze Momente sogar übernehmen. Wenn Tiere spielen, kommen all diese Fähigkeiten auf einfache, natürliche Weise und ohne bewusste Anstrengung zur Geltung. Wenn zwei Tiere zusammenspielen, lernt jedes etwas darüber, wie es sich anfühlt, das andere Tier zu sein. Wenn Hunde und Pferde spielen, lernt der Hund, wie es sich anfühlt, ein Pferd zu sein, und das Pferd, wie es sich anfühlt, ein Hund zu sein.

Epilog

Spiel, Leben und alles

Im letzten Jahrzehnt des 19. Jahrhunderts wurden die neolamarckschen, metaphysischen Auseinandersetzungen mit dem Wesen der Natur in dem Sinne angesehen, wie Darwin Fragen über eine Gottheit eingeordnet hatte – das heißt, sie lagen außerhalb der Reichweite wissenschaftlicher Forschung.* Im Jahr 1910 stellte der Philosoph und Bildungstheoretiker John Dewey fest, dass diese Bedenken sich dem Ende einer sinnvollen Nutzungsdauer näherten, und sagte voraus, wie sie dieses erreichen würden: »Die Verdrängung dieser umfassenden Art von Philosophie wird zweifellos nicht durch bloße logische Widerlegung erfolgen, sondern vielmehr durch die wachsende Erkenntnis ihrer Sinnlosigkeit.«[1] Deweys Vermutung hat sich exakt bestätigt. Heutzutage bleiben die meisten Wissenschaftler mehr oder weniger innerhalb ihres Fachgebiets und überlassen die großen »Was-bedeutet-das-alles«-Fra-

---

* »Ich fühle zutiefst, dass das ganze Thema zu tiefgründig für den menschlichen Intellekt ist. Genauso gut könnte ein Hund gut über Newtons Gedanken spekulieren«, schrieb Darwin. Brief an Asa Gray, 22. Mai 1860, *Darwin Correspondence Project*.

EPILOG

gen der Theologie, der eher empirisch orientierten Cousine der Theologie, der Kosmologie, und endlosen, nächtlichen Gesprächen, wie meine Studenten mir versichern – und ich freue mich zu hören, dass es so etwas immer noch gibt. Ich neige zu einem Pragmatismus, der mich früh zu Bett gehen lässt, aber ich hoffe, dass es ein Wesen der Natur gibt und dass wir es eines Tages vielleicht auch verstehen werden.

Das Spiel gibt uns nicht einen Hinweis auf die Natur der *gesamten* Natur, aber vielleicht auf einen Großteil davon. Obwohl wir nicht mit Sicherheit sagen können, was Spiel ist, können wir sagen, *wie* es ist. Es ist wie eine natürliche Selektion. Sowohl das Spiel als auch die natürliche Selektion sind zweckfrei, fortlaufend, mit offenem Ende und zu jedem Zeitpunkt vorläufig. Auf kurze Sicht sind beide verschwenderisch, sogar bis hin zur Extravaganz. Beide experimentieren und führen zu vielen Ergebnissen, die nutzlos oder schädlich sind, aber auch zu einigen, die sich mit der Zeit als nützlich und notwendig erweisen. Beide bringen Ordnung in die Unordnung und etablieren Grundmuster, die umgestaltet und wiederverwendet, aber selten ganz verworfen werden. Beide erschaffen Schönheit. Beide halten die Kräfte des Wettbewerbs und der Zusammenarbeit in einem dynamischen Gleichgewicht. Beide bedienen sich der Täuschung. Und beide können ohne materielle Form funktionieren.

Für viele Biologen ist die beste Definition von Leben dasjenige, das sich durch natürliche Selektion entwickelt. Da die natürliche Auslese so viele Gemeinsamkeiten mit dem Spiel hat, können wir mit einigem Recht behaupten, dass das Leben im grundlegendsten Sinne spielerisch ist. Die Ähnlichkeit ist allerdings nicht vollkommen. In einer wichtigen Hinsicht

EPILOG

unterscheiden sich natürliche Selektion und Spiel: Die natürliche Selektion erfolgt über große Zeitspannen und ist daher weitgehend unsichtbar, wohingegen das Spiel sehr sichtbar ist. Aber da die Merkmale des langwierigen Prozesses der natürlichen Selektion in einem Spiel deutlich werden – als ob Jahrtausende in Minuten gepresst würden –, bietet diese Unähnlichkeit einige Einblicke. Ein neuer Gedanke präsentiert sich. Der Grund dafür, dass wir beim Beobachten spielender Tiere so fasziniert sind, liegt vielleicht darin, dass wir dabei erleben, wie die natürliche Selektion – und damit das Leben selbst – auf das Wesentliche reduziert wird.

Ethologen haben eine Reihe von Definitionen des Spiels aufgestellt, die sich für ihre Untersuchungen als nützlich, wenn nicht sogar als wesentlich erwiesen haben. Doch in ihrer wissenschaftlichen Genauigkeit können diese Definitionen übermäßig materialistisch wirken – so wie die Beschreibung eines Blattes durch Aufzählung seiner chemischen Bestandteile oder die Definition eines Regenbogens als Brechung des Sonnenlichts durch atmosphärische Wassertröpfchen. Wir fragen uns vielleicht, ob den Definitionen etwas fehlt. Das Spiel hat eine Qualität des Mystischen und Transzendenten, eine Qualität an der Grenze zum Spirituellen.

Das Heilige und das Profane ist eine Abhandlung über religiöse Erfahrungen von Mircea Eliade, einem der einflussreichsten Religionswissenschaftler des 20. Jahrhunderts. Eliade stellte die Hypothese auf, dass die Menschen in vormodernen Gesellschaften einen Großteil der Welt als ein Chaos ansahen, das sich ihrer Kontrolle entzog, manchmal sogar in erschreckendem Ausmaß. Doch Orte innerhalb dieser Welt – ein bestimmter

EPILOG

Baum, ein bestimmter Berg – und Momente innerhalb dieser Welt – die Zeit der Ernte oder Neumond – könnten Orte der Stabilität sein und Zugang zu einer tieferen, geordneten Realität bieten. An diesen Orten und in diesen Momenten führten vormoderne Menschen Rituale durch, die ihnen eine Pause vom Chaos der Welt von Raum und Zeit, aber auch Zugang zu dieser tieferen Realität verschafften.

Johan Huizingas *Homo Ludens* könnte das Gegenstück zu *Das Heilige und das Profane* oder dessen unerwartete Fortsetzung sein. Huizinga stellte fest, dass der Raum, in dem gespielt wird, ob Brett oder Spielfeld, von einem sogenannten »magischen Kreis« umschrieben wird. Innerhalb dieses Kreises werden Regeln festgelegt und befolgt. Spieler, die diese Regeln missachten, werden bestraft oder aus dem Spiel ausgeschlossen, und für die Dauer des Spiels ignorieren die Spieler alles außerhalb des Kreises. Diese Erfahrung und ihre Aufteilung von Raum und Zeit ist den Anhängern dessen, was man »Amerikas Zeitvertreib« nennt, wohlbekannt. Ein Baseballfeld ist ein gewöhnliches Grundstück, das durch Grundstücksgrenzen begrenzt ist – ein endlicher Raum. Doch Spieler und Zuschauer können denselben Raum als unbegrenzt erleben – seine Grundlinien erstrecken sich von der Home-Plate nach außen und, theoretisch, bis ins Unendliche. Die einem Spiel zur Verfügung stehende Zeit ist ebenfalls im alltäglichen Sinne begrenzt – sie beginnt zu einer bestimmten Stunde und endet zu einer anderen. Dennoch können Spieler und Zuschauer die gleiche Zeit als überdehnt oder aufgehoben erleben und sehen, wie sich ihre Erfahrung im Spiel selbst widerspiegelt und Gewicht erhält. Beim Baseball gibt es keine Uhr, und da es unbegrenzte zusätzliche Innings zulässt, kann es sein, dass

EPILOG

das endgültige Out nie zustande kommt und jedes Spiel bis in alle Ewigkeit gespielt werden kann.

Die Kosmologien von Eliade und Huizinga entsprechen einander. Spiele bringen, wie religiöse Rituale, Ordnung in eine ansonsten chaotische Welt, und Spiele wie religiöse Rituale ermöglichen ihren Darstellern eine Erfahrung, die transzendent ist oder sein könnte. Dass Tiere ihre körperlichen Bedürfnisse ignorieren, um zu spielen – sie spielen, auch wenn sie müde oder hungrig sind –, legt die Erklärung nahe, dass die Erfahrung auch für sie transzendent ist.

Was also ist Spiel? Da das Spiel einen Körper braucht und ihn dennoch transzendiert, ist es zumindest etwas, das einen Widerspruch – oder mehrere – in sich birgt. Das Spiel ist kooperativ und kompetitiv zugleich. Es ist zugleich destruktiv und konstruktiv. Es ermöglicht seinen Teilnehmern, sich über gesellschaftliche Konventionen hinwegzusetzen, weist ihnen aber dennoch feste Rollen zu und stellt strenge Regeln auf. All dies könnte den Eindruck erwecken, dass jede Anstrengung, das Spiel zu definieren, geschweige denn zu verstehen, vergeblich sei. Vielleicht ist das so. Aber dass das Spiel aus Widersprüchen besteht, ist nicht unbedingt ein Grund zur Entmutigung.*
Das Wesen religiöser Erfahrung ist ebenfalls paradox und so unbeschreiblich. Die Koans des Zenbuddhismus – das bekannteste davon dürfte sein: »Wenn mit beiden Händen geklatscht wird, entsteht ein Klang; höre auf den Klang *einer* klatschenden Hand« – sollen zeigen, dass Erleuchtung außerhalb der Reich-

---

* Um den Physiker Niels Bohr zu einem ähnlich zweideutigen Thema zu zitieren: »Wie wunderbar, dass wir auf ein Paradoxon gestoßen sind. Jetzt haben wir Hoffnung auf Fortschritte.« Ponomarev und Kurchatov, *Quantum Dice*, S. 75.

EPILOG

weite von Sprache und Vernunft liegt. Der einzige Weg, eine religiöse Erfahrung zu verstehen, ist der, an ihr teilzuhaben.

Beim Spielen mag es ähnlich sein. Vielleicht ist das, was wir zu verstehen versuchen, zugleich auch das Mittel, es zu verstehen. Wir verstehen das Spielen am besten, wenn wir spielen.

Wenn wir beispielsweise mit einem Border Collie Ball spielen: Solange Werfen und Apportieren andauern, legen wir die Sorgen um Termine und Verantwortlichkeiten beiseite. Der Border Collie ignoriert auch seine üblichen Hundeinteressen – vielleicht beginnenden Durst oder ein Eichhörnchen in der Nähe. Durch Werfen und Apportieren, Apportieren und Werfen werden unsere Identitäten als Mensch und Hund bedeutungslos, und jede Linné-Membran, die uns trennen könnte, schmilzt dahin. Für einen langen Moment, einen Moment, der zeitlos und ewig erscheint, sind wir nicht mehr Mensch und Hund auf einer Wiese in einem Stadtpark – wir sind nur zwei Spieler in einem Spiel.

Dank

Dank an Gordon Burghardt, Robert Fagen und Sergio Pellis für den Austausch ihrer Erkenntnisse und den vielen anderen Forschern, auf deren Arbeiten ich zurückgegriffen habe. Dank an unzählige nichtmenschliche Tiere, mit denen ich gespielt habe, vor allem Lily, Sam, Houdini und Lazlo. Dank an die Agentur Cheney für die Übernahme des Projekts; an meine Agentin Allison Devereux, die das Projekt so gut vertreten hat; an den Lektor Colin Harrison, der die Entwicklung des Buches beaufsichtigt hat; an Laura Wise für die fachkundige Produktion; und an die Lektorin Emily Polson für ihre unermüdliche Aufmerksamkeit für große und kleine Dinge. Ein besonderer Dank geht an Allison und Emily, die mich sanft dazu gebracht haben, die These dieses Buches zu finden. Vieles von dem, was in diesem Buch gut ist, ist ihnen zu verdanken. Und Dank schließlich an Julie Hines. Von den menschlichen Tieren ist sie eines der verspieltesten, das kennenzulernen ich je das Glück hatte.

Anmerkungen

Einführung

1 Burghardt, *Genesis of Animal Play*, S. 7.
2 »Science of the Brain«, S. 252.
3 Burghardt, *Genesis of Animal Play*, S. 7.
4 Fagen, *Animal Play Behavior*, S. 494.
5 Wilson, *Sociobiology*, S. 84–86.
6 Darwin, *Origin of Species*, S. 414.

Kapitel 1   Ballspielende Kraken: Was ist Spiel?

1 Mather, »Octopuses Are Smart Suckers!?«.
2 Godfrey-Smith, *Other Minds*, S. 43 (dt.: *Der Krake, das Meer und die Tiefen. Ursprünge des Bewusstseins*, Matthes & Seitz, Berlin 2019, S. 55).
3 Boal et al., »Experimental Evidence for Spatial Learning«, S. 2. In den 1970er-Jahren setzten einige Forscher, die das Verhalten von Tintenfischen untersuchten, Elektroschocks ein und entfernten chirurgisch und ohne Betäubung Nerven und Teile des Gehirns. In jüngerer Zeit haben Forscher – zum Teil aufgrund eines stärker ausgeprägten Bewusstseins für das Bewusstsein von Tieren im Allgemeinen und von Tintenfischen im Besonderen – weniger einschneidende und humanere Methoden angewandt. Im Jahr 2012 überprüfte eine internationale Gruppe von Neurowissenschaftlern die Forschungsergebnisse zu den neurobiologischen Grundlagen des Bewusstseins bei Menschen und anderen Lebewesen. Ein Ergebnis ihrer Arbeit war die *Cambridge Declaration on Consciousness*, in der es unter anderem heißt: »Das Gewicht der Beweise deutet darauf hin, dass der Mensch nicht das einzige Wesen ist, das über die neurologischen Substrate verfügt, die das Bewusstsein erzeugen. Nichtmenschliche Tiere, einschließlich aller Säugetiere und Vögel, und viele andere Lebewesen, einschließlich *Kraken*, besitzen ebenfalls diese neurologischen Substrate.«
4 Ayala und Rzhetsky, »Origin of the Metazoan Phyla«.
5 Mather und Anderson, »Exploration, Play and Habituation«.

ANMERKUNGEN

6 Borrell, »Are Octopuses Smart?«.
7 In ihrem Artikel »On the Functions of Play and Its Role in Behavioral Development« definieren Martin und Caro Spiel als »alle einzelgängerischen postnatalen Aktivitäten, die aus der Perspektive eines Beobachters anscheinend keine unmittelbaren Vorteile für den Spieler haben, worin motorische Muster, die denen in ernsthaften funktionellen Wettkämpfen ähneln, in modifizierter Form genutzt werden können«.
8 Bekoff and Byers, »Critical Reanalysis«.
9 Immelmann und Beer, *Dictionary of Ethology*, S. 223.
10 Mason, »Stereotypies«.
11 »Science of the Brain«, S. 269.
12 Tzar und Scigliano, »Through the Eye of an Octopus«.
13 Ebd.
14 Kuba et al., »Looking at Play in Octopus vulgaris«.
15 Ebd.

Kapitel 2 Das Kalahari-Erdmännchen-Projekt: Spiel-Hypothesen

1 Byers, »Terrain Preferences«.
2 Hausfater, »Predatory Behavior of Yellow Baboons«.
3 Harcourt, »Survivorship Costs of Play«.
4 Ebd., S. 61
5 Schiller, *Über die ästhetische Erziehung des Menschen*, 27. Brief, Stuttgart, Reclam, 2000.
6 Darwin, *Descent of Man*, S. 54
7 Ebd., S. 7.
8 Groos, *Spiele der Thiere*, Jena, Gustav Fischer, 1896, S. VI.
9 Im Jahr 1904 stellte der amerikanische Psychologe G. Stanley Hall die Rekapitulationstheorie des Spiels auf. Diese stand im Widerspruch zu Groos' Hypothese, dass Spielen eine Vorbereitung auf die Zukunft sei, und deutete eher darauf hin, dass viel Spiel ein Überbleibsel der Vergangenheit sei. Beispiel: »Die Fähigkeit, mit Genauigkeit und Geschwindigkeit zu werfen, war einst überlebenswichtig« und bleibe in Spielen bestehen, die Werfen und Laufen beinhalten (Hall, Bd. 1, S. 206). Halls Hypothese bezog sich auf das menschliche Spiel, insbesondere auf das von Kindern; seine Anwendung auf Nichtmenschen bleibt unklar.
10 Fagen, *Animal Play Behavior*, S. 35.
11 Brownlee, »Play in Domestic Cattle«.
12 Aufgeführt bei Henig, »Taking Play Seriously«.
13 Byers und Walker, »Refining the Motor Training Hypothesis«.
14 Fairbanks, »Developmental Timing of Primate Play«.
15 Groos, *Spiele der Thiere*, S. 76;
16 Macdonald und Sillero-Zubiri, *Biology and Conservation of Wild Canids*, S. 94.
17 Caro, »Effects of Experience«.
18 Hall, »Object Play by Adult Animals.«
19 Entsprechende Studien zitiert in: Barber, »Play and Energy Regulation«.

ANMERKUNGEN

20 Fagen gehörte zu denen, die dafür plädierten, dass Spielen unmittelbare Vorteile haben könnte, da es zur Entwicklung von Muskeln und Koordination beitrage.
21 Barber, »Play and Energy Regulation«.
22 Thompson, »Self-Assessment in Juvenile Play«.
23 Barber, »Play and Energy Regulation«.
24 Ebd.
25 Thompson, »Self-Assessment in Juvenile Play«.
26 Darwin, *Ursprung der Arten*, S. 209.
27 Fagen und Fagen, »Juvenile Survival and Benefits« und »Play Behaviour and Multi-Year«.
28 Das Kalahari-Erdmännchen-Projekt wurde in 1993 von Tim Clutton-Brock gegründet, einem Verhaltensökologen an der University of Cambridge.
29 Marc Bekoff hatte 1982 in »Functional Aspects of Play« festgestellt, dass die Entwicklung und Umsetzung eines Tests der Praxishypothese »eine große Herausforderung« seien.
30 Sharpe, »Play Fighting Does Not Affect«.
31 Sharpe, »Play Does Not Enhance« und »Frequency of Social Play«.
32 Sharpe, »Play Fighting Does Not Affect«, S. 1023.
33 Darwin, *Ursprung der Arten*, S. 30.

Kapitel 3   Taumelnde Ferkel und Purzelbaum schlagende Affen: Training für das Unerwartete

1 Spinka, Newberry und Bekoff, »Mammalian Play«.
2 Ebd.
3 Biben, »Effects of Social Environment«. Siehe auch: Watson und Croft, »Age-Related Differences in Play-Fighting«, S. 102, 336–346.
4 Bekoff, »Social Play Behavior«.
5 Groos, *Spiele der Thiere*, S. 104 f.
6 Pellis und Pellis, *Playful Brain*, S. 163 f.
7 Groos, *Spiele der Thiere*, S. 109.
8 Cronin, »Muddy Baby Elephants«.
9 Alle Studien zitiert in Spinka, Newberry und Bekoff, »Mammalian Play«.
10 Petrů et al., »Revisiting Play Elements«.
11 Ebd.
12 Loizos, »Play Behavior in Higher Primates«.
13 Henig, »Taking Play Seriously«.

Kapitel 4   »Lass uns ein paar Ratten kitzeln«: Die Neurowissenschaft des Spiels

1 »Science of the Brain«, S. 267.
2 Pellis und Pellis, *Playful Brain*, S. 63.
3 Pellis, »Keeping in Touch«.

ANMERKUNGEN

4 Pellis und Pellis, *Playful Brain*, S. 80.
5 Einon und Morgan, »Critical Period for Social Isolation«. Siehe auch: Einon, Morgan und Kibbler, »Brief Periods of Socialization«.
6 Fagen benutzte es ebenfalls. Fagan et al., »Observing Behavioral Qualities«.
7 Darwin, *Expression of the Emotions*, S. 186.
8 Pellis und Pellis, *Playful Brain*, S. 16.
9 Tinbergen, »On Aims and Methods«.
10 Pellis, Pellis und Whishaw, »Role of the Cortex«.
11 Pellis et al., »Effects of Orbital Frontal Cortex Damage«.
12 Bell et al., »Role of the Medial Prefrontal Cortex«.
13 Brown, »Play Deprivation«.
14 Ebd.
15 Gray, »Decline of Play and the Rise«.
16 Siehe zum Beispiel: Burghardt, »Comparative Reach of Play«, S. 353.
17 »Science of the Brain«.
18 Sharpe, »So You Think You Know«.
19 »Science of the Brain«.
20 Sandseter und Kennair, »Children's Risky Play«.
21 Pellis und Pellis, *Playful Brain*, S. 145.
22 »Science of the Brain«.
23 Siehe Huber, *Embracing Rough-and-Tumble Play*.
24 Burghardt, »On the origins of play«, S. 5–41.

Kapitel 5   Höfische Hunde: Konkurrieren, um zu kooperieren, und kooperieren, um zu konkurrieren

1 Hare et al., »Domestication Hypothesis«.
2 Hare, »Survival of the Friendliest«.
3 Grimm, »How Smart Is That Doggy?«
4 Nagasawa et al., »Social Evolution«.
5 Huizinga, *Homo Ludens*, übers. von H. Nachod, Reinbek 1987, S. 9.
6 Bekoff, »Social Communication in Canids«.
7 Barber, »Play and Energy Regulation«.
8 Byosiere, Espinosa und Smuts, »Investigating the Function of Play Bows«.
9 Pellis und Pellis, *Playful Brain*, S. 138.
10 Thierry, »Unity in Diversity«.
11 Takeshita et al., »Beneficial Effect of Hot Spring Bathing«.
12 Reinhart et al., »Targets and Tactics«.
13 Monsó et al., »Animal Morality«.

Kapitel 6   Walddrossel-Lieder, Heringsmöwen-Tropfenfangen und Laubenvogel-Kunst: Das Spiel als Wurzel der Kultur

1 Heinrich und Smolker, »Play in Common Ravens«, S. 27–44.
2 Ebd.

ANMERKUNGEN

3   In den späten 1880er-Jahren behauptete Edinger, dass sich das Gehirn von Tieren durch Darwins natürliche Selektion entwickelt habe, sich aber – mit Anspielungen auf Lamarck – gemäß einer Version von Aristoteles' *scala naturae*, einer Rangfolge aller Lebewesen entsprechend der Perfektion, weiterentwickelt habe, angefangen bei Fischen über Amphibien, Reptilien, Vögel und Säugetiere bis hin zu Primaten und schließlich – freilich ein eher anthropozentrisches Schema – bis zum Menschen. Edinger glaubte, dass die Evolution durch Akkretion erfolgte, wobei sich darüber neuere Teile als Schichten entwickelten, die eine klare Aufzeichnung der Geschichte des Gehirns lieferten. Da Edinger als Erster viele Teile des Gehirns identifizierte, war er dafür zuständig, sie zu benennen. Seine Benennungen spiegelten seine Einschätzung des jeweiligen Alters wider. Er glaubte, dass der größere Teil der Großhirnrinde – dieser Teil, der im Allgemeinen dafür als zuständig galt, anspruchsvolles, formbares und lernendes Verhalten zu ermöglichen – sich zuletzt entwickelt habe. Deshalb nannte er ihn den Neokortex, wobei *neo* »neu« bedeutet. Edingers Modell hat sich als äußerst fehlerhaft erwiesen. Organismen mögen komplexer oder weniger komplex sein, aber keinesfalls ist ein Tiergehirn »höher« oder »niedriger« als jedes andere. Darüber hinaus sind sich die meisten Neurowissenschaftler heutzutage darin einig, dass Akkretion, also das Hinzufügen neuer Schichten über alte Schichten, sicherlich nicht die Art und Weise ist, wie sich Gehirne entwickelt haben.
4   Stacho et al., »Cortex-Like Canonical Circuit«.
5   Ackerman, *Genius of Birds*, S. 42 (dt.: *Die geheime Welt der Vögel*, Ullstein, Berlin 2023).
6   Olkowicz et al., »Birds Have Primate-Like Numbers«.
7   Im Jahr 2005 entwickelte das Avian Brain Nomenclature Consortium, ein internationaler Zusammenschluss von Spezialisten für die Neurobiologie von Vögeln, Säugetieren, Reptilien und Fischen, eine Terminologie, die das aktuelle Verständnis des Vogelgroßhirns und seiner analogen Strukturen im Gehirn von Säugetieren genauer widerspiegelt. Siehe Jarvis et al., »Avian Brains«.
8   Watanabe et al., »Pigeons' Discrimination of Paintings«.
9   Huizinga, *Homo Ludens*, S. 58.
10 Ficken, »Avian Play«, S. 577.
11 Ebd.
12 Heinrich und Smolker, »Play in Common Ravens«, S. 39.
13 Gamble und Cristol, »Drop-Catch Behaviour Is Play.«
14 Diamond und Bond, *Kea, Bird of Paradox*, S. 77.
15 Groos, *Spiele der Thiere*, S. 220.
16 Diamond und Bond, *Kea, Bird of Paradox*, S. 4. Konflikte mit Menschen, Zerstörung von Lebensräumen und Wilderei für den Tierhandel haben ihren Tribut gefordert. Keas umfassen heute nur noch eine kleine Population und sind »national gefährdet«.
17 Ebd., S. 92.
18 Ebd. S. 80 f. In den meisten Berichten über Tiere, die spielen, tun sie dies als Teilnehmer. Dieser Bericht ist insofern bemerkenswert, als die Keas an der Peripherie sich offenbar als Zuschauer engagieren.
19 Pellis, »Description of Social Play«.

ANMERKUNGEN

20 www.natureweb.net/taxa/birds/montagusharrier
21 Pandolfi, »Play Activity in Young Montagus«, S. 935–938.
22 Whiten, »Burgeoning Reach of Animal Culture«.
23 Preyer, *Mental Development in the Child*, S. 42.
24 Groos, *Spiele der Thiere*, S. 83.
25 Romanes, *Life and Letters of George John Romanes*, S. 78.
26 *Darwin Correspondence Project*, Brief Nr. 12924, abgerufen am 8. April 2022, www.darwinproject.ac.uk/letter/?docId=letters/DCP-LETT-12924.xml
27 Romanes, *Animal Intelligence*, S. 485.
28 Huizinga, *Homo Ludens*, S. 189.
29 Bossley et al., »Tail Walking in a Bottlenose Dolphin«.
30 Ebd.
31 Groos, *Spiele der Thiere*, S. 105.
32 Warneken und Rosati, »Cognitive Capacities for Cooking«.
33 Beran et al., »Chimpanzee Food Preferences«. Siehe auch Jacobs et al., »Tools and Food on Heat Lamps«.
34 Haslam et al., »Primate Archaeology«.
35 Ebd.

Kapitel 7 Meme und Träume: Träumen als Spielen ohne Körper

1 Godfrey-Smith, *Der Krake*, S. 161 (Matthes & Seitz).
2 Pagel et al., »Definitions of Dream«.
3 Flanagan, »Dreaming Is Not an Adaptation«.
4 Thompson, *Passions of Animals*, S. 61.
5 Darwin, *Abstammung des Menschen*, S. 46.
6 Romanes, *Animal Intelligence*, S. 347.
7 Obwohl es mit den Worten eines Forschers heißt: »Die Vokalisation von schlafenden Vögeln scheint bislang keine wissenschaftliche Aufmerksamkeit erregt zu haben«: Malinowski, Scheel und McCloskey, »Do Animals Dream?«
8 Ebd., S. 8.
9 Spinka, Newberry und Bekoff, »Mammalian Play«.
10 Ungurean et al., »Evolution and Plasticity of Sleep«.
11 Obwohl das Träumen im REM-Schlaf häufig vorkommt, kann es auch ohne Träume auftreten; im NREM-Schlaf kommt es seltener zum Träumen.
12 Revonsuo, »Reinterpretation of Dreams«.
13 Revonsuo, Tuominen und Vall, »Avatars in the Machine«.
14 Jarvis, »Did COVID Change How We Dream?«
15 Panksepp, *Affective Neuroscience*.
16 »Ich bin mit einer schönen Melodie im Kopf aufgewacht. Ich dachte: ›Das ist toll, ich frage mich, was ist das?‹ Neben mir, rechts neben dem Bett am Fenster, stand ein Klavier. Ich stand auf, setzte mich ans Klavier, fand G, fand fis-Moll-7. ... Die Melodie gefiel mir sehr, aber weil ich sie geträumt hatte, konnte ich nicht glauben, dass ich sie geschrieben hatte.« Dave Rybaczewski, *Beatles Music History*.
17 Wu, »Zebra Finches Dream«.

ANMERKUNGEN

18 Groos, *Spiele der Thiere*, S. 128.
19 Darwin, *Abstammung des Menschen*, S. 60
20 Atkinson et al., »Languages Evolve in Punctuational Bursts«.
21 Darwin, *Ursprung der Arten*, S. 566.

Kapitel 8 Die Evolution des Spiels

1 *Ursprung*, Kap. XIV, S. 512. Dieser besondere Evolutionsprozess, bei dem Merkmale Funktionen übernehmen, für die sie ursprünglich nicht angepasst waren, wird Exaptation genannt, ein Begriff, der in den 1980er-Jahren vom Paläontologen und Autor Stephen J. Gould und der Paläontologin Elisabeth S. Vrba geprägt wurde. Das Kofferwort setzt sich aus *ex*, lateinisch für »aus«, und *aptation*, einer Abwandlung von »adaptation«, zusammen.
2 Alles nach Pellis und Pellis, *Playful Brain*.
3 Dies gilt nur für gesunde Ratten. Erinnern Sie sich an die Entdeckung der Pellis und von McKenna, dass eine Ratte, deren Stratium beeinträchtigt wurde, Offensiv- und Defensivbewegungen verwechselt!
4 Pellis und Pellis, »What Is Play Fighting?«, S. 355–366.
5 Guéguen, »Men's Sense of Humor«, S. 145–156.
6 Croft und Snaith, »Boxing in Red Kangaroos«. Eine dritte Säugetierordnung, Monotreme genannt, umfasst nur noch zwei existierende Familien, das Schnabeltier und den Stachelameisenbär. Bislang hat niemand das Spiel bei beiden eindeutig identifiziert, obwohl es anekdotische Berichte über in Gefangenschaft gehaltene Schnabeltiere gibt, die wie Welpen spielen. Bennett, »Notes on the Natural History«.
7 Nowak, 1999.
8 Lamarcks metaphorische Leiter der Phyla durch immer komplexere Formen ist eine hartnäckige Idee und überlebt in unserem Wortschatz. In manchen Kreisen werden Säugetiere immer noch manchmal als »höhere« Tiere bezeichnet.
9 Burghardt, »Comparative Reach of Play«.
10 Burghardt, *Genesis of Animal Play*, S. 297.
11 Burghardt, Ward und Rosscoe, »Problem of Reptile Play«.
12 Burghardt, *Genesis of Animal Play*, S. 284–289.
13 Und leider noch eine weitere Art, die die Internationale Union für Naturschutz als »bedroht« einstuft.
14 Ein Grund dafür, dass Große Tümmler und Robben zu den verspieltesten Säugetieren gehören, ist übrigens, dass sie sich sowohl eines intensiven Stoffwechsels erfreuen als auch das Wasser lieben.
15 Jarmer, *Das Seelenleben der Fische*, München 1928.
16 Alle zitiert in Burghardt, *Genesis of Animal Play*, S. 313–357.
17 Ebd., S. 339.
18 Ebd., S. 321.
19 Ebd., S. 329.
20 Ebd., S. 340–342.
21 Hölldobler und Wilson, *Ants*, S. 370. Darwin bemerkte: »Selbst Insekten spielen zusammen, wie jener ausgezeichnete Beobachter P. Huber beschrieben hat,

ANMERKUNGEN

welcher sah, wie Ameisen einander jagten und thaten, als wenn sie einander bissen, genau so, als wenn es junge Hunde gewesen wären« (*Abstammung des Menschen*, Kap. III, S. 76). Pierre Huber war ein hochgeschätzter Naturforscher, dennoch glauben viele, dass er sich bei dieser Beobachtung möglicherweise geirrt hat. Hölldobler und Wilson schlugen vor, dass das, was Huber gesehen hatte, wahrscheinlich ein Kampf zwischen zwei Kolonien war.

22 Galpayage Dona et al., »Do Bumble Bees Play?«.
23 Dapporto et al., »Dominance Interactions in Young Adult«.
24 Hildenbrand et al., »Potential Cephalopod«.
25 Graham und Burghardt, »Current Perspectives on the Biological Study«.
26 Tzar und Scigliano, »Through the Eye of an Octopus«.
27 Yoshida, Yura und Ogura, »Cephalopod Eye Evolution«.

Kapitel 9 Innovative Gorillas: Die überraschende Rolle des Spiels bei der natürlichen Selektion

1 Pellis und Pellis, *Playful Brain*, S. 126.
2 Darwin, *Origin of Species*, S. 420.
3 Darwin, Ausdruck der Gemütsbewegungen, S. xv. Darwins Werk *Über den Ursprung der Arten*, das 1859 veröffentlicht wurde, deutete an, dass »helles Licht auf den Ursprung des Menschen und seine Geschichte« fallen würde, stellte jedoch nicht ausdrücklich fest, dass der Mensch ein Produkt derselben Kräfte sei, die beispielsweise die Orang-Utans hervorgebracht hätten.
4 Darwin, *Ursprung der Arten*, S. 87.
5 In den ersten Jahrzehnten des 20. Jahrhunderts wurde die Mendelsche Genetik, die den Mechanismus der natürlichen Selektion erklärt, mit Darwins Theorie verschmolzen, um die einheitliche Evolutionstheorie namens Moderne Synthese hervorzubringen. In der Modernen Synthese wird der evolutionäre Erfolg eines Organismus nicht an der Anzahl einzelner Nachkommen gemessen, sondern an der Anzahl der an diese Nachkommen weitergegebenen Gene. Gegen Ende des 20. Jahrhunderts wies auch die Moderne Synthese Mängel auf. Versuche, sie anzugehen, kamen und kommen weiterhin aus den Bereichen Entwicklungsbiologie, Epigenetik, Genomik, horizontaler Gentransfer, Molekularbiologie, Mikrobiologie und Symbiogenese.
6 Groos, *Spiele der Thiere*, S. VI. Darwin und seine Befürworter waren in der Lage, jede Kritik an der natürlichen Selektion zu beantworten oder sie als unwichtig abzutun. Der Einwand, dass Erklärungen für vorteilhafte Variationen ad hoc erfolgen könnten, wurde und wird immer noch von denjenigen vorgebracht, die den *Ursprung* nicht gelesen haben. Tatsächlich verwendet Darwin selten Ad-hoc-Erklärungen für Eigenschaften einzelner Organismen. Wie viele Forscher angemerkt haben, bietet er Erklärungen im Stil einer strengen Theorie an – zum Beispiel indem er Muster in der Morphologie einer Art mit ihrer geographischen Verbreitung in Beziehung setzt, um eine überprüfbare Vorhersage über die gleichen Muster bei einer anderen Art zu treffen. Der Einwand, dass Darwins Schätzung der für die Entwicklung des Lebens auf der Erde notwendigen Zeitspanne größer sei als die Lebensdauer der Sonne, basierte auf

ANMERKUNGEN

einem unvollkommenen physikalischen Verständnis des 19. Jahrhunderts, war aber in dieser Hinsicht berechtigt. In einer Notiz an seinen Freund Joseph Hooker erkannte Darwin dies als solches an und schrieb: »Einige der Bemerkungen über die Fehler der vergangenen Jahre sind sehr gut, und der Rezensent gibt mir einige gute und wohlverdiente Seitenhiebe – zum Teufel, ich muss leider die Wahrheit gestehen.« Im folgenden Satz erklärte Darwin den Einwand für irrelevant. »Aber«, fuhr er fort, »es geht überhaupt nicht um das Hauptargument.« In der dritten und späteren Auflage des *Ursprungs* verfeinerte er dieses Argument erheblich und entfernte einfach alle numerischen Verweise auf geologische Zeitspannen. (Er war darauf bedacht, in der 1871 erschienenen Veröffentlichung von *Die Abstammung des Menschen* keine solchen anzugeben.) Was den Einwand betrifft, dass natürliche Selektion die Variation nicht erkläre, war sich Darwin des Mangels vollkommen bewusst. Er hoffte, dass er irgendwann eine Erklärung für Variabilität und Erblichkeit finden würde; in der Zwischenzeit, so glaubte er, genüge der Nachweis, dass sie stattgefunden hätten.

7   Im Jahr 1972 schlugen die Paläontologen Niles Eldredge und Stephen Jay Gould vor, dass diese Lücken als Produkte »unterbrochener Gleichgewichte« erklärt werden könnten, eines Phänomens, bei dem lange Abschnitte allmählicher Entwicklung durch kurze Episoden raschen Wandels unterbrochen werden.
8   Darwin, *Ursprung der Arten*, S. 560.
9   Ebd., S. 165.
10 Weismann, *Das Keimplasma: Eine Theorie der Vererbung*.
11 Darwin, *Ursprung der Arten*, S. 538.
12 Darwins religiöse Gefühle veränderten sich zu seinen Lebzeiten. In einem Brief aus dem Jahr 1879 schrieb er im Alter von siebzig Jahren: »Ich war nie ein Atheist in dem Sinne, dass ich die Existenz Gottes geleugnet hätte. – Das denke ich generell (und immer mehr, je älter ich werde), aber nicht immer, dass Agnostiker die zutreffendste Beschreibung meines Geisteszustands wäre.« Ebd., S. 384.
13 Ebd., S. 414.
14 »Ich wage vorzuschlagen, dass die Theorie, die das Spiel als eine angeborene Tendenz eines Tieres betrachtet, bestimmte Funktionen auszuüben, bevor sie von ihm verlangt werden, die ›Praxistheorie‹ des Spiels genannt werden sollte.« Groos (Übers. Baldwin), *Play of Animals*, S. vii.
15 Wozniak und Santiago-Blay, »Trouble at Tyson Alley«.
16 Baldwin, »New Factor in Evolution«.
17 Es ist etwas merkwürdig, dass Baldwin in seinem Anhang zu *The Play of Animals* diesen Text nicht berücksichtigt hat. Das heißt, er hat Groos' Vorstellungen vom Tierspiel nicht mit organischer Selektion in Verbindung gebracht oder versucht, sie damit zu verbinden. 1901 lieferte er das Vorwort zu Groos' Begleitwerk *Die Spiele der Thiere* mit dem Titel *Die Spiele der Menschen*, und ein Jahr später steuerte Baldwin den Eintrag über das Spiel im *Dictionary of Philosophy and Psychology* bei. In keinem dieser Werke bezog er sich auf die organische Selektion. Groos seinerseits gelang es ebenfalls nicht, einen Zusammenhang herzustellen. In *Die Spiele der Thiere* erwähnte er Baldwins Idee nicht; obwohl er in *Die Spiele der Menschen* darauf abhob, brachte er sie nicht mit dem Spiel in

ANMERKUNGEN

Verbindung. Es war, als ob zwei Fremde, die auf einer langen Zugfahrt Seite an Seite saßen, feststellten, dass sie viel gemeinsam hatten, doch als der Zug am Ziel ankam, trennten sich ihre Wege freundschaftlich, ohne zu bemerken, dass sie das Thema nicht getroffen hatten, das für beide am interessantesten gewesen sein müsste.

18 In seinem Werk *Darwin and the Humanities* aus dem Jahr 1909 argumentiert Baldwin (S. 19), dass Darwin selbst die organische Selektion zuließ.
19 Wozniak und Santiago-Blay, »Trouble at Tyson Alley«.
20 Huxley, *Evolution*.
21 Simpson, »Baldwin Effect«.
22 Yeh und Price, »Adaptive Phenotypic Plasticity«.
23 Badyaev, Alexander V. »Evolutionary Significance of Phenotypic Accommodation«.
24 Podlipniak, »Role of the Baldwin Effect«.
25 Wilson und Kleiman, »Eliciting Play«. Ferner Lund und Vestergaard, »Development of Social Behaviour«.

Kapitel 10   Tier spielen

1 Morell, *Animal Wise*, S. 49.
2 Burghardt, *Amending Tinbergen*.
3 Da in der christlichen Lehre die Seele unsterblich ist, könnte ein mit einer Seele ausgestattetes Tier einen Platz im Jenseits haben. Es überrascht nicht, dass die Positionen der Bibel zu dieser Frage widersprüchlich und vielfältig sind. Wenn ich nach einer Lieblingsstelle befragt würde, würde ich das für das *Buch Kohelet/Buch Prediger* 3,21 typische bescheidene Eingeständnis annehmen: »Wer weiß, ob der Odem der Menschen aufwärts fahre und der Odem des Viehes unter die Erde fahre?«
4 Salisbury, »Do Animals Go to Heaven?«.
5 Hume, *Treatise of Human Nature*, S. 176 [*Über den Verstand*, dt. von Theodor Lipps, Hamburg, Leopold Voss, 1904].
6 Thompson, *Passions of Animals*, S. 61.
7 Darwin, *Abstammung des Menschen*, S. 86, Kap. III.
8 Romanes, *Animal Intelligence*, S. 10.
9 Ebd., S. viii.
10 Morgan, *Introduction to Comparative Psychology*, S. 53. Dies ist derselbe Morgan, der in zwei Jahren gleichzeitig mit (aber unabhängig von) Henry Fairfield Osborn und James Mark Baldwin die Hypothese aufstellen würde, die Baldwin als organische Selektion bezeichnete.
11 Groos, *Spiele der Thiere*, S. 78.
12 *Oxford Companion to Animal Behavior*, S. 55.
13 de Waal, »Silent Invasion«.
14 Ackerman, *Genius of Birds*, S. 34.
15 Eiseley, *Star Thrower*, S. 30.
16 Singer, »Bat Echoes Used as Virtual Reality Guide«.
17 Yuqian Ma et al., »Mammalian Near-Infrared Image Vision«.

ANMERKUNGEN

18 Washburn, *Animal Mind*, S. 44.
19 Nicht alle, die das Bewusstsein und den Körper eines Tieres bewohnen – oder glauben, dass sie es tun –, haben Kontrolle über diese Erfahrung. Bei der Artendysphorie glaubt man, der eigene Körper stamme von der falschen Spezies.
20 Brulliard, »This Man Lived as a Goat«.
21 Thwaites, *Goat Man*, S. 176 (dt.: Mein Leben als Ziege, Polyglott, München 2023).
22 Foster, *Wie ich versuchte, als Tier zu leben*, Piper, München 2018, S. 75 (engl. Original: *Being a Beast*).
23 Ebd., S. 67.
24 Pilcher, »Man Who Lived like a Goat«.
25 Ebd.
26 Foster, *Wie ich versuchte, als Tier zu leben*, S. 162.
27 Ebd., S. 246.
28 Maglieri et al., »Levelling Playing Field«.

Epilog

1 Dewey, *Influence of Darwin*, S. 16.

Bibliografie

Aberth, John: *An Environmental History of the Middle Ages: The Crucible of Nature*, New York: Routledge, 2013

Ackerman, Jennifer: *The Genius of Birds*, New York: Penguin Books, 2017. Dt.: *Die geheime Welt der Vögel*, Berlin: Ullstein, 2023

Atkinson, Quentin D., et al.: »Languages Evolve in Punctuational Bursts«, in: *Science* 319, Nr. 5863 (2008), S. 588, DOI:10.1126/science.1149683

Ayala, Francisco José und Andrey Rzhetsky: »Origin of the Metazoan Phyla: Molecular Clocks Confirm Paleontological Estimates«, in: *Proceedings of the National Academy of Sciences* 95, Nr. 2 (January 1998), S. 606–611. DOI:10.1073/pnas.95.2.606

Badyaev, Alexander V.: »Evolutionary Significance of Phenotypic Accommodation in Novel Environments: An Empirical Test of the Baldwin Effect« (*Philosophical Transactions of the Royal Society of London*, Series B), in: *Biological Science*, 364, Nr. 1520 (2009), S. 1125–1141, DOI:10.1098/rstb.2008.0285

Baldwin, James Mark: *Darwin and the Humanities*, London: American Mathematical Society, 1909

Barber, N.: »Play and Energy Regulation in Mammals«, in: *Quarterly Review of Biology* 66, (1991), S. 129–147

Bekoff, M.: »Social Communication in Canids, Evidence for the Evolution of a Stereotyped Mammalian Display«, in: *Science* 197 (1977), S. 1097–1099

Bekoff, Marc: »A Critical Reanalysis of the Ontogeny and Phylogeny of Mammalian Social and Ocomotor Play: An Ethological Hornet's Nest«, in: *Behavioral Development: The Bielefeld Interdisciplinary Project*, hg. von by K. Immelmann, G. W. Barlow, L. Petrinovich und M. Main, S. 296–337, Cambridge: Cambridge University Press, 1981

Bekoff, M.: »Functional Aspects of Play as Revealed by Structural Components and Social Interaction Patterns«, in: *Behavioral and Brain Sciences* 5 (1982), S. 156 f.

Bekoff, M.: »Social Play Behavior«, in: *Bioscience* 34, Nr. 4 (1984), S. 228–233

Bekoff, M. und C. Allen: »Intentional Communication and Social Play: How and Why Animals Negotiate and Agree to Play«, in: *Animal Play: Evolutionary, Comparative and Ecological Perspectives*, hg. von Mark Bekoff und John A. Byers, S. 161–182, Cambridge: Cambridge University Press, 1998

Bekoff, Marc und John A. Byers (Hg.): *Animal Play: Evolutionary, Comparative and Ecological Perspectives*, Cambridge: Cambridge University Press, 1998

BIBLIOGRAFIE

Bell, Heather C., et al.: »The Role of the Medial Prefrontal Cortex in the Play Fighting of Rats«, in: *Behavioral Neuroscience* 123 (2009), S. 1158–1168

Bennett, George: »Notes on the Natural History and Habits of the Ornithorhynchus paradoxus, Blum«, in: *Transactions of the Zoological Society of London* 1, Nr. 3 (1835), S. 229–258

Beran, Michael J., et al.: »Chimpanzee Food Preferences, Associative Learning, and the Origins of Cooking«, in: *Learning & Behavior* 44, Nr. 2 (2016), S. 103–108

Biben, M.: »Effects of Social Environment on Play in Squirrel Monkeys (*Saimiri sciureus*): Resolving Harlequin's Dilemma«, in: *Ethology* 81 (1989), S. 72–82

Boal, Jean Geary, Andrew W. Dunham, Kevin T. Williams und Roger T. Hanlon: »Experimental Evidence for Spatial Learning in Octopuses (*Octopus bimaculoides*)«, in: *Journal of Comparative Psychology* 114, Nr. 3 (2000), S. 251

Borrell, Brendan: »Are Octopuses Smart? The Mischievous Mollusk That Flooded a Santa Monica Aquarium Is Not the First MENSA-Worthy Octopus«, Interview with Jennifer Mather, in: *Scientific American*, 27. Februar 2009

Bossley, Mike, et al.: »Tail Walking in a Bottlenose Dolphin Community: The Rise and Fall of an Arbitrary Cultural ›Fad‹«, in: *Biology Letters* 14 (2018)

Brown, Stuart: »Play Deprivation [...] a Leading Indicator for Mass Murder«, 1. Juni 2014, www.nifplay.org/play-deprivation-a-leading-indicator-for-mass-murder/

Brownlee, A.: »Play in Domestic Cattle in Britain: An Analysis of Its Nature«, in: *British Veterinary Journal* 110 (1954)

Brulliard, Karin: »This Man Lived as a Goat for Nearly a Week. We Asked Him Why«, 25. Mai 2016, www.washingtonpost.com

Burghardt Gordon M.: »On the Origins of Play«, in: *Play in Animals and Humans*, hg. von Peter K. Smith, Hoboken, NJ: Blackwell, 1984, S. 5–41

Burghardt, Gordon M.: »Amending Tinbergen: A Fifth Aim for Ethology«, in: *Anthropomorphism, Anecdotes and Animals*, hg. von Robert W. Mitchell et al., Albany: State University of New York, 1997

Burghardt Gordon M.: *The Genesis of Animal Play: Testing the Limits*, Cambridge, MA: Bradford Books, MIT Press, 2005

Burghardt, Gordon M.: »The Comparative Reach of Play and Brain: Perspective, Evidence, and Implications«, in: *American Journal of Play* 2 (2010), S. 338–356

Burghardt, Gordon M., Brian Ward und Roger Rosscoe: »Problem of Reptile Play: Environmental Enrichment and Play Behavior in a Captive Nile Soft-Shelled Turtle, *Trionyx triunguis*«, in: *Zoo Biology* 15 (1996), S. 223–238

Byers, J. A.: »Terrain Preferences in the Play Behaviour of Siberian Ibex Kids«, in: *Zeitschrift für Tierpsychologie*, 45 (1977), S. 199–209

Byers, J. A. und C. Walker: »Refining the Motor Training Hypothesis for the Evolution of Play«, in: *American Naturalist* 146 (1995), S. 25–40

Byosiere, S. E., J. Espinosa und B. Smuts: »Investigating the Function of Play Bows in Adult Pet Dogs (*Canis lupus familiaris*)«, in: *Behavioural Processes* 125 (2016), S. 106–113, PMID:26923096

Caro, T. M.: »The Effects of Experience on the Predatory Patterns of Cats«, in: *Behavioral and Neural Biology* 29 (1980), S. 1–28

Carroll, Sean B., Jennifer K. Grenier und Scott D. Weatherbee: *From DNA to Diversity: Molecular Genetics and the Evolution of Animal Design*, 2. Aufl., Hoboken, NJ: Wiley-Blackwell, 2004

BIBLIOGRAFIE

Chi, Z. und D. Margoliash: »Temporal Precision and Temporal Drift in Brain and Behavior of Zebra Finch Song«, in: *Neuron* 32, Nr. 5 (2001), S. 899–910. DOI:10.1016/s0896-6273(01)00524-4. PMID:11738034

Courage, Katherine Harmon: *Octopus!: The Most Mysterious Creature in the Sea*, New York: Current, 2013

Croft, D.B. und F. Snaith: »Boxing in Red Kangaroos, *Macropus rufus*: Aggression or Play?«, in: *International Journal of Comparative Psychology* 4, Nr. 3 (1990), DOI:10.5070/P443013956

Cronin, Melissa: »Muddy Baby Elephants Play Slip 'n Slide Like Pros«, in: *Daily Dodo*, 12. Januar 2015

Cross, Craig: *The Beatles: Day-by-Day, Song-by-Song, Record-by-Record*, Lincoln, NE: iUniverse, 2005

Dapporto, Leonardo, et al.: »Dominance Interactions in Young Adult Paper Wasp (*Polistes dominulus*) Foundresses: A Playlike Behavior?«, in: *Journal of Comparative Psychology* 120, Nr. 4 (2006), S. 394–400

Darwin, Charles: *The Descent of Man, and Selection in Relation to Sex*, 2., revidierte und erweiterte Auflage, London: John Murray, 1877. Dt.: *Die Abstammung des Menschen und die geschlechtliche Zuchtwahl*, Stuttgart: E. Schweizerbartsche Verlagshandlung, 1899

Darwin, Charles: *The Expression of the Emotions in Man and Animals*, hg. von Joe Cain und Sharon Messenger, mit einer Einführung von Joe Cain. London: Penguin Classics, 2009. Aus der 2. Auflage von 1890. Dt.: *Der Ausdruck der Gemütsbewegungen bei dem Menschen und den Tieren*, Frankfurt/M.: Kritische Edition, 2000

Darwin, Charles: *The Origin of Species*. Einführung und Anmerkungen von George Levine, New York: Barnes & Noble Books, 2004. Dt.: *Der Ursprung der Arten*, übers. von Eike Schönfeld, Stuttgart: Klett-Cotta, 2018

Deutsch, David: *The Beginning of Infinity: Explanations That Transform the World*, New York: Penguin Books, 2012

Dewey, John: *The Influence of Darwin on Philosophy, and Other Essays in Contemporary Thought*, New York: Henry Holt, 1910

Diamond, Judy und Alan B. Bond: *Kea, Bird of Paradox: The Evolution and Behavior of a New Zealand Parrot*, Berkeley and Los Angeles: University of California Press, 1999

Dixon, Roland Burrage: *Oceanic Mythology*, Boston: Marshall Jones, 1916

Dobzhansky, Theodosius: »Nothing in Biology Makes Sense Except in the Light of Evolution«, in: *American Biology Teacher* 35, Nr. 3 (März 1973), S. 125–129

Edinger, L.: *Investigations on the Comparative Anatomy of the Brain*. 5. Bde., Frankfurt/Main: Moritz Diesterweg, 1888–1903, Übersetzung aus dem Deutschen

Einon, Dorothy F. und Michael J. Morgan: »A Critical Period for Social Isolation in the Rat« in: *Developmental Psychobiology* 10 (1977), S. 123–132

Einon, Dorothy F., Michael J. Morgan und Christopher C. Kibbler: »Brief Periods of Socialization and Later Behavior in the Rat«, in: *Developmental Psychobiology* 11 (1978), S. 213–225

Eiseley, Loren C.: *The Star Thrower*, New York: Harvest Books, 1979

Fagan, R., J. Conitz and E. Kunibe: »Observing Behavioral Qualities«, in: *International Journal of Comparative Psychology* 10, Nr. 4 (1997), http://dx.doi.org/10.46867/C4BP41. Abgerufen von https://escholarship.org/uc/item/8gx671cb

BIBLIOGRAFIE

Fagen, R. M.: *Animal Play Behavior*, New York: Oxford University Press, 1981
Fagen, Robert und Johanna Fagen: »Juvenile Survival and Benefits of Play Behaviour in Brown Bears, *Ursus arctos*«, in: *Evolutionary Ecology Research* 6 (2004), S. 89–102
Fagan, Robert und Johanna Fagan: »Play Behaviour and Multi-Year Juvenile Survival in Free-Ranging Brown Bears, *Ursus arctos*«, in: *Evolutionary Ecology Research*, 11 (2009), S. 1–15
Fairbanks, L. A: »The Developmental Timing of Primate Play: A Neural Selection Model«, in: *Biology, Brains, and Behavior: The Evolution of Human Development*, hg. von S. T. Parker, J. Langer und M. L. McKinney, S. 131–158, Santa Fe, NM: School of American Research Press, 2000
Ficken, Millicent S.: »Avian Play,« in: *Auk* 94, Nr. 3 (1. Juli 1977), S. 573–582, DOI:10.1093/auk/94.3.573
Flanagan, O.: »Dreaming is not an Adaptation«, in: *Sleep and Dreaming: Scientific Advances and Reconsiderations*, hg. von E. Pace-Schott, M. Solms, M. Blagrove und S. Harnad, S. 936–939, New York: Cambridge University Press, 2003
Foster, Charles: *Being a Beast: Adventures across the Species Divide*, New York: Holt, 2016. Dt.: *Wie ich versuchte, als Tier zu leben*, München: Piper, 2017
Galpayage Dona, Hiruni Samadi, et al.: »Do Bumble Bees Play?«, in: *Animal Behaviour* 194 (2022), S. 239–251
Gamble, Jennifer R. und Daniel A. Cristol. »Drop-Catch Behaviour Is Play in Herring Gulls, *Larus argentatus*«, in: *Animal Behaviour* 63, Nr. 2 (2002), DOI:10.1006/anbe.2001.1903
Gill, Frank B.: *Ornithology*, 3. Aufl., National Audubon Society. New York: W. H. Freeman, 2006
Gladstone, Rick: »Dogs in Heaven? Pope Francis Leaves Pearly Gates Open«, in: *New York Times*, 11. Dezember 2014
Godfrey-Smith, Peter: *Other Minds: The Octopus, the Sea, and the Deep Origins of Consciousness*, New York: Farrar, Straus and Giroux, 2016. Dt.: *Der Krake, das Meer und die tiefen Ursprünge des Bewusstseins*, Berlin: Matthes & Seitz, 2019
Goode, Erica: »Learning from Animal Friendships«, in: *New York Times*, 26. Januar 2015
Gould, Stephen Jay und Elisabeth S. Vrba: »Exaptation–a Missing Term in the Science of Form«, in: *Paleobiology* 8, Nr. 1 (Winter 1982), S. 4–15
Graham, K. L. und G. M. Burghardt: »Current Perspectives on the Biological Study of Play: Signs of Progress«, in: *Quarterly Review of Biology* 85, Nr. 4 (Dezember 2010), S. 393–418, DOI:10.1086/656903. PMID:21243962
Gray, Peter: »The Decline of Play and the Rise of Psychopathology in Children and Adolescents«, in: *American Journal of Play* 3 (2011), S. 443–463
Griffin, D. R.: *Animal Thinking*, Cambridge, MA: Harvard University Press, 1984
Grimm, David: »How Smart Is That Doggy in the Window?«, *Time*, 13. April 2014
Groos, Karl: *The Play of Animals*. Übersetzt von Elizabeth Baldwin. Vorwort und Anhang von J. Mark Baldwin, New York: D. Appleton, 1898. Dt.: *Die Spiele der Thiere*, Jena, Verlag von Gustav Fischer, 1896
Guéguen, Nicolas: »Men's Sense of Humor and Women's Responses to Courtship Solicitations: An Experimental Field Study«, in: *Psychological Reports* 107 (2010), S. 145–156
Hall, G. S.: *Adolescence: Its Psychology and Its Relations to Physiology, Anthropology, So-*

BIBLIOGRAFIE

ciology, Sex, Crime, Religion and Education, Bd. 1, New York: D. Appleton, 1904, DOI:10.1037/10616-000

Hall, Sarah L.: »Object Play by Adult Animals«, in: *Animal Play: Evolutionary, Comparative and Ecological Perspectives*, hg. von Mark Bekoff und John A. Byers, S. 45–60, Cambridge: Cambridge University Press, 1998

Harcourt, R.: »Survivorship Costs of Play in the South American Fur Seal«, in: *Animal Behaviour* 42, Nr. 3 (1991), 509–511, DOI:10.1016/S0003-3472(05)80055-7

Hare, Brian: »Survival of the Friendliest: *Homo sapiens* Evolved via Selection for Prosociality«, in: *Annual Review of Psychology* 68, (2017), S. 155–186

Hare B., et al.: »The Domestication Hypothesis for Dogs' Skills with Human Communication: A Response to Udell et al. 2008 and Wynne et al. 2008«, in: *Animal Behaviour* 79 (2010), e1–e6

Haslam, M., et al.: »Primate Archaeology«, in: *Nature* 460 (2009), S. 339–344 DOI:10.1038/nature08188

Hausfater, G.: »Predatory Behavior of Yellow Baboons«, in: *Behaviour* 56 (1976), S. 44–68.

Heinrich, Bernd: »An Experimental Investigation of Insight in Common Ravens (*Corvus corax*)«, in: *Auk* 112, Nr. 4 (1995), S. 994–1003, www.jstor.org/stable/4089030

Heinrich, Bernd und Rachel Smolker: »Play in Common Ravens (*Corvus corax*)«, in: *Animal Play: Evolutionary, Comparative and Ecological Perspectives*, hg. von Mark Bekoff und John A. Byers, S. 27–44, Cambridge: Cambridge University Press, 1998

Henig, Robin Marantz: »Taking Play Seriously«, in: *New York Times Magazine*, 17. Februar 2008

Hildenbrand, Anne: »A Potential Cephalopod from the Early Cambrian of Eastern Newfoundland, Canada«, in: *Communications Biology* 4, Nr. 1 (2021), DOI:10.1038/s42003-021-01885-w

Himmler, Stephanie M., et al.: »Play, Variation in Play and the Development of Socially Competent Rats«, in: *Behaviour* 153 (2016), S. 1103–1137

Hölldobler, Bert und Edward O. Wilson: *The Ants*, Cambridge, MA: Belknap Press of Harvard University Press, 1990

Horváth, Zsuzsánna, Antal Dóka und Adám Miklósi: »Affiliative and Disciplinary Behavior of Human Handlers during Play with Their Dog Affects Cortisol Concentrations in Opposite Directions«, in: *Hormones and Behavior* 54, Nr. 1 (Juni 2008), S. 107–114, DOI:10.1016/j.yhbeh.2008.02.002

Huber, Mike: *Embracing Rough-and-Tumble Play: Teaching with the Body in Mind*, St. Paul, MN: Redleaf Press, 2016

Huizinga, J.: *Homo Ludens: A Study of the Play-Element in Culture*, London: Routledge & Kegan Paul, 1949. Dt.: *Homo Ludens*, übers. von H. Nachod, Reinbek: Rowohlt, 1987

Hume, David: *A Treatise of Human Nature*, Oxford: Clarendon Press, 1739

Huxley, Julian: *Evolution: The Modern Synthesis*, London: George Allen & Unwin, 1942

Hyland, D. A.: *The Question of Play*, Lanham, MD: University Press of America, 1984

Ikemoto, Satoshi und Jaak Panksepp: »The Effects of Early Social Isolation on the Motivation for Social Play in Juvenile Rats«, in: *Developmental Psychobiology* 25 (1992), S. 261–274

BIBLIOGRAFIE

Immelmann, Klaus und Colin Beer: *A Dictionary of Ethology*, Cambridge, MA: Harvard University Press, 1989

Irwin, Aisling: »First Warm-Blooded Lizards Switch on Mystery Heat Source at Will«, in: *New Scientist*, 22. Januar 2016

Jacobs, Ivo F., et al.: »Tools and Food on Heat Lamps: Pyrocognitive Sparks in New Caledonian Crows?«, in: *Behaviour* 159, Nr. 6 (2021)

Jarmer, Karl: *Das Seelenleben der Fische*, München: R. Oldenbourg, 1928

Jarvis, Brooke: »Did COVID Change How We Dream?«, in: *New York Times Magazine*, 3. November 2021

Jarvis, E., et al.: »Avian Brains and a New Understanding of Vertebrate Brain Evolution«, in: *Nature Reviews Neuroscience* 6 (2005) S. 151–159, DOI:10.1038/nrn1606

Knoper, Randall: *Literary Neurophysiology: Memory, Race, Sex, and Representation in U. S. Writing, 1860–1914*, New York: Oxford University Press, 2021

Kuba, M., et al.: »Looking at Play in Octopus vulgaris«, in: *Berliner Paläontologische Abhandlungen* 3 (2003), S. 163–169

Kuba, M. J., R. A. Byrne, D. V. Meisel und J. A. Mather: »When Do Octopuses Play? Effects of Repeated Testing, Object Type, Age, and Food Deprivation on Object Play in *Octopus vulgaris*«, in: *Journal of Comparative Psychology* 120 (2006), S. 184–190

Laland, Kevin N., und Vincent M. Janik: »The Animal Cultures Debate«, in: *Trends in Ecology & Evolution* 21, Nr. 10 (2006), S. 542–547

Leslie, A. M.: »Pretense and Representation. The Origins of ›Theory of Mind‹«, in: *Psychological Review* 94 (1987), S. 412–426

Lewes, G. H.: *Seaside Studies at Ilfracombe, Tenby, the Scilly Isles, and Jersey*, 2. Aufl., Edinburgh: William Blackwood & Sons, 1860

Lincoln, Jackson S.: *The Dream in Native American and Other Primitive Cultures*, Mineola, NY: Dover Publications, 2003

Loizos, C.: »Play Behavior in Higher Primates: A Review«, in: *Primate Ethology*, hg. von D. Morris, S. 176–218, Chicago: Aldine, 1967

Lund, D. und K. S. Vestergaard: »Development of Social Behaviour in Four Litters of Dogs (*Canis familiaris*)«, in: *Acta Veterinaria Scandinavica* 39 (1998), S. 183–193

Macdonald, David W. und Claudio Sillero-Zubiri: *The Biology and Conservation of Wild Canids*, New York: Oxford University Press, 2004

Maglieri, Veronica, Filippo Bigozzi, Marco Germain Riccobono, und Elisabetta Palagi: »Levelling Playing Field: Synchronization and Rapid Facial Mimicry in Dog-Horse Play«, in: *Behavioural Processes* 174 (2020)

Malinowski, J. E., D. Scheel und M. McCloskey: »Do Animals Dream?«, in: *Consciousness and Cognition* 95 (2021), DOI:10.1016/j.concog.2021.103214

Marek, Roger, Cornelia Strobel, Timothy W. Bredy und Pankaj Sah: »The Amygdala and Medial Prefrontal Cortex: Partners in the Fear Circuit«, in: *Journal of Physiology* 591, 10 (2013), S. 2381–2391, DOI:10.1113/jphysiol.2012.248575

Martin, P. und T. Caro: »On the Functions of Play and Its Role in Behavioral Development«, in: *Advances in the Study of Behavior* 15 (1985), S. 59–103

Marzluff, J. M., B. Heinrich und C. S. Marzluff: »Raven Roosts Are Mobile Information Centres«, in: *Animal Behavior* 51 (1996), S. 89–103

Mason, G. J.: »Stereotypies: A Critical Review«, in: *Animal Behaviour* 41 (1991), S. 101–137, DOI:10.1016/S0003-3472(05)80640-2

BIBLIOGRAFIE

Mather, Jennifer: »Octopuses Are Smart Suckers!?«, in: *Cephalopod Page*, www.thecephalopodpage.org/smarts.php
Mather, Jennifer A. und Roland C. Anderson: »Exploration, Play and Habituation in Octopuses (*Octopus dofleini*)«, in: *Journal of Comparative Psychology* 113 (1999), S. 333–338
Miklosi, A., et al.: »A Simple Reason for a Big Difference: Wolves Do Not Look Back at Humans, but Dogs Do«, in: *Current Biology* 13 (2003), S. 763–766
Monsó, Susana, et al.: »Animal Morality: What It Means and Why It Matters«, in: *Journal of Ethics* 22, Nr. 3 (2018)
Montgomery, Sy: *The Soul of an Octopus: A Surprising Exploration into the Wonder of Consciousness*, New York: Atria Books, 2015
Morell, Virginia: *Animal Wise: How We Know Animals Think and Feel*, New York: Broadway Books, 2013
Morgan, C. Lloyd: *An Introduction to Comparative Psychology*, London: Walter Scott, 1894
Nagasawa, Miho, et al.: »Social Evolution. Oxytocin-Gaze Positive Loop and the Coevolution of Human-Dog Bonds«, in: *Science* 348, Nr. 6232 (2015), S. 333–336, DOI:10.1126/science.1261022
Newberry, R. C., D. G. M. Wood-Gush und J. W. Hall: »Playful Behaviour of Piglets«, in: *Behavioural Processes* 17 (1988), S. 205–216
Olkowicz, Seweryn, et al.: »Birds Have Primate-Like Numbers of Neurons in the Forebrain«, in: *Proceedings of the National Academy of Sciences*, 13. Juni 2016, DOI:10.1073/pnas.1517131113
Pagel, J., et al.: »Definitions of Dream: A Paradigm for Comparing Field Descriptive Specific Studies of Dream«, *Dreaming* 11 (2001), S. 195–202, DOI:10.1023/A:1012240307661
Pandolfi, Massimo: »Play Activity in Young Montagu's Harriers (*Circus pygargus*)«, in: *Auk* 113, Nr. 4 (1996): S. 935–938, www.jstor.org/stable/4088874
Panksepp, Jaak: *Affective Neuroscience*, New York: Oxford University Press, 1998
»Science of the Brain as a Gateway to Understanding Play: An Interview with Jaak Panksepp«, in: *American Journal of Play*, Winter 2010
Paquette, Daniel: »Fighting and Playfighting in Captive Adolescent Chimpanzees«, in: *Aggressive Behavior* 20 (1994), S. 49–65
Patton, Paul: »Ludwig Edinger: The Vertebrate Series and Comparative Neuroanatomy«, in: *Journal of the History of the Neurosciences*, 24, Nr. 1 (2015), S. 26–57, DOI:10.1080/0964704X.2014.917251
Pellis, Sergio M.: »A Description of Social Play by the Australian Magpie *Gymnorhina tibicen* Based on Eshkol-Wachman Notation«, in: *Bird Behavior* 3, Nr. 3 (1981), S. 61–79, DOI:10.3727/015613881791560685
Pellis, Sergio M.: »Keeping in Touch: Play Fighting and Social Knowledge«, in: *The Cognitive Animal: Empirical and Theoretical Perspectives on Animal Cognition*, hg. von M. Bekoff, C. Allen und G. M. Burghardt, S. 421–427, Cambridge, MA: MIT Press, 2002
Pellis, Sergio M., et al.: »The Effects of Orbital Frontal Cortex Damage on the Modulation of Defensive Responses by Rats in Playful and Nonplayful Social Contexts«, in: *Behavioral Neuroscience* 120 (2006), S. 72–84
Pellis, Sergio und Vivien Pellis: *The Playful Brain: Venturing to the Limits of Neuroscience*, 1. Aufl., London: Oneworld Publications, 2010

BIBLIOGRAFIE

Pellis, Sergio und Vivien C. Pellis: »What Is Play Fighting and What Is It Good For?«, in: *Learning & Behavior* 45 (2017), S. 355–366
Pellis, Sergio M., Vivien C. Pellis und Mario M. McKenna: »Some Subordinates Are More Equal Than Others: Play Fighting amongst Adult Subordinate Male Rats«, in: *Aggressive Behavior* 19 (1993), S. 385–393
Pellis, S. M., V. C. Pellis und C. J. Reinhart: »The Evolution of Social Play«, in: *Formative Experiences: The Interaction of Caregiving, Culture, and Developmental Psychobiology*, hg. von C. M. Worthman, P. M. Plotsky, D. S. Schechter und C. A. Cummings, S. 404–431, Cambridge: Cambridge University Press, 2010, DOI:10.1017/CBO9780511711879.037
Pellis, Sergio M., Vivien C. Pellis und Ian Q. Whishaw: »The Role of the Cortex in Play Fighting by Rats: Developmental and Evolutionary Implications«, in: *Brain, Behavior and Evolution* 39 (1992), S. 270–284
Petrů, M., M. Spinka, V. Charvátová und S. Lhota: »Revisiting Play Elements and Self-Handicapping in Play: A Comparative Ethogram of Five Old World Monkey Species«, in: *Journal of Comparative Psychology*, 123, Nr. 3 (2009), S. 250–263, DOI:10.1037/a0016217.PMID:19685966
Pilcher, Helen: »The Man Who Lived like a Goat«, in: *BBC Science Focus Magazine*, 14. Februar 2017
Piqueret, Baptiste, et al.: »Ants Learn Fast and Do Not Forget: Associative Olfactory Learning, Memory and Extinction in *Formica fusca*«, in: *Royal Society Open Science* 6 (2019)
Podlipniak, Piotr: »The Role of the Baldwin Effect in the Evolution of Human Musicality«, in: *Frontiers in Neuroscience* 11, Nr. 542 (2017), DOI:10.3389/fnins.2017.00542
Ponomarev, L. I. und I. V. Kurchatov: *The Quantum Dice*, 2. Aufl., Moskau: CRC Press, 1993
Preyer, W.: *Mental Development in the Child*, Translated by H. W. Brown, New York: Appleton, 1893
Reinhart, C. J., et al.: »Targets and Tactics of Play Fighting: Competitive versus Cooperative Styles of Play in Japanese and Tonkean Macaques«, in: *International Journal of Comparative Psychology* 23 (2010), S. 166–200
Revonsuo, Antti: »The Reinterpretation of Dreams: An Evolutionary Hypothesis of the Function of Dreaming«, in: *Behavioral and Brain Sciences* 23, Nr. 6 (2000), S. 877–901, 904–1018, 1083–1121, DOI:10.1017/S0140525X00004015
Revonsuo, A., J. Tuominen und K. Vall: »Avatars in the Machine: Dreaming as a Simulation of Social Reality«, in: *Open MIND: Philosophy of Mind and the Cognitive Sciences in the 21st Century*, 1. Aufl., Bd. 2, hg. von T. Metzinger und J. Windt, S. 1295–1322, Cambridge, MA: MIT Press, 2016
Romanes, George John: *Animal Intelligence*, 4. Aufl., London: Kegan Paul, Trench, 1886
Romanes, George John: *Mental Evolution in Animals*, London: Kegan Paul, Trench, Trübner, 1893
Romanes, George John: *The Life and Letters of George John Romanes*, hg. von Ethel Duncan Romanes, Cambridge: Cambridge University Press, 2011
Rybaczewski, Dave: »Beatles Music History! The In-Depth Story behind the Songs of the Beatles!«, www.beatlesebooks.com

BIBLIOGRAFIE

Salisbury, Joyce E.: »Do Animals Go to Heaven? Medieval Philosophers Contemplate Heavenly Human Exceptionalism«, in: *Athens Journal of Humanities & Arts* 1, Nr. 1 (2013), S. 79–86

Sanders, N. und D. Gordon: »Resources and the Flexible Allocation of Work in the Desert Ant, *Aphaenogaster cockerelli*«, in: *Insectes sociaux*, 49 (2002), S. 371–379, DOI:org.silk.library.umass.edu/10.1007/PL00012661

Sandseter, Ellen Beate Hansen und Leif Edward Ottesen Kennair: »Children's Risky Play from an Evolutionary Perspective: The Anti-Phobic Effects of Thrilling Experiences«, in: *Evolutionary Psychology* 9 (2011)

Schiller, Friedrich: *On the Aesthetic Education of Man*. Translated by E. M. Wilkinson and L. A. Willoughby, Oxford: Oxford University Press, 1967. Dt.: Über die ästhetische Erziehung des Menschen, Stuttgart: Reclam 2000

Schipani, Sam: »The History of the Lab Rat Is Full of Scientific Triumphs and Ethical Quandaries«, in: *Smithsonian.com*, 27. Februar 2019

Sharpe L. L.: »Play Fighting Does Not Affect Subsequent Fighting Success in Wild Meerkats«, in: *Animal Behavior* 69 (2005): S. 1023–1029

Sharpe, L. L.: »Frequency of Social Play Does Not Affect Dispersal Partnerships in Wild Meerkats«, in: *Animal Behavior* 70 (2005), S. 559–569

Sharpe L. L.: »Play Does Not Enhance Social Cohesion in a Cooperative Mammal«, in: *Animal Behavior* 70 (2005): S. 551–558

Sharpe L. L.: »Play and Social Relationships in the Meerkat (*Suricata suricatta*)«, PhD diss., Stellenbosch University, 2005

Sharpe L. L.: »So You Think You Know Why Animals Play …«, Guest blog, in: *Scientific American*, 17. Mai 2011

Shigeno, Shuichi, et al.: »Cephalopod Brains: An Overview of Current Knowledge to Facilitate Comparison with Vertebrates«, in: *Frontiers in Physiology* 9, Nr. 952 (2018), OI:10.3389/fphys.2018.00952

Simpson, G. C.: »The Baldwin Effect«, in: *Evolution* 7 (1953), S. 110–117

Singer, Emily: »Bat Echoes Used as Virtual Reality Guide«, in: *New Scientist*, 14. September 2003

Siviy, S. M.: »Neurobiological Substrates of Play Behavior: Glimpses into the Structure and Function of Mammalian Playfulness«, in: *Animal Play: Evolutionary, Comparative and Ecological Perspectives*, hg. von Mark Bekoff und John A. Byers, S. 221–242, Cambridge: Cambridge University Press, 1998

Spinka, Marek, Ruth C. Newberry und Marc Bekoff: »Mammalian Play: Training for the Unexpected«, in: *Quarterly Review of Biology* 76 (2001), S. 141–168

Stacho, Martin, et al.: »A Cortex-Like Canonical Circuit in the Avian Forebrain«, in: *Science* 369, Nr. 6511 (2020), eabc5534. DOI:10.1126/science.abc5534

Sweis, Brian M. et al.: »Mice Learn to Avoid Regret«, in: *PLoS Biology* 16 (2018)

Takeshita, R. S. C., et al.: »Beneficial Effect of Hot Spring Bathing on Stress Levels in Japanese Macaques«, in: *Primates* 59 (2018), S. 215–225, DOI:10.1007/s10329-018-0655-x

Thierry, Bernard: »Unity in Diversity: Lessons from Macaque Societies«, in: *Evolutionary Anthropology*, 16 (2007)

Thomas, E. und F. Schaller: »Das Spiel der optisch isolierten Kasper-Hauser-Katze«, in: *Naturwissenschaften* 41 (1954), 557–558. Neudruck und Übersetzung in: *Evo-*

lution of Play Behaviour, hg. von D. Müller-Schwarze, Stroudsburg, PA: Dowden, Hutchinson & Ross, 1978

Thompson, Edward: *The Passions of Animals*, London: Chapman and Hall, 1851

Thompson, Katerina V.: »Self-Assessment in Juvenile Play«, in: *Animal Play: Evolutionary, Comparative and Ecological Perspectives*, hg. von Mark Bekoff und John A. Byers, Cambridge: Cambridge University Press, 1998

Thwaites, Thomas: *GoatMan: How I Took a Holiday from Being Human*, New York: Princeton Architectural Press, 2016 (dt.: *Mein Leben als Ziege. Wie ich mir eine Auszeit von meinem Leben als Mensch nahm*, Hamburg: Polyglott, 2023)

Tinbergen, N.: »On Aims and Methods of Ethology«, in: *Zeitschrift für Tierpsychologie* 20 (1963), S. 410–433

Tzar, Jennifer und Eric Scigliano: »Through the Eye of an Octopus: An Exploration of the Brainpower of a Lowly Mollusk«, in: *Discover*, 19. Januar 2003

Ungurean, Gianina, et al.: »Evolution and Plasticity of Sleep«, in: *Current Opinion in Physiology*, 15 (2020), S. 111–119

Vandervert, Larry: »Vygotsky Meets Neuroscience: The Cerebellum and the Rise of Culture through Play«, in: *American Journal of Play* 9 (2017), S. 202–227

de Waal, F.: »Silent Invasion: Imanishi's Primatology and Cultural Bias in Science«, in: *Animal Cognition* 6 (2003), S. 293–299

Warneken, Felix und Alexandra G. Rosati: »Cognitive Capacities for Cooking in Chimpanzees«, in: *Proceedings of the Royal Society B: Biological Sciences* 282 (2015)

Washburn, Margaret Floy: *The Animal Mind. A Textbook of Comparative Psychology*. 3. Aufl., New York: Macmillan, 1926

Watanabe, S., et al.: »Pigeons' Discrimination of Paintings by Monet and Picasso«, in: *Journal of the Experimental Analysis of Behavior* 63, Nr. 2 (1995), S. 165–174, DOI:10.1901/jeab.1995.63-165

Waters, Dean A. und Husam H. Abulula: »The Virtual Bat: Echolocation in Virtual Reality«, in: *Semantic Scholar*, 2001

Watson, D. M.: »Kangaroos at Play: Play Behaviour in the Macropodoidea«, in: *Animal Play: Evolutionary, Comparative and Ecological Perspectives*, hg. von Mark Bekoff und John A. Byers, Cambridge: Cambridge University Press, 1998

Watson, D. M. und D. B. Croft: »Age-Related Differences in Play-Fighting Strategies of Captive Male, Red-Necked Wallabies (*Macropus rufogriseus banksianus*)«, in: *Ethology* 102 (1996), S. 336–346

Weismann, August: *Das Keimplasma: Eine Theorie der Vererbung*, Jena: Fischer, 1892

Whiten, Andrew: »The Burgeoning Reach of Animal Culture«, in: *Science* 372 (2021)

Whiten, A. und R. W. Byrne: »Tactical Deception in Primates«, in: *Behavioral and Brain Sciences* 11, Nr. 2 (1988), S. 233–244, DOI:10.1017/S0140525X00049682

Wilson, Edward O.: *Sociobiology*, Gekürzte Ausgabe, Cambridge, MA: Belknap Press of Harvard University Press, 1980

Wilson, Edward O.: *The Origins of Creativity*, New York: Liveright, 2017

Wilson, S. C. und D. G. Kleiman: »Eliciting Play: A Comparative Study«, in: *American Zoologist* 14 (1974), S. 341–370

Wozniak, R. H. und J. A. Santiago-Blay: »Trouble at Tyson Alley: James Mark Baldwin's Arrest in a Baltimore Bordello«, in: *History of Psychology*, 16, 4 (2013), S. 227–248, DOI:10.1037/a0033575. PMID:23914848

BIBLIOGRAFIE

Wu, Katherine J.: »Zebra Finches Dream a Little Dream of Melody«, in: *Smithsonian Magazine*, 7. August 2018

Yeh, Pamela J. und Trevor D. Price: »Adaptive Phenotypic Plasticity and the Successful Colonization of a Novel Environment«, in: *American Naturalist* 164, 4 (2004)

Yoshida, Ma., K. Yura und A. Ogura: »Cephalopod Eye Evolution Was Modulated by the Acquisition of Pax-6 Splicing Variants«, in: *Scientific Reports* 4, 4256 (2014), DOI:10.1038/srep04256

Yuqian Ma, et al.: »Mammalian Near-Infrared Image Vision through Injectable and Self-Powered Retinal Nanoantennae«, in: *Cell* 177, Nr. 2 (2019), S. 243–255, DOI:10.1016/j.cell.2019.01.038